Franz Hündgen

Das Altprovenzalische Boëthuslied

Franz Hündgen

Das Altprovenzalische Boëthiuslied

ISBN/EAN: 9783743416697

Hergestellt in Europa, USA, Kanada, Australien, Japan

Cover: Foto ©Thomas Meinert / pixelio.de

Manufactured and distributed by brebook publishing software (www.brebook.com)

Franz Hündgen

Das Altprovenzalische Boëthiuslied

Das altprovenzalische Boëthiuslied

unter Beifügung

einer Uebersetzung, eines Glossars,

erklärender Anmerkungen

sowie

grammatischer und metrischer Untersuchungen

herausgegeben

von

Dr. Franz Hündgen.

Oppeln.
Eugen Franck's Buchhandlung
(Georg Maske).
1884.

Herrn Prof. Dr. G. Körting

von

seinem dankbaren Schüler.

Vorbemerkung.

Die Hds. des altprovenz. Boëthiusliedes befindet sich bekanntlich auf der Stadtbibliothek zu Orléans. Der betreffende Kodex, signiert 374,[1]) ist nach allgemeiner Ansicht im 11. Jahrh. geschrieben.[2]) In Bezug auf die Entstehung des Gedichtes hat Diez durch eine Vergleichung desselben mit prov. Wörtern, die in Urkunden von 960 ab sich finden, nachgewiesen, dass sie in das 10. Jahrh., jedoch nicht vor 960, anzusetzen sei.[3]) Die Hds. selbst zu benutzen, war mir nicht möglich; Ersatz dafür bot mir die Benutzung der photographischen Reproduktion, die mir von Herrn Prof. Stengel gütigst zur Verfügung gestellt wurde, wofür ich ihm auch hier meinen ergebensten Dank auszusprechen mir gestatte.

Da Herr Prof. Stengel die Veranstaltung eines diplomatischen Abdrucks sich selbst vorbehalten hat, so gebe ich

---

[1]) Vgl. Paul Meyer: Recueil d'anc. textes etc., Paris 1874, p. 28.

[2]) Hist. litt. VII, XXX: M. l'abbé le Beuf, cet auteur si judicieux, nous a donné de son côté des lambeaux d'autres monuments en vers qu'il a tirés d'un manuscrit de S. Benoît sur Loire, qui a été fait au onzième siècle. Vgl. *Raynouard*: Choix etc. II, p. CXXIV; *Diez*, Altrom. Sprachdenkm., p. 35; *Peiper* (Ausgabe der Cons. phil. des Boethius LII) verweist das Ms. in's 9. Jahrh.: ego s. VIIII ex scripturæ specie dederim.

[3]) Vgl. *Diez*, l. l. p. 35.

im folgenden einen rekonstruierten Text mit Beifügung des gesamten kritischen Apparates.

Nach der Photographie zu urteilen, umfasst unser Text die sieben letzten Seiten der Hds., beginnt aber auf der ersten derselben erst mit Zeile 8; die ersten 6 Zeilen enthalten einen lat. Text theologischen Inhalts, Zeile 7 ist frei gelassen. Die Zeilenzahl der einzelnen Seiten schwankt. Das Format der Hds. ist nach der meines Wissens nicht reduzierten Photographie klein 4⁰ (Höhe 22 cm, Breite 16 cm). Eine durchgehende Seitenzählung ist nicht vorgenommen, nur die 2., 4., 5. und 6. der hier in Betracht kommenden Seiten zeigen die offenbar erst von moderner Hand eingetragene Bezifferung 270, 272, 273, 274. — Die Schrift ist deutlich und feste Minuskel-Schrift, die zu besonderen Bemerkungen keinen Anlass gibt; erwähnt sei nur: 1) die erste Seite zeigt unverkennbar eine andere Hand als die folgenden; mithin ist die Dichtung von zwei Schreibern kopiert;[1]) 2) v und u, j und i sind nicht unterschieden (u steht auch für v, i auch für j); 3) t und z sind sich sehr ähnlich; 4) ungiltige Buchstaben sind durch übergesetzte Punkte gekennzeichnet.

---

[1]) Vgl. auch *P. Meyer*, Rom. I, 227.

Verzeichnis der gebrauchten Abkürzungen.

R. = Raynouard: Choix des poésies originales des troubadours II, (4—29). Paris 1817.

D. = Diez: Altrom. Sprachd., p. 39—72. Bonn 1846.

Ba. = Bartsch: Chrest. prov.⁴, p. 1 ff. Elberfeld 1880. — Rezension des Meyer'schen Textes in Ebert-Lemke's Jahrb., Bd. XIV, p. 111 ff.

M. = Meyer: Rom. I, 229 ff. — Recueil d'anciens textes bas-latins, provençaux et français I, p. 23—32. Paris 1874.

H. = Hoffmann: »Über die Quellen des ältesten prov. Gedichtes«. Sitzungsberichte der königl. bayr. Akademie der Wissenschaften, philosoph.-philolog. Klasse, Sitzung vom 2. Juli 1870. München 1870.

Bœ. = Bœhmer: »Zum Bœci«. Rom. Stud. III, 133 ff.

To. = Tobler: Rezension der Bœhmer'schen Abhandlung in Grœber's Zeitschr. f. rom. Phil., II, p. 504 ff.

Del. = Delius: Neue Jenaische Litt.-Zeitg. 1847, p. 744 ff.

Den sich auf den Text des Boethiusliedes beziehenden Konjekturen sind noch folgende hinzuzufügen:

Zu V. 15: eps los forfaiz (dieselben Sünden) *St.* (= Stengel, Rezension der 3. Auflage der Bartsch'schen Chrest. prov.: Jen. Litt.-Ztg. 1875, p. 60).

» » 17: kil mort et viu *St.*

» » 20: Anz nos en dies *St.*

» » 27: ag e bo *St.*

» » 38: causa nom *St.*

» » 66: Roma volia a o. l. Gr. tr. *St.*

» » 70: soleron *St.*

» » 75 und 81: Damrideu paire *St.*

» » 82: volia . . . dis *St.*

» » 93: qui sapiencia tot c. p. *St.*

Zu V. 99: nos o trobam e molz libres *St.*
» » 103: velz qui poissas *St.* — Settegast (Romanische Forschungen, I, 456) schlägt vor, «aqui» statt «qui» zu lesen und übersetzt: «Wenn er alt ist, dann (aqui) hernach (pois) hält es (lo bes) ihn aufrecht». Für noch besser erachtet er «d'aqui» unter Verweisung auf Bartsch, Chrest. prov.⁴, 9, 14: D'aqui apres. Noch eine andere Besserung liegt — meint er — nahe: aquo «dies» (d. h. lo bes) statt qui.
» » 105: ten *Ba.*
» » 106: Nos o avem de molz omnes veut *St.*
» » 126: e quaitiu e d. *St.*
» » 139: derer' *St.*
» » 140: coms molt onraz e m. r. *St.*
» » 147: sempre vai dechaden *St.*
» » 154: sanct esperit *St.*
» » 155: faça, li vai *St.*
» » 165: potz per *St.*
» » 173: cobetar *St.*
» » 186: li drap *Ba.*
» » 188: selz fez *St.* — avia anz *St.*
» » 193: comprarias ab *St.*
» » 195: me per amen *St.*
» » 228: peccat *Ba.*
» » 255: merit lui rend *St.*

Kapitel 1.
Text mit beigefügtem kritischen Apparate, Anmerkungen und Übersetzung.

I.

(Hds. S. 269^v, 8. Zeile.)

Nos jove omne quandius que nos estam

omne, *R. D. M.* — qu'e nos *To.*

de gran follia per folledat parllam;

foll edat *M.*

quar no nos membra per cui viuri esperam,

qui nos soste tan quan per terra annam

quant *Bœ.*

Anm. V. 1: *estam;* suppl. *„jove'.* To. übersetzt *quandius qu'e nos estam* »so lange wir auf uns selbst gestellt sind, stehen«; den Gegensatz dazu bildeten die, welche ihre Stütze in Gott suchten«. To. bezweifelt nämlich, dass das verb. *estar* als blosse Copula gebraucht werden könne; vgl. dagegen: Giraut de Borneil (Bа. Chr. pr.[4], 104, 1): *Drutz ai estat una sazo* (ich bin einmal verliebt gewesen); Guillaume IX. (Ba. Chr. pr.[4], l. p. 34, 1): *Mout ai estat coindes e gais* (ich bin sehr anmutig und heiter gewesen). Mit dem ger. findet sich zudem *estar* constr. Vers 73: *e granz kadenas qui l'estan apesant,* mit dem adv. V. 110: *donc estai bonament,* V. 148: *non estai fermament.* — Nach Ba. entspricht der Sinn der beiden ersten Verse dem bibl. Text (1. Cor. 13, 11): »Als ich ein Kind war, redete ich als Kind und hatte kindische Anschläge.« Die Stelle heisst wörtlich: »Cum essem parvulus, loquebar ut parvulus, sapiebam ut parvulus, cogitabam ut parvulus.« Bibl. sacr. ed. Loch, Ratisb. 1862, IV, 312.

V. 2: *folledat* bezeichnet nach D. (Anm. 2) Thorheit als Eigenschaft, *follia* thörichtes Benehmen.

V. 3: *membra* ist hier als Impers. gebraucht, wie im altfrz.: „dunt li remembret de sun seinor celeste', Alex. (ed. Stengel, 12 b.).

5   e qui nos pais, que no murem de fam,
per cui salv esmes per pur tan quell clamam.
        salves m'esper, pur tan qu'ell clamam *R*. — salv esm, esper, pur
        tan *D*. — salv esmes per pur *M*., *Ba*.

II.

Nos jove omne menam ta mal jovent,
que us non o preza, sis trada son parent,
    sōparent *Ms*.
senor ni par, sill mena malament,
    si'll *R*. — par, sill *R*., *D*., *Ba*. — par sill *M*.
10 ni l'us vell aitre, sis fai fals sacrament.
    vel laitre *Ms*. — vel l'aitré *R*. — vell'aitre *D*. — ves l'aitre *B*. —
    ve ell'aitre (= en aitre) *Del*. — nell aitre *M*. — sacramént *R*.
quant o a fait mija no s'én[1]) repent
    a fehlt *Ms*. — o a fait *R*., *D*., *Ba*., *M*. — mica *R*., *D*. — quan
    Bœ. — s'en *M*. — s'én *R*.
e ni vers deu no'n fai emendament.
    nō... emdament *Ms*. — e invers *Ba*. — ni evers *H*. — non
    R., *D*. — no'n *Ba*., *M*.
pro[2]) non es gaigre, si penedenzan pren;
    _p nō *Ms*.
dis que l'a presa, mija nonqua la te:
    disq;... labresa... nōq̇ *Ms*. — mica *R*., *D*. — té *R*. — dis
    que l'a presa *D*., *Ba*., *M*. — desque l'abrasa *H*. — ten *Bœ*.

    Anm. V. 8: *si* hält D. für *sic* und übersetzt es mit »geradezu, stracks«.
— Das ist irrig; es ist vielmehr als Konjunktion aufzufassen.
    V. 13: D. fasst *pro* als subst. auf und übersetzt: »Es ist nicht viel Vorteil« etc., auch R. übersetzt so: »Profit n'est guères, si pénitence en prend«. Anderer Ansicht ist Del. (Neue Jen. Litt.-Ztg. 1847, p. 744); er hält *pro* für ein adv., das zu *gaigre* gehöre und übersetzt: »Es hat nicht viel auf sich, wenn er Busse thut«. Dieser Ansicht ist auch Ba. (Chr. pr.[4], Gloss.).
    V. 14: H. übersetzt (Sitzungsberichte etc., p. 180): »sobald er sie umfasst, hält er sie nicht fest«.

---

    [1]) Das e scheint im Ms. einen (wenn auch nicht ganz deutlichen) Accent zu tragen. — Über die Schreibung der enkl. bzw. prokl. Pron. vgl. d. Syntax.
    [2]) R. beginnt, eine neue Tirade bildend, mit Majuskel -P.

15　que epslor forfaiz, sempre fai epsamen
  ēps lor for farze sēpre fai epsamū *Ms.* — que eps l'or forfaz, e..
  epsamen, *R.* — epslor forfaz e *D.* — que, epslor forfaiz, *Ba.*
  que, epslor forfaz, *M.* — epsament, *Ba.*, *Bœ.* — epsamen, *D.*
  epsa men *M.* — qu'epslor forfaiz sempre fan epsamen *H.*

e laisa'n deu, lo grant omnipotent,
  e fehlt. omīpotent *Ms.* — laisan deu *R.*, *D.* — e laisan deu *H.*
  e laisa'n deu *Ba.*, *M.*

kilz¹) morz e vius tot a in jutjamen.
  kil mort &... iutiam *Ms.* — ki'l *R.* — kils morz et vius *D.*, *Ba.*
  morz... toz *H.* — kil mort e viu *M.* — jutjamen *R.*, *D.*, *M.*
  jutjament *Bœ.*

eps li satan son en so mandamen:
  mandam *Ms.* — mandemen *R.*, *D.*, *M.* — mandament *Ba.*, *Bœ.*

ses deu licencia ja non faran torment.
  nō... tormt; *Ms.*

III.

20　Enanz en dies foren ome fello,
  Ezns. anzs. *Ms.* — Enfants, *R.*, *D.* — Enanz en dies *Ba.* —
  En anz, en dies *M.* — felló *R.*

mal ome foren, a ora sunt (Hds. S. 270 r) pejor.
  pejor a ora so. *Bœ.*

Anm. V. 15: *epslor* übersetzt D. mit »sogleich«, Ba. (Chr. prov.⁴, Glossar) mit »eben erst«. — D. hält die Form „*forfaz*" für identisch mit „*forfai*"; Ba. fasst *forfaiz* als Part. Pf. (Chr. prov.⁴, 440) und übersetzt »schuldig«. ibid. 520.

V. 20: Das R.'sche und D.'sche *enfants* verwirft P. M. (Rom. I, 230) einmal, weil der voc. s-los sei, dann, weil sich die Troubadours in der Anrede des Wortes *seinor* bedient hätten; auch stimme *enfants* nicht mit dem Ms. überein, das *Ezns. anzs.* biete. *Ezns.* müsse so viel sein wie *tms* und der ganze Ausdruck *Ezns. anzs.* bedeute ‚*en un certain temps*' oder *Ezns. anzs.* = *ante annos, autrefois*; und so schreibt er in seinem Recueil etc. *en anz, en dies.* Dazu bemerkt Ba. (Lemcke-Ebert's Jhrb. l. c.): »Soll jenes *(enanz)* nicht *in annis* sein, so kann ich die Änderung nicht gut heissen, soll es aber *enanz* »früher« bedeuten, dann ist das Komma dahinter zu streichen; *enanz en dies* zusammen heisst: »in früheren Tagen«.

---

¹) vgl. silz V. 54.

volg i Boecis metre quastiazo;
auvent la gent fazia en so sermo:
<blockquote>auvent R., D., Ba., M. — auven Bœ.</blockquote>

creessen deu, qui sostenc passio,
25 per lui aurien trastút redemcio.
molt s'en penét, mas non i mes foiso,
<blockquote>mas molt... quar non Ms. — mas mal... quar non D. —
molt... mas non Br.[1]) — mal s'en penet... quar non Ba.
molt s'en penét M., Bœ. — mal s'en penét oder mas molt
s'en pénet... quar H.</blockquote>
anz per eveja lo mesdren e preiso.
<blockquote>p Ms.</blockquote>

IV.

Donz fo Boecis, lo corps ag bo e pró,
<blockquote>lo fehlt Ms. — corps ag e bo e pros M. — e corps ag bo e pros Bœ.</blockquote>

Anm. V. 23: Für den Satz: *fazia en so sermo* führt D. zwei verschiedene Erklärungen an, entweder: »er hielt darüber seine Rede«, oder: »er sagte in seiner Rede«. Wir sehen in ‚*fazio en so sermo*' die Ausführung der Vers 22 ausgesprochenen Absicht; indem wir *fazia* dem *volg* gegenüberstellen, übersetzen wir: »Er wollte die schlechten Zustände bessern und er that das *(fazia = i mes quastiazo)* in einer Ansprache«. Einen Beleg für diesen (im Deutschen sehr üblichen) Ersatz des vorhergehenden Verbs durch *faire* bietet z. B. Ba. Chr. prov.[4], 21, 13 dar: eu mesis m'en acus-que anc om non fes plus. Vgl. auch Peire Vidal (ed. Bartsch, Berlin 1857, p. 31, 50): l'am mais per saint Raphael, — que Jacobs no fetz Rachel.

V. 26: D. liest *mas mal s'en penet* und übersetzt: »aber vergebens mühte er sich ab, denn er setzte es nicht durch; H. korrigiert: *mal s'en penét* oder: *mas molt s'en penét* (aber sehr thut es ihm leid, bereut er es, weil er nichts ausrichten konnte«). Bœ. übersetzt die Stelle nach der M.'schen Korrektur: »Er machte sich viel Not dadurch, denn er wendete keine Behutsamkeit an.« Über die Etym. und Bedeutung von *foiso* s. Gloss.

V. 28: *Donz* ist ein Titel: es bezeichnet nach D. eine höhere Stellung. D. verwirft die Korrektur *lo corps*, weil die Auslassung des Artikels altertümlich sei, was er aus der ‚Eulalia' beweisen will. Unser Gedicht aber bietet selbst zwei Beispiele, welche die Anwendung des Artikels erlauben, V. 101: Quant e la carcer avial cor dolent, V. 170: el vis a tant preclar, V. 202: tant a B. lo vis esvanuit.

---

[1]) Ten Brink (Conjectanea etc., p. 43, dritte These).

cui tan amet Torquator Mallios.
30 de sapiencia no ſo trop nuallos;
tant en retenc, que de tót no'n ſo blos.
    non *Ms.*, *R.*, *D.* — no'n *Ba.*, *M.*
tan bo essemple en laiſet entre nos;
    bon *M.*
no cuid qu'e Roma om de ſo ſaber fos.

V.

Cóms ſo de Roma e ac ta gran valor
35 prob Mallio lo rei emperador:
    aprob *Ms.*, *R.*, *D.*, *Ba.*, *M.* — prob *Bœ.*
el eral meler de tota la onor,
    era'l *R.*
de tót l'emperil tenien per senor.

V. 29: Torquator Mallios, vgl. die Anmerkung zu V. 34. *cui* bezieht ſich auf Boecis; der Satz *lo corps ag bo e pro* ist parenthetisch.

V. 32: *tan bo essemple* ist, wie D. bemerkt, das Buch: „De consolatione philosophiæ".

V. 34: Wie der Dichter hier auf einmal den Grafen hineinbringt, erklärt H.: In einer Vita Boethii heiße es: »Tempore Deoderici regis insignis auctor Boetius claruit, qui virtute sua cs. in urbe fuit.«[1]) *cs.*, das *consul* bedeute, habe der Dichter für *coms* gehalten.[2]) In einer andern vita leſe man: »Boetius iste de familia fuit Torquati Mallii, nobilissimi viri«[3]) *familia* habe der Dichter im Sinne von Dienerſchaft, Gefolge, Vaſallen aufgefaßt, und da nun Boet. ein *coms* in der *familia* des M. Torquatus gewesen sei, so müſſe dieser höher gestanden haben und sei aus diesem Grunde vom Dichter zum *rei emperador* erhoben worden.

V. 35: Bartsch (Peire Vidal's Lieder, p. 32, 13, XXV) übersetzt *emperaire* in der Verbindung *reis emperaire* mit »kaiserlich gesinnt«; er bemerkt, daß *emperial* von den Troubadours zum Ausdrucke »der höchſten Vollkommenheit« gebraucht werde.

V. 36: *onor* faßt H. als »Lehnsherrlichkeit« auf: »er war der vornehmſte von allen Lehnsleuten.«

V. 37: d. h. »man achtete ihn wie den Herrn etc.«; *senher* bezeichnet nach D. das Verhältnis des Höheren zum Geringeren.

---

[1]) Abgedruckt bei Obbarius, p. XXIV.
[2]) R. übersetzt: »consul fut de Rome.«
[3]) vgl. Obbarius, p. XXV.

mas d'una causa nom avia genzor:
<small>u nom *Ms.* — d'una causa nom *M.*, *Bœ.* — d'una causa nnom *H.*</small>
de sapiencia l'apellaven doctor.

VI.

40 Quan¹) veng la fis Mallio Torquator,
donc venc Boeci ta granz dolors al cor,
<small>gran *Ms.* — granz *D.*, *Ba.*, *M.*</small>
no cuid aprob altre dols li demor.

VII.

Mort²) Mallios Torquator dunt eu dig:
<small>morz fo *Ms.*, — ebenso *R.*, *D.*, *Ba.*, *M.* — mort Mallios. *Bœ.*</small>
ecvos e Roma l'emperador Teiric;
45 del fiel deu no volg aver amig.

VIII.

No credét deu lo nostre creator:
per zo nol volg Boecis a senor
<small>no'l *R.*</small>
ni gens de lui no volg tener s'onor.
eu³) lo chastia ta bé ab so sermo,

Anm. V. 42: *no cuid* etc., d. h. dieser Schmerz (über den Tod des Manlius Torquator) machte ihn alle andern Schmerzen vergessen.
V. 44: *emperador Teiric* ist der acc., der sich nach *ecce* bei den lat. Komödiendichtern (statt des klass. nom.) findet. (Diez, R. Gr.⁴ III, 189). — Im Altfrz. finden sich auch Fälle, wo diese Interjektion den nom. nach sich hat, vgl. z. B. eis vos puignant li quens de Flandres (Gorm. und Isemb. V. 67 ed Heiligbrodt, Rom. Stud. III, 551).

---

¹) M. und Ba. rechnen die Verse 40—42 zur vorhergehenden Tirade, während das Ms. mit grossem Initial fortfährt; Bœ. verlangt wegen der anderen Klangfarbe des o eine neue Tirade, was To. zugibt; vgl. die Metrik § 7.
²) Das Ms. bildet keine neue Tirade.
³) Bœ. beginnt, um seine Reimtheorie durchzuführen, mit V. 49 eine neue Tirade; vgl. Metrik § 7.

50   e Teiríx col tot e mal sa razó;
   vielleicht s'arazo *Bœ*.
 per grant evea de lui volg far fello:
 fez u breu faire per grán decepcio
   p *Ms*.
 e de Boeci escriure fez lo nóm.
   vielleicht escriure i fez *M*. — no *Bœ*.
 e sil tramét e Grecia la regio;
   si'l *R*.
55   de part Boeci lor manda tal raizó,
 que passen mar, guarnit de contençó.
   contençó *Ms*. — mar, guarnit de... *Ba*. — mar, guarnit, de *M*.
 eu lor redra Roma per traazo.
   p *Ms*.
 lo sénz Teiric miga no fo de bo:
   lo sént *R*. — sens *D*. — s'en tteiric *H*.
 fez sos mes segre, silz fez (Hds. S. 271ᵛ) metre e preso.
   si'lz *R*.

IX.

60   El capitoli, lendema al di clar,
   al dia clar *Ms*. — l'en dema al di *M*. — lendema al di *Ba*.

Anm. V. 51: *fello*, d. h. Verräter.

V. 52: Die vita Boethii (ed. Peiper XXX ff.) berichtet: Cum vero Theodoricus rex voluit tyrannidem exercere in urbe ac bonos quosque ex senatu neci dare, Boethius vero eius dolos effugere gestiens, quippe qui omnibus bonis necem parabat, videlicet clam litteris ad Græcos missis nitebatur urbem et senatum ex eius impiis manibus eruere et eorum subdere defensioni.

V. 54: *si* fasst auch D. als »so« auf. — D. tadelt die Übersetzung R.'s: ›de Grèce la région‹, weil *Grèce* kein von *regio* abhängiger gen. sei. Der Ausdruck *Grecia la regio* findet sich auch im Alexanderfragm. (ed. Stengel, Ausg. und Abhandl., p. 75, 35): echel ten Gretia laregion.

V. 55: *lor manda* etc. Das *lor* ist ungenau, da im Vorhergehenden zwar von Griechenland, nicht aber von den Griechen selbst die Rede ist.

V. 56: R. übersetzt: qu'ils passent mer munis de guerre.

V. 58: *senz*, der Verstand, hier das Produkt desselben, das Vorhaben, der Plan; D. übersetzt es mit »Meinung«.

V. 59: *mes*, d. h. die Überbringer der Briefe.

lai o solíen las altras leis jutjar,
>altas lis *H.*

lai veng lo reis sa felnia menár.
lai fo Boecis e foren i soi par.
lo reis lo pres de felni'a reptar
>felnia reptar *Ms., R.* — felni'a reptar *D., Ba., M.*

65 qu'el trametía los breus ultra la mar,
Roma volia a óbs los Gréx tradár.
>a óbs los Gréx Roma volia tradár *Ms., R., D., Ba., M.* — Grez *R.* — vielleicht Roma volia a. o. l. G. t. *M., Bœ.* oder: volia Roma a. o. l. G. t. *Bœ.*

pero Bocci anc no venc e pesat
>pesar *M., Bœ.*

sál en estánt e cuidet s'en salvar;
>sál él enestánt *Ms.* — sall en (d. h. sallen) estant *H.* — sal en estant *M., Ba.*

l'om nol laiset a salvament annár.
>no'l *R.*

70 cil li falfren qu'el soli'ajudar;
>quel solient *Ms., D., Ba.* — qu'el soli'ajudar *M.*

Anm. V. 61: H. übersetzt nach seiner Korrektur, die übrigens nicht nötig ist: »die hohen Prozesse«.

V. 64: *prendre* wird nach D. (R. Gr.⁴ III, 240) mit präpositionellem Inf. konstruirt (vgl. die Syntax), daher die Schreibung: felni'a reptar.

V. 66: die Quelle zu dieser Stelle ist schon V. 52 zitiert.

V. 67: *venc* ist Impers. wie V. 3 *membra*. *Boeci* ist also dat. Im Nfrz. ist dieselbe Konstruktion noch gebräuchlich: il me vint à l'esprit, es kam mir in den Sinn.

V. 68: *Cuidet s'en salvar,* er glaubte sich zu retten, nämlich durch Verteidigung. — R. übersetzt *sál en estánt;* se lève lui en séant.

V. 69, 65. Nach H. stimmt diese Stelle mit dem was in der Cons. I, 4 (ed. Peiper, p. 13 ff.) gesagt wird, überein: Nam de compositis falsis litteris quibus libertatem arguor sperasse romanam quid attinet dicere? Quarum fraus aperta patuisset, si nobis ipsorum confessione dilatorum, quod in omnibus negotiis maximas vires habet, uti licuisset.

V. 70: *que* ist nach D. »nom. statt des weit üblicheren *qui*«. Derselben Ansicht ist R., der den Vers übersetzt: Ceux lui manquèrent qui le soulaient aider. Auch Ba. ändert an dem Verse nichts. Und doch scheint der Sinn die M.'sche Korrektur zu erheischen; denn Boethius hatte doch in dem Ansehen, in

fez lo lo reis e sa charcer gitar.

X.

Ecvos Boeci cadegut en afán
  e nafán *Ms.* — afan, *M., Ba.*
e granz kadenas qui l'estan apesant.
  kdenas *Ms.* — ledenas *R., D.* — kadenas *M., Ba.* — a pesant *R., D.* — apesant *M., Ba., Bœ., H.* oder apressant *H.*
reclama deu, de cél lo rei, lo grant:
  cel *R., D.*
75 ‚domine pater, e tem fiav'eu tant,
  dñe *Ms.* — domne *R., D., Ba., M.* — domine *Bœ., Boucherie.*[1])
e cui marce tuit peccador estánt;
las mias musas qui ant perdut lor cánt —
  pdut *Ms.* — lasas mias musas *To.* — musas gai! ant .. *Bœ.*
de sapiencia anava eu ditan.
plor tota dia, faz cosdumna d'efant:
80 tuit a plorár repairen mei talant'.

dem er beim Kaiser stand, als ‚meler de tota la onor' die Hilfe seiner Standesgenossen nicht nötig, vielmehr mussten diese in ihrer untergeordneten Stellung eher des Boethius Hilfe in Anspruch nehmen. Der Dichter will hier nur dem allgemeinen Satz Ausdruck geben: Undank ist der Welt Lohn. — Eine Änderung in diesem Sinne fordert übrigens auch das Metrum: *solient* ist dreisilbig, vgl. d. Metik.

  V. 71: Die vita Boetii sagt (Peiper, p. XXXI): Sed postquam a rege reus majestatis convictus iussus est retrudi in carcerem.

  V. 72: *Boeci* ist acc. cf. V. 44.

  V. 73: ‚e' ist nach M. und Ba. die Präposition, denn sie setzen nach afan (Vers 72) ein Komma; granz kadenas ist ihnen also Apposition zu afan; anders D., er fasst ‚e' als Konjunktion auf = et. — D. liest a pesant und übersetzt: »die ihm zum Drucke sind, die schwer auf ihm lasten«.

  V. 77, 78, 79: Der Dichter hatte, wie To. bemerkt, den 3. Vers des ersten Buches der Cons. im Auge: Ecce mihi lacere dictant scribenda Camenæ. Da der Vers mit einer Interjektion anhebt, so glaubt auch To. eine solche hineinkorrigieren zu müssen, wie schon vor ihm Bœ. gethan hatte. — Wenn wir uns

---

  [1]) In der Rev. des langues rom. (déc. 1882, p. 300) schlägt Boucherie diese Konjektur vor, nachdem sie von Bœ. schon 1878 in seinen R. St. aufgestellt worden war.

XI.

„Domine pater, tu quim sols goernar,
<small>Dñe *Ms.* — Domne *R., D., M., Ba.* — Domine *Bœ., Boucherie.*¹)</small>
e tem soli eu a tóz dias fiar.
<small>*entw.* e tem solia en toz dias fiar *oder* e tem soil eu a tos dias fiar *Bœ.* — solf'eu oder soli'eu *Ba.* — dis *M.*</small>
tum fezíst tánt e gran riquezá stár:
de tota Roma l'emperi aig a mandar.
85 los savis omes en soli'adornár.
<small>soli adornár *Ms.*</small>
de la justicia que grant áig a mandar;
not servii bé, no lam volguist laisar:
<small>seruii *Ms.* — servic *R., D.* — nolā *Ms.*</small>
per aizóm fás e chaitiveza star.
<small>p *Ms.*</small>
non ái que prenga, ne no pósg re donar;

genau an den urkundlichen Text halten wollen, dann müssen wir, da las mias musas ohne Verb steht, annehmen, dass der Abschreiber einen Vers überschlagen hat, der zugleich den überleitenden Gedanken zu den folgenden Versen gehabt haben muss. — Zu Vers 78, 79 passt der Inhalt der beiden ersten Verse der Cons.: Carmina qui quondam studio florente peregi — Flebilis heu maestos cogor inire modos. Unter Carmina verstand wohl unser Dichter die Schriften des Boethius, und so übersetzte er carmina qui peregi mit de sapiencia anava eu ditan. ‚Sapiencia' war ihm das, was die Philosophie ursprünglich sein sollte, der Inbegriff alles Wissens. Das geht hervor sowohl aus V. 92, wo er sagt: »Niemand, wenn er auch noch so tüchtig sei, könne die ‚sapiencia' umfassen«, als auch aus 96—98, wo die Astronomie etc. zur sapiencia gerechnet wird. — Die Worte maestos modos finden ihre (allerdings sehr trockene) Wiedergabe in ‚plor tota dia'. — Dass der Dichter das erste Gedicht aus der Cons. phil. überhaupt berücksichtigt, geht aus V. 108, 116, 119, 146 hervor.

V. 82: *soli* ist nach To. das Präs.; die Silbe ‚li' ist nur der Ausdruck des mouillierten ‚l'. Bœ. scheint derselben Ansicht zu sein, wenn er auch schreibt: *soil*.

V. 85: Das *en* ist hier proleptisch und auf das folgende *justicia* zu beziehen.

V. 89 ist die nähere Erklärung zum vorhergehenden Verse: Meine Haft ist so streng, dass ich über nichts verfügen kann.

¹) vgl. p. 9 Note.

90   ni nóit ni día no fáz que mal pensar.
     tuit mei talant repairen a plorar'.

⋅ XII.

Hanc no fo óm, ta gran vertut agues,
la sapiencia compenre qui pogues.
> qui sapiencia compenre pogues *Ms.* — la sap. comp. qui pog. *Bœ.* qui s. tot c. p. *M.*

pero Boecis no'n fó de tot mespres;
> non *Ms., R., D.* — no'n *Ba., M., Bœ.*

95   anc non vist ú qui tant en retegues:
> non *R., D., Ba.* — no'n *M., Bœ.* — vist u *M.*

inz e las carcers o él jazía prés,
> laínz *Ms., R., D.* — inz e las c. *H., M., Ba.* — jaxia *R., D.*

lainz comtáva del temporal, cum es
> cōtava del tēporal cū es *Ms.* — contava *R., D.* — comtava *Ba., M.* — vielleicht temporal dels mes *M.* — del temporal cumes *Bœ.*

de sól e luna, cél, terra e már, cum es. (*Ba., M.*)
> de s. e. l. c. (Hds. S. 272 r) e terra már cū es *Ms.* — d. s. e. luna e terra, mar, c. e. *D.*

XIII.

‚Nos e molz libres aizo trobam legen,'
> libres o trobam *Ms., R., D., Ba.* — libres nos o tr. *M.* — aizo trobam *Bœ.*

100 dis o Boecis esso gran marriment,
> e sso *R.*

quant e la carcer avial cor dolent:
> quan *Bœ.* — avia'l *R.*

Anm. V. 90. *mal* kann sowohl subst. wie adv. sein.
V. 91 vgl. V. 80.
V. 94: *mespres.* D. erklärt den Bedeutungsübergang des Verbs *mespenre:* fehlgreifen, fehlen, fehlen machen, irre führen, daher *mespres* auf falschem Wege, schlecht unterrichtet.
V. 96 — 98 enthalten Proben von der «Weisheit», d. h. dem Wissen des Boethius.

‚molt vál lo bés que l'om fai e jovent,
com el és vélz, qui poisas lo sosté;
<small>qui pois *Ms., R., D.* — velz e qui *Ba., M.* — vielleicht que poissas lo soste *H.* — sosten *Bœ.*</small>
quan ve a l'óra quel córps li vái francn
<small>qu'el *R.*</small>
105 per bc qu'a fait deus assa part lo te.'
<small>p *Ms.*</small>

XIV.

‚Nos de molz omnes aizo avem veút
<small>nos o avem veút *Ms., R., D., M., Ba.* — omnes aizo a v. *Bœ.*</small>
om per veltát non á lo pel chanut:
o es eferms o á afan agút.'

XV.

‚Cellui[1]) vai bé qui tra mal e jovént
110 e cum es vclz, donc estai bonament.
<small>cū *Ms.*</small>
deus a e lúi més so chastiamént,'
<small>deus a més e lúi s. ch. *Ms.* — d. a. e lui m. s. ch. *Ba., H., M.*</small>

XVI.

‚Mas[2]) quant es joves et[3]) á onór molt gránt
<small>quan *Bœ.* — & a *Ms.*</small>

Anm. V. 106: Bœ. schlug in seiner Rezension der 2. Aufl. der Ba.'schen Chrest. (Lemcke-Ebert's Jahrb. 8, p. 316) folgende Lesart vor: Nos de molz omnes no so (ço) avem veut: Om, qui per veltat non a lo pel chanut etc.
V. 107: den Sinn der Stelle erklärt D.: Nicht allein im Alter hat man graue Haare, sondern auch in der Jugend, als eine Folge von körperlichen oder seelischen Leiden.
V. 108: Intempestivi funduntur vertice cani (Cons. I, 1, Vers 11).
V. 109: *vai* ist Impers.; deshalb steht *cellui* im dat.

---

[1]) Das Ms. bildet keine neue Tirade.
[2]) Siehe vorstehende Note.
[3]) & ist vor folg. Vokal zu *et*, vor folg. Kons. zu *e* aufgelöst; vgl. d. Syntax.

et evers deu no torna so talant,
cum el es velz, vai s'onors descaptán:
<small>cū *Ms.*</small>

115 quant se reguarda nó'n á ne tan ne quant;
<small>nón *Ms.*, *R.*, *D.*, *Ba.* — no'n *M.*, *Ba.* — quan *Ba.*</small>
la pélz li rúa, héc lo kap te tremblánt;
morir volría e és e gran masánt.
trastota dia vai la mórt reclamán;
ella nol prén ne no l'en fai semblant.'
<small>no'l pren *R.* — ne nol en *Ms.*, *Ba.* ne no l'en *D.*, *M.*</small>

XVII.

120 ‚Dréz es e bés que l'om e deu s'espér,
mas non es bés ques fí e son avér;
<small>que s fí' *R.*</small>
ta mala fé nulz om no pót veder:
<small>ſnulz *Ms.*</small>
l'om l'a al má, miga no l'a al ser.
<small>má *R.* — ma *M.*</small>
cum l'us lo pért, a l'áltre vé tener.'
<small>cū *Ms.* — a l'áltrel *M.*</small>

XVIII.

125 ‚E¹) mala fé la mórz á epsament:
<small>e la mórz á epsament mala fé *Ms.* — e mala fé etc. (wie oben) *Ba.*, Stengel (die beiden ältesten provenz. Gramm. p. XXVIII).</small>

Anm. V. 114: *vai descaptan* »mindert sich in einem fort«, D. Rom. Gr.⁴ III, 201.
V. 116: Et tremit effeto corpore laxa cutis (Cons. I, 1, 12).
V. 118: *vai reclaman* »er ruft immerfort«, cf. V. 114.
V. 119: ‚Eheu quam surda miseros avertitur aure
Et flentes oculos claudere sæva negat' (Cons. I, 1).
V. 121—124. Suchier (Bibl. norm., Bd. I »Reimpredigt«, p. 73, Anmerkung zu Strophe 54) hält dieser Stelle die Strophe 54 der Reimpredigt gegenüber. Die Strophe lautet (p. 28): Li aver dunt li vint? Uns altre le tint — ainz que il fust nez — Altre revendrat — kil reguardat — quant iert deviéz.

---

¹) Das Ms. bildet keine neue Tirade; auch R. und D. nicht, letzterer

l'om ve u ome e quaitiu e dolént
> u ome quaitiu e dolént *Ms.* — e quaitiu e dolént *M.*, *Bœ.*

o és maláptes o áltre prés lo té.
> lo ten *Bœ.*

non á avér ni amíc ni parent;
> nō *Ms.*

e dunc apella la mort ta dolzament,
> apella mort *Ms.* — apel la mort *R.* — apella la m. *Ba.*, *M.* — vielleicht apella la m. *D.*

130 crída e úcha: „Morz, a mé quar no vés?"
> crida *R.* — crida *M.* — a mé *R.* — a me *M.* — morz a me quar no ven *Bœ.*

ellas fén sorda, gens a lui non aténd.

quant menz s'en guarda, no sáp mot quan, los prent.
> guarda, no sap mot, quan l. p. *D.* — s'en guarda, n. s. m. q. l. p. *M.* s'en guarda, no sap mot quan, l. p. *Ba.*[1]) — quan menz... prend *Bœ.*

XIX.

„Si cum la nibles (Hds. S. 273ᵛ) cobrel jórn lo be má,
> cū *Ms.* — cobr'el *R.* — níbles *R.*

Anm. V. 126: Die Verse 126 ff. geben uns ein Bild von der Treulosigkeit des Todes.

V. 128: R. übersetzt: *autre chose pris le tient;* D. lässt dem „altre" persönliche Bedeutung zukommen.

V. 130: D. sagt: *quar* als Fragewort wird sich aus der späteren Litteratur nicht mehr nachweisen lassen. Im altfrz. Alexius findet sich eine Stelle, wo *quar* fragend gebraucht ist: e dicel bien ... quer [n]'amperneies (ed. Stengel, 84ᵈ).

V. 131: *atendre* wird nach D. (R. Gr.⁴, III, 104) „in seiner lateinischen Bedeutung" im Romanischen mit „ad" konstruiert. — *ellas fen sorda,* er stellt sich taub; surda miseros avertitur aure, cf. V. 119.

---

wahrscheinlich aus dem Grunde, weil er einen Unterschied zwischen ę und ẹ (wie im Franz.) inbezug auf das Provenzalische nicht anerkennt; vgl. R. G.⁴, I, 289.

[1]) Diese Interpunktion rührt von Bœ. her, der sie 1867 in Ebert-Lemcke's Jahrb. 8, p. 316 bei Gelegenheit der Rezension der 2. Aufl. der Chrest. von Ba. vorschlug.

  si cobre avérs lo cór al christiá,
    xristiá *Ms.*
135 qui tant i pessa que ál no fara ja:
  e deu nos fia ni deus e lúi no má.
    e lúi enomá *Ms., R.* — e lui no ma *D., M., Ba.*
  quan se reguarda, peró res nol rema.'
    no'l *R.*

XX.

  Molt fort blasmava Boecis sós amigs
  qui lui laudáven deréer euz dis antíx,
    dias *Ms., R., D.* — dis *M., Ba.*
140 qu'el era cóms e molt onraz e rix
    comps molt onraz e rix *Ms.* — m. onraz e molt rix *M.* — coms
    e. m. onraz e rix *H., Bœ.*
  et evers deu era tot sos afix.
    toz *M.*

XXI.

  Molt[1]) lo laudaven e amíc e parent,
  c'ab damrideu se tenia forment;
  pero Boecis trastuz los en desmént:
145 nos es acsi cum anaven dicent.
    cũ *Ms.* — dicen *Bœ.*
  cel non es bós que a frebla scalas té
    ten *Bœ.*

Anm. V. 136: R. übersetzt: En Dieu ne se fie, ni Dieu en lui et il ne le mande.

  V. 144: *pero* hat hier dieselbe Bedeutung wie V. 67 und 94.

  V. 145: *anaven* ist (p. 30) unübersetzt geblieben; D. bemerkt (R. Gr.[4] III, 201), dass die Umschreibung mit *annar* oft nicht mehr aussage, als das einfache Verbum.

  V. 146: «*Qui cecidit, stabili non erat ille gradu*» (Cons. I, 1, V. 22). Dieser Vers, der letzte des ersten Gedichtes der Cons., gab wohl dem Dichter Gelegenheit, seiner Phantasie freien Spielraum zu gewähren. Die Zusätze des Dichters erstrecken sich bis Vers 157, mit Vers 158 geht derselbe zum ersten Prosakapitel der Cons. über.

---

  [1]) Das Ms. führt mit Minuskel fort.

qui tota ora desempre vai chaden:
> sempre *Ms.* — desempre *Bœ.*, *To.* — sempre v. dechaden *H.*, *M.*

aquel qui l'a non estai fermament.

e quals es l'om qui a ferma schalas té?
> ten *Bœ.*

150 bos¹) christias, qui cre perfeitament
> xristias . . . pfeitament *Ms.*

deu la paterna, lo rei omnipotent,

et en Jhesu que ac tán bo talent,
> & en ihu *Ms.* — vielleicht er Jhesu *Del.*

chi nos redéms de so sang dolzament,

e sant sperit qui e bos omes desend,
> sc̄m spm *Ms.* — sanctum spiritum *R.*, *D.*, *Ba.*, *M.* — e sant sperit que bos o. d. *H.*, *Bœ.*

155 que quel corps faça, eul vai l'arma dozén.
> faca eu li *Ms.* — que qu'el *R.* — eu vai *M.*, *Bœ.* — eul vai *Ba.* — el vai *H.*

bos cristians qui a tal schalas te,
> aital eschala ste *Ms.* — qui attal (== a tal) schala s te *H.* — a tal eschalas te *D.*, *M.* — ten *Bœ.*

cel no'n quaira ja per negu torment.
> non . . . pnegu *Ms.* — non *R.*, *D.*, *Ba.* — no'n *M.*, *Bœ.*

XXII.

Cum jáz Boecis e péna charceral,
> cū *Ms.* — vielleicht charceraz? *M.* — charceraz *Bœ.*

Anm. V. 151: *paterna*, zu ergänzen ist vielleicht *persona*, vgl. D. (R. Gr.⁴, III, 449); nach ihm ist *paterna* nicht als Apposition zu *deu* aufzufassen, sondern als regierendes subst., von dem *deu* abhängig ist (la paternité de Dieu).

V. 152: *& en Jhesu*. Es wäre vielleicht nicht nötig, bei *creire* eine verschiedene Konstruktion anzunehmen, wenn wir *en* als Subst. betrachten dürften. Diese Auffassung dürfte aber etwas gewagt sein, da die Troubadours sich meist des Ausdrucks ,*baros Jhesus*' bedienen. Vgl. z. B. Peire Vidal (Ba. Chr. prov.⁴, 109, 33): *Baros Jezus, qu'en crotz fo mes.* — Übrigens ist es auch kein singulärer Fall, dass *creire* mit dem acc. und mit *en* zugleich konstruiert wird, vgl. D.

V. 153: *dolzament* s. V. 129.

V. 158, 159: *jaz*, *plan* sind präs. hist.

---

¹) Rayn. beginnt, mit Majuskel fortfahrend, eine neue Tirade.

plan se sos dols e sos menuz pecaz,
160 d'úna donzélla fo lainz visitaz:
filla's al rei qui a gran poestat.
    granz poestaz *Bœ*.
ella's ta bella, reluz ént lo palaz.
lo mas o íntra inz, es granz claritaz:
    lo mas, o íntra, inz e g. cl. *D*.
ja no es óbs fox issia alumnaz,
    non es óbs *M*.
165 veder ent pót l'om per quaranta ciptáz.
    p *Ms.* — *Suppr.* per? *M*. — veder pot l'om *H*.
qual oras vol, petitas fai asáz.
    ora s vol *R*.
cum[1]) ella s'auça, cel a del cap polsát.
    cū *Ms*. — sauca *Ms*.
quant be se dreça, lo cel a pertusat,
    dreça ... ptusat *Ms*. — quan *Bœ*.
é ve lainz tota la majestat.

XXIII.

170 Bella's la domna el vís a tant preclár,

Anm. V. 159: D. übersetzt *menuz* mit »klein«. Diese Bedeutung kommt *menuz* auch in erster Instanz zu. Was aber in kleine Teile zerlegt ist, ist auch in vielen Teilen vorhanden. Daher »viel«.

    V. 160: Unter ,*donzella*' ist die ,Philosophie' zu verstehen.

    V. 165: Nach D. brauchen die epischen Dichter häufig *quaranta* als Ausdruck einer unbestimmten Anzahl. Dieser Ausdruck erinnert an das lat. *sexcenti*, das griech. μύριοι. Altfrz. *seissante*: ,Il n'a si bele en *seissante* païs'. (Amis u. Amiles, ed. Hofm., V. 1953).

    V. 166, 167: Nam nunc quidem ad communem hominum mensuram se cohibebat, nunc vero pulsare cælum summi verticis cacumine videbatur (Cons. I, 1).

    V. 168: quæ (mulier) cum altius caput extulisset, ipsum etiam cælum penetrabat (Cons. I, 1).

    V. 169: majestat sc. deu.

    V. 170: ... adstitisse mihi ... visa est mulier reverendi ad modum

---

[1]) Bœ. verlangt für die Verse 167—169 eine eigene Tirade; vergl. Metrik, § 8.

davan so vís nulz om nos pot celar.
ne éps li omne qui sun ultra la már
no potden tánt e lor (Hds. S. 274*r*) cors cobeetár
    tánt *Ms.* — tant *R.*
qu'ella de tot no vea lor pessar;
175 qui e leis se fia, morz no l'es a doptar.

XXIV.

Bella's la domna, mas molt es de longs dis;
    dias *Ms., R., D.* — dis *M., Ba.*
nos pot rascúndre nulz hom denant so vis:
hanc no vist omne, ta grant onor aguis,
    agues *Ms., R., D., Ba., M.* — aguis *Bœ.*
sil forféz tan dont ellas ranguris,
    rangurés *Ms., R., D., Ba., M.* — ranguris *Bœ.* — si'l *R., D.*
180 sos corps ni s'anma miga per rén guaris;
    peŕén *Ms.*
quoras ques vol, s'en á lo corps aucís,
e pois met l'arma en efférn el somsís.
tal li cománda qui totdias la brís.

vultus oculis ardentibus et ultra communem hominum valentiam perspicacibus colore vivido atque inexhausti vigoris . . . (Cons. I, 1).

    vis ist hier nach D. nicht gleich *vultus, visage,* sondern bedeutet die Sehkraft, die Augen.

    V. 173: *cors* ist acc. plur.

    V. 174: *pessar* ist der Inf., vgl. Vers 67, wo das Part. Pf. *pesat* steht.

    V. 176: quamvis ita ævi plena (mulier) foret, ut nullo modo nostræ crederetur ætatis (Cons. I, 1).

    V. 177: Derselbe Gedanke ist schon Vers 171 ausgesprochen.

    V. 178: *onor* bezeichnet Stellung, Amt, Macht.

    V. 180: Um eine bessere Konstruktion zu erzielen, ist hier (p. 31) nicht wörtlich übersetzt, denn *cors* ist nom., das verb. *guaris* ist intrans. (vgl. Glossar, ebenso die Syntax).

    V. 183: *tal* ist der Teufel. — R. hält *tal* für den Nom. und übersetzt «tel l'invoque», was schon D. verwarf.

ella smétéssma té cláus de paradis:
    ellas mét ё̄ss ma téñ cláus *Ms*. — ma und téñ waren ursprünglich durch ein n verbunden.

185 quoras ques vol, lainz cól sos amigs.

XXV.

Bél sún si drap, no sái nomnar lo fil,
    nōnar los fils *Ms*.[1])

mas molt perforen de bún e de sobtil.
    molz pforen *Ms*. — molt *R., D., M., Ba., Bœ*.

ella se féz avía anz plus de mil;
    anz avía *Ms*. — avia anz *M., Bœ*. — selz fez *M*.

tán no son ućl míga lór préz avíl.

XXVI.

190 Ella medesma teiset so vestimént
    teis& *Ms*.[2]) — telset *R*.

Anm. V. 184: Der Artikel *las*, der sich im urkundl. Text über die Linie geschrieben findet (cf. Meyer, Rom. I, 131), ist eine Glosse, gehört also nicht zum Text des Boethius-Liedes, sondern ist eine Zuthat des Kopisten, der damit das Genus von *claus* (das sowohl masc. = *clavos*, als fem. = *claves* sein kann) andeuten wollte. So erklärt Boucherie, Rev. d. langues rom., Déc. 1882, pag. 301, freilich ist die Erklärung sehr fragwürdig.

V. 186 ff.: Vestes erant tenuissimis filis subtili artificio indissolubilique materia perfectæ quas ... suis manibus ipsa texuerat (Cons. I, 1). Vgl. damit auch V. 190, 191. — Ba. schreibt ohne Grund *li drap*, obwohl er das Vorhandensein einer prov. Form *si-soi* zugibt; cf. Chr. prov.⁴ 15, 36: Dizen li si disciple.

V. 187: *per* gehört zu *molt* (= lat. *per multum*); *per molt* ist adv. zu *foren*, wenn dasselbe in der Übersetzung (p. 31) auch mit dem folgenden adj. verbunden ist. — Zu *bon* und *subtil* ergänze *fil*.

V. 188: Ella se sc. ,los'.

V. 189: *avil* ist subj. — D. fasst *avilar* hier im Sinne von *s'avilar*, während sonst meist *avilar* gebraucht werde. Diese Auffassung scheint nicht nötig zu sein, wenn wir *prez* als cas. obl. fassen und ein *zo* als Subjekt ergänzen.

---

[1]) vgl. M. (Rom. I, 230): „Il y avait *los fils*, les deux *s* ont été exponctuées'.

[2]) Es lässt sich nicht unterscheiden, ob der dritte Buchstabe ein i oder ein l ist; vgl. auch M. l. l.

que negus óm no pót desfar neienz;
> negus no *Ms.* — noi *M.* — neient *Bœ.*

pur l'una fremna qui vers la terra pent
> fremja *M.* — vert *Ms., R.* — vers *D., Ba., M.* — pend *Bœ.*

no comprari'om ab mil liuras d'argént.
> comprari om *Ms.* — comprari'om *R., D.* — comprarl'om *Ba.*
> oder comprari'óm *Ba., D.*

ella ab Boeci parlét ta dolzament:

195 ,molt me derramen donzellét de jovent;
> mederramen *R.* — medramen = mezramen *D.* — me derramen *Del., Ba., M.*

que zo esperen que faza a lor talén.[1]
> q : *Ms.* — talent *D., Bœ.*

primas me ámen, pois me van aïssent;[1]
> aïssen *Bœ.*

la mi'amor ta mal van deperdén.'
> la mia mort *Ms.* — mi'amor *R., D., Ba., M.*

Anm. V. 191: Ba. übersetzt *desfar* (Chrest. prov.⁴, Gloss.) mit ‚zerstören'. Doch scheint die Übersetzung «trennen, zerreissen» genauer zu sein. *faire* heisst machen, *desfaire* auseinander machen, zerreissen, trennen; *desfar* bezieht sich auf das Gewebe: sie wob ihr Gewand so fest, dass Keiner es zerreissen kann. Hier spricht der Dichter von Dauerhaftigkeit des Gewandes, V. 186 ff. von der Kostbarkeit desselben.

V. 195, 196: *donzellet de jovent* ist Pleonasmus. — *que* ist nom., eine Form, die sich auch V. 146, 152 vorfindet. R. liest *mederamen*; indem er dies für ein adv. und *donzellet* für ein verb. hält, übersetzt er: Moult modérément causa de jeunesse. — D. glaubt, *mederramen* sei verschrieben für *medramen* = *mezramen* (ital. *miseramente*); *donzellar* ist ihm ein «unbekanntes verb», das vielleicht «klagen» heisse. V. 196 übersetzt D.: «dass sie das hoffen, was ihrer Neigung dienlich sei». Die Del.'sche Auffassung (von V. 195) scheint den Vorzug zu verdienen.

V. 197: *ran aïssent*, cf. V. 145.

V. 198: D. behauptet *deperdre* sei den verwandten Sprachen fremd; vgl. Ba., Chrest. de l'anc. fr.⁴, p. 55, 6. Si cume estúrbeillún a depérdre méi.

---

[1] R. beginnt die direkte Rede mit V. 196, D. mit V. 197.

XXVII.

Bél sun li drap que la domna vestít,
    Bélla *Ms.*
200 de caritat e de fe sun bastít;
il sun ta bél, ta blánc e ta quandi,
    bél e ta blánc e ta quandi *Ms.*, *R.* — ta bel, ta bl. e t. qu. *D.*,
    Ba., *M.* — candit *Bœ.*
tant a Boecis lo vis esvanuit
    tan^t *Ms.*
que el zo pensa, uél sien amosit.
    a mosit *Del.*

XXVIII.

El vestiment, en l'or qui es représ,
205 desóz avia escript ú pei grezésc:
    pei // grezésc *Ms.*

    Anm. V. 199: *vestir* kann im Rom. auch als Intrans. gebraucht werden in der Bedeutung «ein Kleid haben». So sagt z. B. Peire Vidal; Quant ai vestit mon blanc ausberc doblier; Ba. Chr. prov.[4] 111, 14.
    V. 200: *bastit* übersetzt D. mit ,bauen, verfertigen'. To. (Mitteilungen aus altfrz. Hdschriften, Bd. I.; Aus der chanson de geste von Auberi, p. 258) spezialisiert diese Bedeutung, indem er in V. 17, p. 99 *bastir* «mit grossen Stichen nähen» übersetzt haben will (La ueissies ... tant confanon de soie a or basti[s]). Übrigens führt auch D. (E. W.[4], p. 46, s. v. basto) diese Bedeutung an.
    V. 203: Del. übersetzt: «So sehr hat B. seine Sehkraft eingebüsst, dass er das denkt, er habe ein stumpf gewordenes Auge». Er trennt *amosit (a mosit)* und sieht in *mosir* ein vom adj. *mos* (frz. *mousse*) gebildetes verb. Das Nähere s. im Glossar.
    V. 204. R. übersetzt: *le vêtement, dans le bord qui est replié* ... (sic!) Das *le'* wird wohl ein Druckfehler sein, da im Lex. rom. richtig steht *au vêlement.* — *représ* übersetzt Ba. mit «annähen», D. mit «umnähen».
    V. 205, 207: Harum (vestium) in extrema margine // græcum, in supremo vero θ legebatur intextum (Cons. I, 1).

zo signifiga la vita qui en terr'es.
> en ter es *Ms.*, — enter es *R*. — enter'es *D*. — qui en terr'es *H*.
> en ter'es *Ba.*, *M*. — la vit'aqui en terreis¹) *Bœ*.

sobre la schála avia ú tei grezesc:
> schápla escript avia ú tei θ grezesc *Ms.*, *R*. — schala *Ba.*, *H*.
> chapla (= challa Busen)²) *Bœ*. — chápla avia ú *M*., *D*. —
> schala avia u *H*., *Ba*.

zo signifiga de cél la dreita léi.
> las dreitas leis *Bœ*.

XXIX.

Antr'ellas³) doas depent sun l'eschaló;
> entr'ellas *Bœ*.

210 d'aur no sun gés mas nuallor no son.
> nuallor no sun *Ms.*, *R*. — nuallor no so *Ba.*, *Bœ*. — nuallor no
> son *D*. — mas no sun nuallor *H*., *M*.

Anm. V. 206: *en ter* hält R. für ein adj. *(entier)*, und so scheint auch D. es aufzufassen, denn er erwähnt nichts gegen diese falsche Übersetzung, während er sonst überall auf R.'s Fehler aufmerksam macht.

V. 207, 205: Die Bedeutung der griech. Buchstaben *ll* und *θ* findet M. in Interlinear-Bemerkungen zweier Handschriften der Cons. Die Bemerkung zu *ll* ist: practike, id est activa (Ms. B. N. lat. 6639), propter practicam, id est activam vitam (Ms. B. N. lat. 15090). *θ* wird erklärt: theoretike, id est speculativa (Ms. B. n. lat. 6639) propter theoretikam, id est contemplativam (Ms. B. N. lat. 15090) (M. Recueil etc. I, 29). Dazu bemerkt M. ferner (Rom. I, 229): Le poète meridional traduit librement cette interpretation en disant que le *ll* designe la vie mondaine et le *θ* la vie selon Dieu.

V. 207: *schapla* übersetzt R. mit *chape*, D. »der obere Teil des Gewandes«. H. liest *schala* = „Leiter", Bœ. *challa* = Busen.

V. 209 ff.: Atque inter utrasque litteras in scalarum modum gradus quidam insigniti videbantur, quibus ab inferiore ad superius elementum esset ascensus Cons. l. l.). Die Form *antre*, die nach Bœ. »dem Abschreiber« gehört, findet sich auch sonst. Vgl. z. B. Ba. Chrest. prov. 296, 18: tals es Flamenca antre lor. — Der Inhalt der folgenden Verse ist nach H. »weder vom Dichter selbst

---

¹) Diese Konjektur verwirft To., weil das nur einmal belegte ital. terresco, worauf Bœ. sich stützt, vielleicht verlesen sei für das oft neben terrestre vorkommende terrestro.

²) »Diese Deutung ist über alles Mass gewaltsam.« To.

³) Das Ms. bildet keine neue Tirade.

per aqui monten cent miri'auzello.
  p *Ms.* — vielleicht mili *D.* — mili' oder milia *Del.*
alquant s'en tórnen aval arreuso;
  arrenso *R.* — vielleicht a reenso *D.* — a reu? so *H.* — arreuso *M., Ba.*
mas cil qui poden montar al tei alçor,¹)
  al θ alcor *Ms.* — alçor *H., Ba., M.*
en epsa l'ora se sun d'altra color.
215 ab la donzella pois an molt gran amor.

XXX.

Cals (Hds. S. 275ᵛ) es la schala, de que sun li degra?
  degrad *Bœ.*

erfunden, noch aus einem Kommentar geschöpft». H. glaubt vielmehr, der Dichter habe ein Exemplar der Cons. vor sich gehabt, das «ganz oder zum Teil in Uncial» geschrieben gewesen sei und es sei somit leicht eine Verwechselung von *Q* und *A* möglich gewesen. Die Bedeutung von elementum «Buchstabe» habe der Dichter nicht gekannt und er habe dies Wort auf *avibus* (verschr. aus quibus) beziehend gelesen: quibus ab inferiore usque ad superius mille centum esset ascensus. — Nachdem M. (Rom. I, 229) zuerst bewiesen, dass eine Verwechslung zwischen *A* und *Q* in alten Handschriften überhaupt nicht möglich sein könne, verwirft er H.'s ganze Hypothese: «C'est plus ingénieux que probable».

V. 212: Über die Etymologie und Bedeutung von *arreuso* s. d. Glossar. — *aval* = *ad vallem* zum Thale hin, hinab, wie *amon* zum Berge hin, hinauf bedeutet. Vgl. Ba. Chr prov.⁴ 24, 18: Senher deus ... recep mon esperit amon.

V. 213: *alçor* entspricht nach H. dem lat. *altiorem*. R. übersetzt *au cœur*, D. «in das Innere, in den Mittelpunkt».

V. 216: Die erste Frage lässt der Dichter im folgenden unbeantwortet. Man wäre berechtigt, das *que* als pron. rel. aufzufassen, so dass der ganze Vers nur eine Frage enthielte: Welches ist die Leiter, von der die Stufen sind? Aber sowohl übersetzt R. *de que* mit *de quoi*, als auch setzen D., Ba. und M. hinter *schala* ein Komma, ein Beweis, dass sie zwei Fragen annehmen. Die Genauigkeit, mit der unser Dichter sonst die allegorische Stickerei auf dem Kleide der ‚Philosophie' deutet, spricht auch dafür, dass, nachdem er die Buchstaben *II* und θ erklärt, er ebenfalls von der beide Buchstaben verbindenden Leiter gesprochen haben würde. Der Umstand nun, dass der Dichter die Frage nach der Leiter und die Frage nach den einzelnen Teilen derselben zugleich aufwirft, mochte es wohl verschuldet haben, dass ihm über der Beantwortung der einen der beiden Fragen die Beantwortung der andern Frage entgangen ist.

---

¹) Die Verse 213—215 sollen nach Bœ. eine eigene Tirade bilden; vgl. Metrik § 8.

fait sun d'almósna e fé e caritát;
contra felnia sunt fait de gran bontat,
contra perjúri de bona feeltat,
    Das *Ms.* schreibt mit Majuskel Contra; ebenso Vers 222, 224.
220 contr'avaricia sun fait de largetát,
    sun fai' *Ms.*
contra tristicia sun fait d'alegretat,
    s̄ *Ms.*
contra menzónga sun fait de veritat,
    s̄ *Ms.*
contra lucxuria sun fait de castitat,
    s̄ *Ms.*
contra superbia sun fait d'umilitat.
    supbia s̄ *Ms.*
225 quascus bos óm si fái lo so degra.
    degrad *Bœ.*
cal sun li auzil qui sun al tei montat,
quí e la scála ta ben án lor degras?
    degrad *Bœ.*
zó sun bon ómne qui an redems lor peccaz,
qui tan se fien e sancta trinitat,
    sc̄a *Ms.*
230 d'onór terrestri non an grán cobeetat.

XXXI.

Cal an li auzil significació,
    significacio *Ms.*

Anm. V. 217: Unter *fe, almosna, caritat* versteht wohl unser Dichter die Hauptstützen des katholischen Christentums, den Glauben und die guten Werke.
    V. 221: *tristicia* ist wohl hier mit Thom. v. Aqu. aufzufassen als ‚*tristicia de bono spirituali*' in *quantum est bonum divinum* (Thom. Aqu. S th. 2, 2. qu. 35a⁸). Schwane (Spec. Moraltheologie, Freiburg 1878, p. 113) sagt: »Der Ekel an göttlichen Dingen ist ebenfalls ein Gegensatz zur Charitas, im näheren ein Gegensatz zu der mit derselben verbundenen Freude (gaudium) und charakterisiert sich als Traurigkeit über die göttliche Güte«, wobei er die oben zitierte Stelle aus Thom. v. Aqu. erwähnt.

qui de la schala tornen arreusó?
    arrensó *R*. — vielleicht a reenso *D*. — a reu?so *H*.

zo sun túit omne qui de joven sun bó,
de sapiencia qui commencen razó,
    cōmencen *Ms*. — commencen *D*. — conmencen *Ba*., *M*.

235 e, cum sun vell, esdevenen felló,
    e cū *Ms*.

e fan perjuris e granz traïciós.
    pjuris *Ms*. — grant traïcio *Bar*.

cum poisas cuida montar per l'eschalo,
    cū *Ms*. — pleschalo *Ms*.

cerqua que cerca, noi vé miga del so:
    cer quaque cerca = cerc quant que cerca *Bar*. — cerc quanque cerca? *To*.

vén lo diables qui guardal baratro,
    guarda'l *R*.

240 ven acorren sil pren per lo taló,
    plotalo *Ms*. — si'l *R*.

fai l'acupár a guisa de lairo,
fai l'aparer, de tót nol troba bó.

XXXII.

Bella's la domna e granz per ço sedenz;
    pcosedenz *Ms*. — per ço sedenz *D*. *Ba*., *M*. — per cosedent *Bar*., *To*. — oder per cosedenz *To*. (vgl. d. Anm.).

Anm. V. 237: Mit diesem Verse wechselt der Numerus; dieselbe Erscheinung haben wir Vers 23, 24 wahrgenommen. — *poisas*, d. h. nachdem er ein schlechter Mensch geworden ist.

V. 241: *Si* ist nach D. = *sic*, das in prägnantem Sinne steht und mit »geradezu, stracks« zu übersetzen ist.

V. 243: *per ço sedenz*. Die Herausgeber sind in betreff der Bedeutung dieses Ausdrucks verschiedener Ansicht. R. übersetzt: *pour cela assise*, D. ist derselben Ansicht, die Del. verwirft, weil sie dem vers 166 widerspreche. Del. schlägt zwei Übersetzungen vor: entweder »während sie sitzt« oder »dabei *(per*

no vist donzella de son evaïment:
só *Ms.*
245 ella's ardida sis foren soi parent.
é sa ma déxtra la domna ú libre té;
ten *Bœ.*
tóz aquel libres era de fog ardenz:
tot... ardent *R., D.* — ardent *Bœ.* — ardenz *Ba., M.*
zo's la justicia al réi omnipotent.
si l'om forfái e pois no s'en repen
o f. *Ms.* — forfici *R., D.* vielleicht forfái für das R.'sche forfici *Del.* — repent *Bœ.* — forfái *Ba., M.*
250 et evers deu no'n faz'amendament,
& evers deu non faza m. *Ms.* — non *R., D., Ba.* — no'n *M., Bœ.* faz amend. *D.* — faz'amend. *Ba., M.*
quora ques vol, ab aquel fog l'encent,
encend *Bœ.*
ab aquel fog s'en prén so vengament.
cel bona i vai qui amor ab lei pren,
qui be la áma e per bontat la te:
p bontat *Ms.* — ten *Bœ.*
255 quan se reguarda, be bo merit l'en rent.
merite *Ms.* — reguarda bo merite *D., Ba., M.* — be bo merit l'en rend *Bœ.*

(*a*) »sitzt sie doch«. *Bœ.* schreibt: *per cosedent* = »selbst beim Sitzen«. To. endlich findet in *cosedent* ein auch bei P. Vidal vorkommendes adj. mit der Bedeutung »zusagend, passend«, an das ein adverbiales -*s* angehängt sei. Für den ganzen Ausdruck findet er in Rochegude's ,Gloss. occ.' eine zutreffende Übersetzung: *à l'avent, à proportion.*

V. 246: Et dextera quidem eius libellos... gestabat (Cons. I, 1).

V. 247: *R., D., Bœ.* lesen *ardent.* Die Verwerflichkeit dieser Form hat M. gezeigt (Rom. I, 233): *le livre était non pas ,de feu ardent', mais ardent de feu, enflammé.*

V. 252: *bona;* zu ergänzen ist *ora.* Der altfrz. Alexius bietet einen ähnlichen Ausdruck: *bor: bor il alasses* (Al. 90ᵉ ed. Stengel).

V. 253: *amor prenre* ist nach D. in analoger Weise zu übersetzen wie *plait prenre* in den »Eiden«.

XXXIII.

El ma senestre tén ú sceptrum rejal:

<small>e'l ma *R*. — él (= en la) *D*. — sceptrũ *Ms*. — scéptrũ *R*.</small>

zo signifiga justicia corporal

<small>justici *Ms*. — justicia *D*., *Ba*., *M*.</small>

de pec¹)

V. 256: sceptrum vero sinistra gestabat (Cons. I, 1). R. übersetzt ungenau: Et la main gauche.

¹) pec ist die letzte Silbe auf Seite 275 der Hds. Die übrigen Blätter derselben sind verloren.

Übersetzung des Textes.

Wir jungen Leute sprechen, so lange wir es sind (nämlich jung), in thörichter Weise aus Thorheit; denn wir erinnern uns nicht (an den), durch den wir zu leben hoffen, der uns erhält, so lange wir auf Erden gehen (weilen), (V. 5) und der uns ernährt, damit wir nicht vor Hunger sterben, durch den wir uns wohl befinden, wofern wir ihn anrufen. Wir jungen Leute führen (verleben) so schlecht die Jugendzeit, dass einer es nicht achtet, wenn er seinen Verwandten verrät, (seinen) Herrn und Genossen, (oder) wenn er ihn misshandelt, und wenn (V. 10) der eine gegen den andern (sogar) einen falschen Eid schwört. Wenn er das gethan hat, reut es ihn gar nicht, und gegen Gott leistet er deswegen keine Genugthuung. Es ist nicht sehr viel (wert), wenn er deswegen Busse nimmt (thut), er sagt (nur), dass er sie übernommen, er hält sie (aber) keineswegs. (V. 15) Denn eben erst schuldig, handelt er sofort in gleicher Weise, und er verlässt Gott, den Herrn, den Grossen, den Allmächtigen, der die Toten und die Lebenden gänzlich in (seiner) richterlichen Gewalt hat. Selbst die Teufel sind (stehen) in (unter) seinem Befehl: Ohne Gottes Erlaubnis werden sie niemals Qual bereiten. (V. 20) Vormals in alten Tagen waren die Menschen Schurken (böse); sie waren schlechte Menschen, zur Stunde sind sie (noch) schlechter. Es wollte Boethius darin eine (mahnende) Belehrung legen (geben). In Gegenwart des Volkes (so dass das V. es hörte) that er es in seiner Ansprache: sie möchten an Gott glauben, der das Leiden erduldet hat, (V. 25) durch ihn würden alle Erlösung haben (würde allen Erl. zu Teil). Sehr bemühte er sich darum, aber er legte (hatte) darin keinen Erfolg, vielmehr warf man ihn aus Neid ins Gefängnis. (Ein hoher) Herr war Boethius, er hatte einen guten und schönen Körper (Gestalt), den so sehr liebte Torquator Manlius. (V. 30) In Bezug auf die Weisheit war er nicht sehr träge: so viel behielt er davon, dass er ganz und gar nicht davon entblösst war; er hinterliess uns ein so gutes Beispiel (eine so gute Probe) davon, ich glaube nicht, dass in Rom einer von seinem Wissen war. (V. 35) Er war Graf von Rom und er hatte einen grossen Einfluss bei Manlius, dem König-Kaiser, er war der beste der ganzen Würde (von allen Würdenträgern), man hielt ihn für den Herrn des ganzen Kaiserreichs; aber aus einem Grunde hatte er einen (noch) glänzenderen Namen: man nannte ihn Doktor der Weisheit. (V. 40) Als das Ende (der Tod) des Manlius Torquator herankam, da kam dem Boethius ein so grosser Schmerz über das Herz, ich glaube nicht, dass daneben ein anderer Schmerz ihm bleibt. Tot war Manlius Torquator, von dem ich spreche; sehet da in Rom den Kaiser Theodorich; (V. 45) er wollte keinen Freund des getreuen Gottes haben (dulden). Er glaubte nicht an Gott, unsern Schöpfer: deshalb wollte ihn Boethius nicht zum Herrn, noch viel weniger wollte er seine Würde von ihm (aus seinen Händen) behalten. Er züchtigt ihn so sehr mit seiner Rede, (V. 50) und Theodorich nimmt seine Rede ganz übel auf; aus grossem Neid wollte er aus ihm einen schlechten Menschen machen: er liess einen Brief anfertigen durch grosse Betrügerei und liess des Boethius Namen (darunter) schreiben; und so schickt er ihn nach Griechenland in den Gau. (V. 55) Seitens des Boethius empfiehlt er ihnen einen solchen Plan, sie möchten gerüstet mit Streit über das Meer setzen: er wird ihnen Rom durch Verrat übergeben (in die Hände spielen). Der Verstand (das Vorhaben) des Theodorich war keineswegs gut: er liess seine Boten verfolgen und liess sie ins Gefängnis werfen. (V. 60) Auf das Kapitolium am andern Morgen bei hellem Tage, da, wo man die andern Prozesse zu verhandeln pflegte, dahin kam der König, um seine Bosheit zu vollführen. Da war Boethius und da waren seine Genossen. Der König begann ihn wegen seiner Schlechtigkeit zu tadeln, (V. 65) dass er die Briefe über das Meer schickte, und zum Nutzen der Griechen Rom übergeben wollte. Aber dem Boethius kam es nie in den Gedanken (fiel es nie ein); er springt auf, stehend (so dass er steht) und er glaubte sich davon (von der Anklage) zu befreien; (aber) man liess ihn nicht zu seiner Rettung gelangen. (V. 70) Die liessen ihn im Stich, denen er zu helfen pflegte, es liess ihn der König in seinen Kerker werfen. Sehet da den Boethius gefallen in Unglück und (geworfen in) grosse (schwere) Ketten, die ihm drückend sind. Er ruft Gott an, den König des Himmels, den Grossen. (V. 75) »Herr, Vater, auf dich habe ich so sehr vertraut, auf dessen Huld alle Sünder stehen (sich verlassen); meine Musen, die ihren Gesang verloren haben (d. h. aufgehört haben zu singen) — über die Weisheit begann ich zu schreiben. Ich weine den ganzen Tag, ich mache (habe) die Gewohnheit eines kleinen Kindes: (V. 80) alle meine Wünsche kehren zum Weinen zurück (d. h. mein ganzer Sinn ist aufs Weinen gerichtet). Herr, Vater, du, der mich zu leiten pflegt, auf dich pflege ich alle Tage zu vertrauen. Du liessest mich so sehr in grosser Macht stehen (leben); das Reich von ganz Rom hatte ich zu verwalten; (V. 85) die weisen Männer pflegte ich damit zu schmücken (bekleiden), (nämlich) mit der Rechtspflege, die ich (in) gross (artiger Weise) zu verwalten hatte; ich diente dir nicht wohl, du wolltest (deshalb) sie mir nicht (mehr) lassen; deshalb lässt du mich in Gefangenschaft stehen (verweilen). Ich habe nichts, was ich nehmen könnte, noch kann ich etwas geben; (V. 90) bei Nacht und Tag thue ich nichts, als trauriges denken. Alle meine Wünsche kehren zum Weinen zurück.« Es gab nie einen Menschen, mochte er noch so grosse Tüchtigkeit besessen haben, der die Weisheit hätte umfassen können. Aber Boethius war darin ganz und gar (durchaus) nicht unbewandert, (V. 95) nie hast du (hat man) einen gesehen, der so viel davon behalten hätte; dort in dem Gefängnis, wo er gefesselt lag, dort erzählte er vom zeitlichen, wie es (beschaffen) ist, von der Sonne und dem Monde, dem Himmel, der Erde und dem Meere, wie es beschaffen ist. «Wir finden in vielen Büchern dies beim Lesen», (V. 100) es sagte dies Boethius in seiner grossen Traurigkeit, als er im Kerker das Herz betrübt hatte (als sein Herz betrübt war), «viel wert ist das Gute, das der Mensch in der Jugend thut, welches, wenn er alt ist, ihn dann aufrecht hält; wenn er zu seiner (letzten) Stunde kommt, wo der Körper ihm brechen will, (V. 105) so hält ihn Gott wegen des Guten, das er gethan hat, an seiner Seite (nimmt ihn Gott zu sich).» «Wir haben bei vielen Menschen das gesehen, der Mensch hat nicht (immer) wegen des Alters das Haar grau: entweder ist er krank, oder er hat Kummer gehabt. Dem geht es wohl, der Übles (Leiden) in der Jugend erduldet, (V. 110) und wenn er alt ist, dann befindet er sich wohl. Gott hat auf ihn seine Belohnung gelegt. Aber wenn er jung ist, und eine sehr hohe Würde besitzt (bekleidet) und auf Gott seinen Sinn nicht richtet, dann geht, wenn er alt ist, seine Würde dahinschwinden (schwindet fortwährend dahin); (V. 115) wenn er sich umsieht, hat er nicht soviel, noch wie viel (gar nichts mehr), die Haut schrumpft ihm zusammen, siehe, er hält das Haupt zitternd, er möchte sterben und ist in grosser Unruhe. Den ganzen Tag geht er den Tod rufen (ruft fortwährend d. T.); der (aber) ergreift ihn nicht, noch macht er ihm den Anschein davon (thut so, als ob er ihn ergreifen wollte). (V. 120) Es ist recht und gut, dass der Mensch auf Gott vertraut, aber es ist nicht recht, dass er sich auf seine Habe verlässt. Eine solche Treulosigkeit kann kein Mensch schauen: der Mensch hat sie (die Habe) am Morgen, nicht mehr hat er sie am Abend. Wenn der eine sie verliert, sieht er sie den andern besitzen. (V. 125) Und der Tod hat in gleicher Weise Treulosigkeit (ist ebenso treulos): der Mensch sieht jemanden elend und betrübt, oder er ist krank, oder ein anderer hält ihn gefangen, er hat keine Habe, noch einen Freund, noch einen Verwandten; und dann ruft er den Tod so freundlich, (V. 130) er schreit und ruft: «Tod, warum kommst du nicht zu mir?» Er stellt sich taub, keineswegs erbarmt er sich seiner; wenn er sich am wenigsten dessen versieht, er weiss nicht wann, ergreift er ihn. So wie der Nebel das Tageslicht am frühen Morgen bedeckt, so bedeckt die Habe das Herz des Christen, (V. 135) der so sehr daran denkt, dass er nimmer etwas anderes thun wird. Auf Gott vertraut er nicht, noch bleibt Gott in ihm. Wenn er sich umsieht, bleibt ihm deshalb nichts zurück.» Gar sehr tadelte Boethius seine Freunde, die ihn lobten früher in den alten Tagen, (V. 140) als er (noch) Graf war, und sehr geehrt und reich, und auf Gott sein ganzes Streben gerichtet war. Sehr lobten ihn sowohl seine Freunde, als seine Verwandten, dass er an Gott den Herrn sich fest hielt. Aber Boethius straft sie alle darin Lügen: (V. 145) denn es ist nicht so, wie sie sagten. Der ist nicht gut (dem geht es nicht gut), der sich auf einer schwachen Leiter hält, die zu jeder Stunde (immer) fallen geht (kann): derjenige, der sie hat (sich auf ihr hält), steht nicht fest. Und wer ist der Mensch, der sich auf der festen Leiter hält? (V. 150) Der gute Christ, der vollkommen glaubt an Gott den Vater, den allmächtigen König, und an Jesum, der ein so gutes Wohlwollen (einen so edlen Sinn) hatte, der uns erlöste mit seinem Blute in demütiger Weise, und an den heiligen Geist, der auf die guten Menschen herabsteigt; (V. 155) was auch immer der Körper thun mag, er belehrt ihm die Seele. Der gute Christ, der sich auf solcher Leiter hält, der wird nie fallen in ein Leid. Als Boethius in Kerkerleiden lag, und seine Leiden und seine vielen Sünden beklagte, (V. 160) wurde er von einer Herrin da drinnen besucht; sie ist die Tochter des Königs, der grosse Macht besitzt; sie ist so schön, es leuchtet davon der Palast. Das Haus, wo sie eintritt, ist hell erleuchtet: nimmer ist es nötig, dass dort Licht angezündet wird; (V. 165) sehen kann man von dort durch vierzig Städte hindurch. Wann sie immer will, macht sie sich sehr klein, wenn sie sich erhebt, hat sie den Himmel mit dem Kopfe gestossen (berührt), wenn sie sich wohl aufrichtet, hat sie den Himmel durchstossen und sieht da drinnen die ganze Majestät. (V. 170) Schön ist die Herrin und den Blick hat sie so hell (leuchtend), vor ihrem Blick kann keiner sich verbergen; selbst die Menschen, die jenseits des Meeres sind (wohnen), können nicht so viel in ihrem Herzen begehren, dass sie ihre Gedanken nicht ganz und gar durchschaute. (V. 175) Wer auf sie vertraut, (der) braucht den Tod nicht zu fürchten. Schön ist die Herrin, doch sie ist sehr aus fernen Tagen (ist aus uralter Zeit); es kann sich nicht verbergen irgend ein Mensch vor ihrem Blick. Nie sahst du (sah man) einen Menschen, so grosse Würde er (auch) besass, (der) wenn er sie beleidigt hatte, so dass sie sich darüber ärgerte, (V. 180) seinen Körper und seine Seele durch irgend etwas hätte retten können; denn wenn sie immer will, hat sie seinen Körper getötet; und dann wirft sie die Seele in die Hölle, in den Abgrund. Einen solchen weist sie ihr zu, der sie alle Tage (beständig) quält. Sie selbst besitzt die Schlüssel des Paradieses; (V. 185) wann sie immer will, nimmt sie drinnen ihre Freunde auf. Schön sind ihre Kleider, ich weiss nicht den Stoff zu nennen, aber sie sind (bestehen) aus sehr gutem und feinem (Stoffe). Sie machte sich dieselben vor mehr als tausend Jahren; so alt sind sie nicht, dass (das) ihren Wert irgendwie verringern könnte. (V. 190) Sie selbst wob ihr Gewand, das kein Mensch trennen kann. Bloss den einen Besatz, der zur Erde herabhängt, würdest du (würde man) nicht mit tausend Pfund Silber kaufen (können). Sie sprach zum Boethius (so) freundlich: (V. 195) »Sehr entstellen mich die Jünglinge von Jugend auf, denn das hoffen sie, dass ich nach ihrem Wunsche handle. Zuerst lieben sie mich, dann hassen sie mich; meiner Liebe (zu ihnen) entziehen sie sich in so schlechter Weise.« Schön sind die Kleider, welche die Herrin angelegt hat; (V. 200) mit ‚Liebe' und ‚Glauben' sind sie genäht; sie sind so schön, so weiss und so glänzend, so sehr hat Boethius das Gesicht geblendet, dass er das denkt, seine Augen seien erloschen. Auf dem Kleide (und zwar) auf dem Rande, der umgenäht ist, (V. 205) befand sich unten ein griechisches *II* geschrieben: das bedeutet das Leben, das auf Erden ist. Oberhalb der Leiter befand sich ein griechisches θ geschrieben: das bedeutet des Himmels rechten Glauben. Zwischen ihnen beiden sind die Stufen gemalt; (V. 210) sie sind (zwar) nicht von Gold, aber sie sind nicht wertloser. Darauf steigen hunderttausend kleine Vögel (hinauf). Einige wenden sich von dort abwärts zur Rückkehr. Aber diejenigen, die bis zum höheren θ steigen können, sind in derselben Stunde von anderer Farbe (sofort v. a. F.). (V. 215) Bei der Herrin haben sie dann sehr grosse Liebe. Welches ist die Leiter, woraus sind ihre Stufen (gemacht)? Gemacht sind sie aus »Almosen«, und aus »Glaube« und aus »Liebe«; gegen die Bosheit sind sie gemacht aus grosser »Güte«, gegen den Meineid aus echter »Treue«, (V. 220) gegen den Geiz sind sie gemacht aus »Freigebigkeit«, gegen die Traurigkeit sind sie gemacht aus »Lebenslust«, gegen die Lüge sind sie gemacht aus »Wahrheit«, gegen die Wollust sind sie gemacht aus »Keuschheit«, gegen den Stolz sind sie gemacht aus »Demut«. (V. 225) Ein jeder gute Mensch macht sich seine Stufe. Wer sind die Vögel die zum T gestiegen sind, die auf der Leiter so gut ihre Stufen haben? Das sind die guten Menschen, die ihre Sünden gesühnt haben, die so sehr auf die heilige Dreieinigkeit vertrauen (V. 230) und nach irdischer Ehre kein grosses Verlangen haben. Welche Bedeutung haben die Vögel, die von der Leiter wieder herabsteigen? Das sind alle Menschen, die von Jugend auf gut sind, die mit der Lehre der Weisheit beginnen (d. h. sich nach den Lehren der W. richten) (V. 235) und, wenn sie alt sind, Bösewichter werden und Meineide schwören und grosse Verräterei ausüben. Wenn er dann auf der Leiter emporzusteigen denkt, (dann) sucht er und sucht, nicht erblickt er dort ein Krümchen von dem Seinigen: es kommt der Teufel, der den Höllenschlund bewacht, (V. 240) er kommt herbeigelaufen und ergreift ihn an der Ferse. Er lässt ihn anklagen nach Art eines Räubers, er lässt ihn vor Gericht erscheinen, ganz und gar findet er ihn nicht als einen guten. Schön ist die Herrin und gross, obwohl sitzend. Du hast keine Herrin gesehen von ihrer Kühnheit: (V. 245) sie ist kühn, (und) so waren ihre Voreltern. In der rechten Hand hält die Herrin ein Buch; dieses ganze Buch war von Feuer brennend: das ist die Gerechtigkeit des allmächtigen Königs. Wenn der Mensch böses thut und es dann nicht bereut, (V. 250) und gegen Gott keine Genugthuung leistet, (dann) zündet sie, wenn sie immer will, ihn mit diesem Feuer an, mit diesem Feuer nimmt sie dafür (ihre) Rache. Der geht zur guten Stunde hin, der einen Liebesbund mit ihr eingeht, der sie wohl liebt und in Güte bei ihr verharrt: (V. 255) wenn er sich umschaut, gibt sie ihm dafür eine sehr gute Belohnung. Und in der linken Hand hält sie ein königliches Scepter: das bedeutet die Strafgerichtsbarkeit über die Sünder.

Kapitel 2.

Glossar.[1]

A.

a prp. (ad), à: 21, 64, 66, 69, 73, 80, 82, 84, 86, 91, 104, 105, 124, 130, 131, 146, 149, 156, 175; pour 47; selon: 196, 241.

a 3. sg. pr. i. (habet) il, elle a: 14, 17, 105, 107, 108, 111, 112, 115, 123, 125, 128, 148, 161, 167, 168, 170, 181, 202; hinzugefügt 11.

ab prp. (apud) avec, par, auprès de: 49, 143, 193, 194, 215, 251, 252, 253.

ac 3. sg. pf. i. (habuit) il eut: 34, 152.

---

[1] Cf.: *Du Cange*, Glossarium mediæ et infimæ latinitatis. Paris 1840 ff.
Littré, Dictionnaire de la langue franç. Paris 1863.
Scheler, Dictionnaire d'étymologie française. Nouvelle édition. Bruxelles 1873.
Raynouard, Lexique roman ou dictionnaire de la langue des troubadours. Paris 1844.
(*Rochegude*), Essai d'un glossaire occitanien. Toulouse 1819.
Diez, Grammatik der romanischen Sprachen. 4. Aufl. Bonn 1876/77.
— Etymologisches Wörterbuch der rom. Sprachen. 4. Auflage. Mit einem Anhang von A. Scheler. Bonn 1878.
— Altromanische Sprachdenkmale. Bonn 1846.
Gautier, La chanson de Roland, 7ième édition, Tours 1880.
Stengel, Ausgaben und Abhandlungen, Bd. I: La cancun de saint Alexis, nebst vollst. Glossar. Marburg 1882.
Bartsch, Chrestomathie provençale. Elberfeld 1880.

F. Hündgen, Krit. Ausg. d. altprov. Boëthiusliedes.

acorren ger. (accurrendo), en accourant: 240.
acsi adv. (æque sic) [cfr. Diez, E. W.⁴, p. 110, s. v. acsi], ainsi: 145.
acupar inf. (adculpare) inculper: 241.
adornar inf. (adornare) orner: 85.
afan subst. m. obl. sg. (Die Etymologie ist noch nicht sicher gestellt; Rayn., Lex. rom. II, s. v. afan, bringt es mit dem arabischen ‚ana' zusammen; Diez, Etym. Wörterb.⁴, p. 8, vermutet das keltische afan; andere, wie Du Cange und Gautier, Rol.⁷, p. 495, s. v. ahan, nehmen Onomatopöie an) douleur, chagrin: 72, 108.
afix subst. m. n. sg. (adfixum) effort: 141.
ag 3. sg. pf. i. (habuit), il eut: 28.
agues (geb. mit Bœhmer, R. St. III, 175 zu aguis) 3. sg. impf. subj. (habuisset) il eût: 92, 178.
agut part. prt. m. obl. sg. ('habutum für habitum) eu: 108.
ai 1. sg. prs. i. (habeo) j'ai: 89.
aig 1. sg. pf. i. (habui) j'eus: 84, 86.
aïssent ger. ('hatiscendo vom goth. hatan, hatjan, bildete sich nach Gautier [Rol.⁷, p. 552, s. v. haïr] hatire, und daraus entstand vielleicht eine Inchoativform hatiscere) en haïssant: 197.
aital (gebessert zu attal = atal) pron. indéf. f. dat. sg. à telle: 156.
aitre pron. indéf. m. obl. sg. (alterum) autre: 10.
aizo pron. dém. neutr. obl. sg. (ecce hoc) ce: 88, gebessert aus einfachem o: 99, 106.
ajudar inf. (adjutare) aider: 70.
al art. déf. m. dat. sg. (ad illum) à l', au: 41, 60, 123 (2 Mal), 134, 161, 213, 226, 248.
al pron. indéf. neutr. obl. sg. (aliud) autre chose: 135.
alçor (das Ms. schreibt alcor) adj. comp. m. obl. sg. altiorem) plus haut: 213.
alegretat subst. fém. obl. sg. (alacritatem) allégresse: 221.

almosna subst. fém. obl. sg. (eleemosynam, ἐλεημωσύνη) aumône: 217.
alquant pron. indéf. m. n. pl. (aliquanti) quelques-uns.
altra pron. indéf. fém. obl. sg. (alteram) autre: 214.
altras pron. indéf. fém. obl. pl. (alteras) autres: 61.
altre pron. indéf. m. n. sg. (alterum) autre: 42, 127; obl. sg.: 124.
alumnaz part. prt. m. n. sg. (adluminatus) allumé: 164.
ama 3. sg. pr. i. (amat) aime: 254.
amen 3. pl. pr. i. (amant) aiment: 197.
amendament subst. m. obl. sg. (amendamentum) amende: 250.
amet 3. sg. pf. i. ('amevit für amavit) aima: 29.
amic subst. m. obl. sg. (amicum) ami: 128; nom. pl. (amici) amis: 142.
amig subst. m. obl. sg. (amicum) ami: 45.
amigs subst. m. obl. plur. (amicos) amis: 138, 185.
amor subst. fém. obl. sg. (amorem) amour: 215, 253; gebessert aus amort: 198.
amort gebessert zu amor: 198.
amosit part. pf. m. n. pl. (Die Etymologie ist noch nicht aufgedeckt; Diez [Altrom. Sprachdenkm., p. 67] hält eine Zusammenziehung aus lat. amortesit (erloschen) für zu gewagt. In s. E. W.⁴, p. 217 s. v. ‚moscio' führt er amosit zurück auf das ital. verb. ammoscire »ermatten, welken«, das eine Weiterbildung von moscio sei; woher moscio kommt, ist ihm selbst unklar, doch erinnert er an das lat. musteus, das aber den entgegengesetzten Begriff »jung, frisch« habe. — Delius [Neue Jenaische Litt.-Zeitg. 1847, p. 744] trennt amosit in a + mosit; mosir ist ihm ein vom adj. mos (frz. mousse) gebildetes verb. mit der Bedeutung »stumpf werden«. Ein Analogon findet er in dem prov. und frz. blanchir »weiss werden«. — Rayn. und Bartsch übersetzen es mit s'éteindre) éteints, éblouis: 203.
an 3. pl. prs. i. (habent) ont: 215, 227, 228, 230, 231.

anava 1. sg. impf. ind. (In Bezug auf die Etym. von annar sind verschiedene Hypothesen aufgestellt worden, wie adnare, aditare, ambulare, addere. Die etym. Frage hat vollständig gelöst Foerster [Rom. Stud. IV, 196; Zschr. f. rom. Phil. III, 564), indem er das lat. vadere als Etymon aufstellt; vgl. jedoch Settegast in Vollmöller's Rom. Forsch. Hft. II, 238, wo aller wieder von addare = addere abgeleitet wird) *vadabam für vadebam) allais: 78.

anaven 3. pl. impf. i. (*vadabant für vadebant) allaient: 145.

anc adv. (Diez, E. W.⁴, p. 17, s. v. anche erinnert an das lat. unquam, adhuc und hanc sc. ad horam. Suchier, Zschr. f. rom. Phil. III, 150, entscheidet sich für adhuc, das adhunc ergeben habe, welche letztere Form zu anc geworden sei, wie aunta zu anta, faunt zu fan) onc, jamais: 67, 95.

anma subst. fém. n. sg. (animam) âme: 180.

annam 1. sg. prs. i. (*vadamus für vadimus) allons: 4.

annar inf. (*vadare für vadere) aller: 69.

ant 3. sg. prs. i. (habent) ont: 77.

antix adj. m. obl. pl. (antiquos): 139.

antre prp. (intra) entre: 209.

anz conj. (ante + parag. s. cf.: Diez, E. W.⁴, p. 22; s. v. anzi, Rom. Gram.⁴ II, 457) mais: 27.

anz subst. m. obl. pl. (annos) ans: 188.

aparer inf. (apparere) apparaître: 242.

apella 3. sg. prs. i. (appellat) appelle: 129.

apellaven 3. pl. impf. i. (appellabant) appelaient: 39.

apesant ger. (adpensando) pesant: 73.

aprob 1) prp. (adprope) auprès de: 35, gebess. z. prob. —
2) adv. (adprope) auprès: 42.

aquel pron. dém. m. n. sg. (eccu[m] illum; cfr. Diez, E. W.⁴, 260 s. v. quello, Rom. Gr.⁴ II, 449) ce, celui: 148, 247; obl. sg. 251, 252.

aqui adv. (eccu[m] hic; cf. Diez, E. W.⁴ 260 s. v. qui) là: 211.

ardenz part. prs. m. n. sg. (ardentem) ardent: 247.

ardida part. pf. f. n. sg. (Aus dem althochdeutschen verb. hartjan wurde gebildet hardir, das sich noch in enhardir findet; das part. von hardir lautete harditus; cf. Diez, E. W.⁴, 24 s. v. ardire; Gautier, Rol.⁷, p. 553 s. v. hardiz) hardie: 245.

argent subst. m. obl. sg. (argentum) argent: 193.

arma subst. fém. obl. sg. (animam) âme: 155, 182.

arreuso adv. (Meyer [Rom. I, 233] führt das Wort zurück auf reüsar aus lat. recusare, derselben Ansicht ist Diez, E. W.⁴, 27 s. v. ‚rifusare'. Ersterer findet in Rochegude's Lex. occit. eine Stelle, in der a reusos mit à reculons, à rebours, à revers übersetzt ist. Hofmann, Sitzgsber. 2. Juli 1870, Bd. II, Heft 2, p. 179 sieht in a reu'so eine Abkürzung für a reverso. Die grössere Wahrscheinlichkeit scheint indess Meyer's Hypothese zu haben; wenigstens liefert sie den Beweis, dass die Vokalkombination eu zweisilbig ist. Die Etymologien, die Diez [Altrom. Sprachdenkmale, p. 69] und Delius [Neue Jenaische Litt. Ztg. 1847, p. 744] aufgestellt haben, können hier nicht in Anschlag gebracht werden, da beide ‚arrenso' lasen) à reculons: 212, 232.

asaz adv. (adsatis) assez: 166.

assa = a sa pron. poss. 3. p. f. obl. sg. (ad sam cf. s') à sa: 105.

atend 3. sg. prs. i. (attendit) attend: 131.

auça (das Ms. schreibt auca) 3. sg. prs. i. (altiat) hausse, élève: 167.

aucis part. prt. m. obl. sg. (occisum, so Diez, R. Gr.⁴ II, 394, vielleicht abcisum?) tué: 181.

aur subst. m. obl. sg. (aurum) or: 210.

aurien 3. pl. cond. 2. (habere habebant) auraient: 25.

auvent ger. (audiendo, Chabaneau Gram. Lim., p. 76, note 2, nimmt audientes an; vgl. jedoch Tobler, Zschr. II, 405) à l'oyant de: 23.

auzello subst. m. n. sg. ('aucellones für aucellae contrah.

aus avicellæ, aucella findet sich bei Apic. und Apul.) oisillons: 211.
auzil subst. m. n. sg. ('aucilli für aucillæ contrah. aus avicellæ findet sich bei Apic. und Apul.) oiseaux: 226, 231.
aval adv. (ad vallem) à bas: 212.
avaricia subst. fem. obl. sg. (avaritiam) avarice: 220.
avem 1. pl. prs. i. (habemus) avons: 106.
aver 1) inf. (habere) avoir: 45. — 2) subst. m. obl. sg. (habere) avoir: 134.
avia 3. sg. impf. i. (habebat) avait: 38, 101, 188, 205, 207.
avial = avia lo: 101.
avil 3. sg. prs. subj. (advilet) avilisse: 189.

B.

baratro subst. m. obl. sg. ('barathronem für barathrum = βάραθρον: précipice où l'on jetait les criminels à Athènes, Littré, Dict. I, 294) enfer: 239.
bastit part. prt. m. n. pl. (nach Littré, Dict. I, 311 s. v. bâtir rom. volkslat. bastum, das auf das griech. βαστάζειν zurückgeht. Diez, E. W.⁴, p. 46, s. v. basto ist gleicher Ansicht, erinnert aber auch bei der dem frz. verb ‚bâtir' eigentümlichen Bedeutung: „mit weiten Stichen nähen" an das ahd. ‚bestan' ‚flicken'. Tobler, Mitteil. Bd. I, p. 258, übersetzt das altfrz. ‚bastir' auch mit „grossen Stichen nähen", s. Anm. z. v. 200, p. 21) bàtis, consus: 200.
be 1) adv. (bene) bien, fort. 49, 87, 109, 133, 168, 254, 255. 2) subst. m. obl. sg. (bene) bien: 105.
bel adj. m. n. pl. (belli) beaux: 186, 201; geb. aus bella: 199.
bella adj. f. n. sg. (bellam) belle: 162, 170, 176, 243; gebessert zu bel. 199.
ben adv. (bene) bien 227.
bes subst. m. n. sg. (bene cf. Diez, Altr. Sprachd., p. 59) bien: 102, 120, 121.

blanc adj. m. n. pl. ('blanki; vom ahd. planch, cfr. Diez, E. W.[4], p. 51 s. v. bianco) blancs: 201.

blasmava 3. sg. impf. i. (blas[phe]mabat von βλαςφημεῶ) blâmait: 138.

blos adj. m. n. sg. (nach Diez, E. W.[4], p. 54 s. v. biotto von ahd. ‚bloz') privé: 31.

bo 1) adj. m. obl. sg. (bon[um]) bon, brave, excellent: 28, 32, 152, 242, 255; n. pl. (boni) bons: 233.

2) subst. m. obl. sg. (bonum) noblesse générosité: 58.

Boecis nom. propr. m. n. sg. (Boethius) Boèce: 22, 28, 47, 63, 94, 100, 138, 144, 158, 202.

Boeci nom. propr. m. obl. sg. (Boethium) Boèce: 41, 53, 55, 67, 72, 194.

bon adj. m. obl, sg. (bonum) bon: 187; n. pl. (boni) bons: 228.

bona 1) adj. fém. obl. sg. (bonam) bonne: 219.

2) adv. sc. hora; cf. Diez (Altrom. Sprachd., p. 71) bien: 253; cf. Anm. zu 253.

bonament adv. (bona mente) bonnement: 110.

bontat subst. f. obl. sg. (bonitatem) bonté: 218.

bos adj. m. n. sg. (bonus) bon, brave: 146, 150, 156, 225; obl. plur. (bonos) bons: 154.

breu subst. m. obl. sg. (breve) lettre: 52.

breus subst. m. obl. pl. (breves für brevia) lettres: 65.

bris 3. sg. prs. sub. (Diez, E. W.[4], p. 533, s. v. brisar, stellt als Etymon das deutsche ‚brestan' ‚bersten' auf; nach Ascoli's Ansicht (Zschr. f. vergl. Sprachw. XVI, 125) ist brisar auf bricea, das deutschen oder keltischen Ursprungs ist, zurückzuführen) brise: 183.

C.

c' (für que) conj. (quod) que, parce que: 143.

cadegut part. prt. m. obl. sg. (cadeg-utum für casum; cfr. Diez, R. Gr.[4] II, 215) chu, tombé: 72.

cal pron. interrog. f. obl. sg. (qualem) quelle: 231; 1 pl. (quales) quels: 226.
cals pron. interrog. f. n. sg. (qualis) quelle: 216.
cant subst. m. obl. sg. (cantum) chant: 77.
cap subst. m. obl. sg. (caput) chef, tête: 167.
capitoli subst. m. obl. sg. (Capitolium) Capitole: 60.
carcer subst. f. obl. sg. (carcerem) chartre, prison: 101
carcers subst. f. obl. pl. (carceres) chartres: 96.
caritat s. f. obl. sg. (caritatem) charité: 200, 217.
castitat s. f. obl. sg. (castitatem) chasteté: 223.
causa s. f. obl. sg. (causam) chose: 38.
cel pron. dem. m. n. sg. (ecc[e] ille) celui: 146, 157, 2;3.
cel subst. m. obl. sg. (cælum) ciel: 74, 98, 167, 168, 208.
celar inf. (celare) celer: 171.
cellui pron. dem. m. dat. sg. (ecce illi huic, cfr. Gautier, Rol.[7] p. 511 s. v. celui; Diez, R. Gr.[4] II, p. 82; vielleicht Anbildung an cui) celui: 109.
cent num. (centum) cent: 211.
cerca }
cerqua } 3. sg. prs. ind. (circat) cherche: 238.
chaden ger. (cadendo) tombant: 147.
chaitiveza subst. f. obl. sg. (etwa *captivitiam, eine Weiterbildung von quaitiu; s. d.) captivité: 88.
chanut adj. m. obl. sg. (canut-um von canus) chenu: 107.
charcer subst. f. obl. sg. (carcerem) chartre: 71.
charceral adj. f. obl. sg. (carceralem) de chartre: 158.
chastia 3. sg. prs. i. (castigat) châtie: 49.
chastiament (castigamentum) châtiment, correction, enseignement: 111.
chi pron. rel. m. n. sg. (qui) qui: 153.
christia (gebessert aus xristia) subst. m obl. sg. (christianum) chrétien: 134.
christias (gebessert aus xristias) subst. m. n. sg. (christianus) chrétien: 150.

cil pron. dem. m. n. pl. (ecce illi) ceux: 70, 213.
ciptaz subst. f. obl. pl. (civitates) cités: 165.
clamam 1. pl. prs. i. (clamamus) invoquons: 6.
clar adj. m. obl. sg. (clarum) clair: 60.
claritaz subst. f. n. sg. (claritatem) clarté: 163.
claus subst. f. obl. pl. (claves) clés: 184.
ço (das Ms. schreibt co) pr. dem. neutr. obl. sg. (ecc[e]hoc) ce, cela: 243.
cobeetar inf. (cupiditare) convoiter: 173.
cobeetat subst. fém. obl. sg. (cupiditatem) cupidité: 230.
cobre 3. sg. prs. i. (cooperit) couvre: 133, 134.
col 3. sg. prs. i. (colligit) accueille: 50, 185.
color subst. fém. obl. sg.: 214.
com conj. (quomodo: so Diez, E. W.[4], p. 105) comme quand: 103.
comprari = compraria 3. sg. cond. 2. (comparare habebat) achèterait: 193.
comanda 3. sg. prs. i. (commandat für commendat) recomande: 183.
compenre inf. (compre[he]ndere) comprendre: 93.
coms subst. m. n. sg. (comes) comte: 34, 140.
cömencen (cf. Lautlehre) aufgelöst zu
commencen 3. sg. prs. i. (cuminitiant) commencent: 234.
contenço (das Ms. schreibt contenco) subst. f. obl. sg. (contentionem) combat, dispute: 56.
contr (= contra) prp. (contra) contre: 220.
contra prp. (contra) contre: 218, 219, 221, 222, 223, 224.
cor subst. m. obl. sg. (cor) cœur: 41, 101, 134.
corporal adj. f. obl. sg. (corporalem) corporelle: 257.
corps subst. m. n. sg. (corpus) corps: 104, 155, 180; obl. sg.: 28, 181.
cors subst. m. obl. pl. ('cordes für corda) cœurs: 173.
cosdumna subst. f. obl. sg. ('consuetudinam für consuetudinem; cfr. Diez, R. Gr.[4] II, 340, 341) coútume: 79.

cótava (aufgelöst zu comtava) 3. sg. impf. i. (computabat) comptait, racontait: 97.
cre 3. sg. prs. i. (credit) croit: 150.
creator subst. m. obl. sg. (creatorem) créateur: 46.
credet 3. sg. pf. i. (credidit) crut: 46.
creessen 3. pl. impf. subj. (credidissent) crussent: 24.
crida 3. sg. i. (quiritat, cfr. Diez, E. W.[4], 173 s. v. gridar) crie: 130.
cristians subst. m. n. sg. (christianus) chrétien: 156.
cui pron. rel. m. obl. sg. (cui) qui: 3, 6, 29; gen. sg.: 76.
cuid 1. sg. prs. i. (cogito) crois: 33, 42.
cuida 3. sg. prs. i. (cogitat) croit: 237.
cuidet 3. pl. pf. i. (cogitavit) crut: 68.
cũ (aufgelöst zu cum) conj. (quomodo cf. com); 1) conj. comp.: comme, ainsi que: 97, 133, 145; 2) conj. temp.: comme, lorsque, quand: 110, 114, 124, 167, 235, 237.
cum conj. comp. (quomodo: cf. com) comme: 98.

D.

d' (= de) prp. (de) de, d': 38, 79, 160, 193, 210, 214, 217, 221, 224, 230.
damrideu (dominum deum) seigneur Dieu: 143.
davan prp. (de ab ante) devant: 171.
de prp. (de) du, de l', de la, de, par: 2, 5, 30, 31, 33, 34, 36, 37, 39, 48, 51, 53, 55, 56, 58, 64, 74, 78, 84, 86, 94, 98, 106, 153, 174, 176, 184, 187 (2 mal), 200 (2 mal), 208, 216, 218, 219, 220, 222, 223, 232, 234, 238, 241, 242, 244, 247, 258; dès: 195, 233; que (nach einem Comp.): 188.
decepcio subst. f. obl. sg. (deceptionem) déception, tromperie: 52.
degra subst. m. obl. sg. (*degradum) degré: 225; n. pl. degrés: 216.
degras subst. m. obl. pl. (*degrados) degrés: 227.
del = de + l (s. d.) 45, 97, 167, 238.

demor 3. sg. prs. subj. (demoret[ur]) demeure, reste: 42.
denant prp. (de inde ante) devant: 177.
depent part. prt. m. n. sg. (depincti) [dé]peints: 209.
deperden ger. (deperdendo) perdant: 198.
dereer adv. (de retro) jadis, autrefois: 139.
derramen 3. pl. prs. i. (*disramant, entstanden aus ramus, cfr. Diez, E. W.⁴, p. 444, s. v. derramar) maltraitent: 195.
descaptan ger. (*discapitando, cfr. Diez, E. W.⁴, p. 362, s. v. capitare) diminuant: 114.
desempre (gebessert aus sempre) adv. (*desemper) sans cesse, toujours: 147.
desend 3. sg. prs. i. (descendit) descend: 154.
desfar inf. (disfacere) défaire: 191.
desment 3. sg. prs. i. (dismentit[ur]) dément: 144.
desoz adv. (de subtus) dessous: 205.
deu subst. m. obl. sg. (deum) dieu: 12, 16, 19, 24, 45, 46, 74, 113, 120, 136, 141, 151, 250.
deus subst. m. n. sg. (deus) dieu: 105, 111, 136.
dextra adj. f. obl. sg. (dexteram) dextre, droite: 246.
di (gebessert aus dia) subst. m. obl. sg. (diem) jour: 60.
dia subst. fém. obl. sg. (*diam für diem) jour: 79, 90, 118; gebessert zu di: 60.
diables subst. m. n. sg. (diabolus) diable: 239.
dias subst. m. obl. pl. (*dias für dies. Über das Genus von dia cf. Diez, Altr. Sprachdenkm., p. 55; R. Gr.⁴, II, 21) jours: 82; dia findet sich auch sonst als masc. gebraucht, cfr. Bartsch (Chrest. prov.⁴, p. 372, 29): lo tot dya; gebessert zu dis: 139, 176.
dicent ger. (dicendo) disant: 145.
dies subst. m. obl. pl. (dies): 20, s. en dies.
dig 1. sg, prs. i. (dico) dis: 43.
dis (gebessert aus dias) subst. m. obl. pl. (dies) jours: 139, 176.
dis 3. sg. prs. i. (dicit) dit: 14; 3. sg. pf. i. (dixit) dit: 100.
disq; 14 = dis que (dicit quod), s. d.

ditan ger. (dictando) dictant, nommant, composant: 78.
dñe (aufgelöst zu domine) subst. m. voc. sg. (domine) seigneur: 75, 81.
doas num. f. ob. pl. (duas) deux: 209.
doctor subst. m. obl. sg. (doctorem) docteur: 39.
dolent part. prs. m. obl. sg. (dolentem) affligé: 101, 126.
dolors subst. f. n. sg. (dolorem) douleur: 41.
dols subst. m. obl. pl. ('dolios für dolia, zweiter Bestandteil des bei Plaut. und Apul. vorkommenden ,cordolium') douleurs: 159; n. sg. (dolium) douleur: 41.
dolzament adv. (dulza [= dulce] mente) doucement: 129, 153, 194; vgl. Diez, R. Gr.⁴, II, 73.
domna subst. f. n. sg. (dominam) dame: 170, 176, 199, 243, 246.
donar inf. (donare) donner: 89.
donc adv. ('donique für denique; cf. Fœrster, Rom. Forschgn. I, 322 ff.) donc, alors: 41, 110.
dont adv. (de unde) dont, de qui: 179.
donz subst. m. n. sg. (dominus) seigneur: 28.
donzella subst. f. obl. sg. ('dominicillam)¹) damoiselle, dame: 160, 215, 244.
donzellet subst. m. n. pl. ('dominicelletti) jeunes hommes: 195.
doptar inf. (dubitare) douter, craindre: 175.
dozen ger. (ducendo) conduisant, instruisant: 155.
drap subst. m. n. pl. (drappi nach Diez, E. W.⁴, p. 123. s. v. drappo vom dtsch. trabo = trama, extrema pars vestimenti, fimbria; Scheler, E. W.⁴, p. 717 hält an der von Frisch aufgestellten Etymologie, wonach drap mit dem deutschen »trappen« zusammenhängt, fest. Auch Littré führt drappus auf ein germ. Wort zurück, das im Englischen ,trapping', décoration, tenture erhalten sei) draps: 186, 199.
dreça (das Ms. schreibt dreca) 3. sg. prs. i. ('directiat) dresse, élève: 168.

---

¹) *Wiechman*, Ausspr. d. prov. *e*, p. 17, Diss. Halle 1881.

dreita adj. f. obl. sg. (directam): 208.
drez subst. m. n. sg. (directum) droit: 120.
dunc adv. (s. donc) 129; donc, alors.
dunt prol. rel. m. gen. sg. (de unde) dont, de qui: 43.

E.

e conj. (et) et: 5, 12, 28, 34, 50, 53, 54, 63, 68, 98 (2 mal), 110, 117, 120, 125, 126, 129, 130, 140, 142 (2 mal), 149, 154, 159, 169, 170, 182, 187, 200, 201 (2 mal), 217 (2 mal), 235, 236 (2 mal), 243, 249, 254; hinzugefügt ist e: 16, 140; weggelassen: 201.

& conj. (et) et: aufgelöst zu e: 17; zu et: 112, 152, 250; vgl. Cap. I, p. 12, Note 3.

e prp. (in) en, dans: 27, 33, 44, 50, 54, 59, 67, 72, 73, 75, 76, 82, 83, 88, 96, 99, 101, 102, 109, 111, 117, 120, 121, 136, 154, 158, 173, 175, 227, 229, 246.

ecvos adv. (ecce vos) voici: 44, 72.

efant subst. m. obl. sg. (infantem) enfant: 79.

eferms adj. m. n. sg. (infirmus) infirme, malade: 108.

effern subst. m. obl. sg. (infernum) enfer: 182.

el pron. pers. cj. 3. pers. m. n. sg. (ille) il: 36, 65, 68, 70, 96, 103, 114, 140, 203.

el = conj. e + art. déf. m. obl. sg. (et illum) et le: 170.

el prp. e + art. déf. m. obl. sg. (in illum) en le, dans le: 60, 182, 204, 256.

ella pron. pers. conj. 3. pers. f. n. sg. (illam) elle: 119, 162, 167, 174, 184, 188, 190, 194, 245.

ellas = ella (pron. pers. conj. 3. pers. f. n. sg.) + s (pron. pers. 3. pers. f. obl. sg.): 131, 179.

ellas pron. pers. abs. f. obl. pl. (illas) elles: 209.

emdament (aufgelöst zu emendament) subst. m. obl. sg. (*emendamentum) amendement: 12.

emperador subst. m. obl. sg. (imperatorem) empereur: 35, 44.

emperi subst. m. obl. sg. (imperium) empire: 84.
emperil 37 = emperi + l. cfr.
en prp. (in) en, dans: 18, 23, 68, 72, 152, 182, 204, 206, 214.
en adv. (inde) en, de lui, d'elle, d'eux, d'elles, de cela, de ce lieu: 11, 26, 32, 68, 85, 95, 119, 132, 144, 181, 212, 249, 252, 255.
enanz adv. (inde ante) autrefois, jadis: 20; enanz ist aufgelöst aus ezns. anzs.
encent 3. sg. prs. i. (incendit) encend: 251.
endies adv. (in dies) jadis: 20.
ent adv. (inde) en, de cela, de ce lieu: 162, 165.
entre prp. (intra) entre: 32.
eps pron. indéf. m. pl. (ipsi) même: 18, 172.
epsa pron. indéf. f. obl. sg. (ipsam) la même: 214.
epsam (aufgelöst zu epsamen) adv. (ipsa mente) de même: 15.
epsament adv. (ipsa mente) de même: 125.
êpslor adv. (ipsa illa hora) tout à l'heure: 15.
era 3. sg. impf. i. (erat) était: 140, 141, 247.
eral 36. = era + l; s. d.
es 3. sg. prs. i. (est) est: 13, 97, 98, 103, 108, 110, 112, 114, 117, 120, 121, 127, 145, 146, 149, 163, 164, 175, 176, 204, 206.
eschala subst. f. obl. sg. (scalam) échelle: 156.
eschalo subst. m. n. pl. ('scalones) échelons: 209; obl. sg. ('scalonem) 237.
escript part. prt. m. obl. sg. (scriptum) écrit: 205, 207; an letzter Stelle getilgt.
escriure inf. (scribere) écrire: 53.
esdevenen 3. pl. prs. i. (ex-deveniunt) deviennent: 235.
esmes 1. pl. prs. i. (esimus cf. Foerster, Rhein. Mus., Bd. 33, p. 639) sommes: 6.
esper 3. sg. prs. subj. (speret) espère: 120.
esperam 1. pl. prs. i. (speramus) espérons: 3.
esperen 3. pl. pr. i. (sperant) espèrent: 196.

essemple subst. m. obl. sg. (exemplum) exemple: 32.
esso 100 = e (in) + so (suo) s. d.
estai 3. sg. prs. i. (stat) est: 110, 148.
estam 1. pl. prs. i. (stamus) sommes: 1.
estan 3. pl. prs. i. (stant) sont: 73.
estant idem 76.
estant ger. (stando) debout: 68.
esvanuit part. prt. m. obl. sg. (exvanuitum) évanui, ébloui: 202.
et conj. (et): 113, 141; aufgelöst aus &: 112, 152, 250.
eu pron. pers. conj. 1. pers. n. sg. (ego) je: 43, 75, 78, 82
eu pron. pers. conj. 3. prs. n. sg. (ille) il: 49, 57, 155.
eul = eu + li: 155; eul wurde gebessert aus eu li.
euz = e + lz (in illos) 139, cf. ,lz'.
evaiment subst. m. obl. sg. (*invadimentum) courage: 244.
evea: 51
eveja: 27 } subst. f. obl. sg. (invidiam) envie.
evers (in versus) envers: 113, 141, 250.
ezns, azns: 20, aufgelöst zu enanz s. d.

F.

faça (das Ms. schreibt faca) 3. sg. prs. conj. (faciat) fasse: 155.
fai 3. sg. prs. i. (facit) fait: 10, 12, 15, 102, 119, 166, 225, 241, 242.
faire inf. (facere) faire: 52.
fait part. prt. m. obl. sg. (factum) fait: 105; neutr. obl. sg. (factum) fait: 11; m. n. pl. (facti) faits: 217, 218, 220, 221, 222, 223, 224.
faliren 3. pl. pf. (*falli[ve]runt für fefellerunt) faillirent, quittèrent: 70.
fals adj. m. obl. sg. (fals-um) faux: 10.
fam subst. m. obl. sg. (famem) faim: 5.
fan 3. pl. prs. i. (faciunt) font: 236.
far inf.'(facere) faire: 51.

fara 3. sg. fut. (facere habet) fera: 135.
faran 3. pl. fut. (facere habent) feront: 19.
fas 2. sg. prs. i. (facis) fais: 88.
faz 1. sg. prs. i. (facio) fais: 79, 90.
faz (= faz' für faça s. d.; cf. Diez, Altrom. Sprachd., p. 70) 3. sg. prs. subj. (faciat) fasse: 250.
faza 1. sg. prs. subj. (faciam) fasse: 196.
fazia 3. sg. impf. i. faciebat) faisait: 23.
fe subst. fem. obl. sg. (fidem) foi: 122, 125, 200, 217.
feeltat subst. f. obl. sg. (fidelitatem) fidélité: 219.
fello subst. m. n. pl. (Diez [E. W.[4], p. 136 s. v. fello] nimmt ein ahd. fillo = „Geisseler, Schinder", acc. fillum, fillon an, das er aus dem ahd. verb. fillan herleitet. Gautier, Rol.[7], 543 s. v. ‚fel', leitet das gleichbedeutende, aber graphisch verschiedene fels, felun vom lat. felo, felonis ab. An dem geminierten l scheint also Diez Anstoss genommen zu haben. Doch ist die Schreibweise mit ll vielleicht nur eine Marotte, da z. B. in der Passion das betreff. Wort bald mit ‚l', bald mit ‚ll' geschrieben wird. cf. Passion (ed. Koschwitz, Les plus anc. monum. de la langue franç.; Heilbronn 1880) Vers 223, 243, 248, 317, 357: fellun; 138, 277: felun; 182, 186, 250: lellon; 171 felon; übrigens deutet auf die Ableitung von lat. felo auch das folgende felnia hin; oder sollten beide in ihrer Bedeutung zusammenfallende Worte auf zwei verschiedene Etyma zurückzuführen sein?) félons: 20, 235; obl. sg. (felonem) félon: 51.
felni' (= felnia) subst. f. obl. sg. (feloniam) félonie: 64.
felnia idem: 62, 218.
fen 3. sg. prés. ind. (fingit) feint: 131.
ferma adj. f. obl. sg. (firmam) ferme: 149.
fermament adv. (firma mente) fermement: 148.
fez 3. sg. pf. (fecit) fit: 52, 53, 59 (2 mal), 71, 188.
fezist 2. sg. pf. (fecisti) fis: 83.
fi 3. sg. prs. subj. ('fidet für fidat) fie: 121.

fia 3. sg. prs. i. (*fidat für fidit) fie: 136, 175.
fiar inf. (*fidare für fidere) fier: 82.
fiav (= fiava) 1. sg. impf. i. (*fidabam für fidebam) fiais: 75.
fien 3. pl. prs. i. (*fidant für fidunt) fient: 229.
fiel adj. m. obl. sg. (fidelem; Stock, Rom. Stud. III, 445 erklärt altfrz. cruel und fiel als entstanden aus crudalis und fidalis, um so mehr, als Foerster, Chev. à deus esp. p. XXXV, auch zur Etym. von cruel = crudalis hinneigt; vgl. dazu: Rothenberg: De suff. mutatione, p. 46) fidèle: 45.
fil subst. m. obl. sg. (filum) fil: 186.
filla subst. f. n. sg. (filiam) fille: 161.
fis subst. f. n. sg. (finem) fin: 40.
fo 3. sg. pf. (fuit) fut: 28, 30, 31, 34, 45, 58, 63, 92, 94, 160.
fog subst. m. obl. sg. (focum) feu: 247, 251, 252.
foiso subst. f. obl. sg. (fusionem; Ergiessung; diese Etymologie stellt Diez auf, E. W.[4], p. 586, und Tobler [Groeber's Zschr. etc. II] verteidigt sie gegen die Boehmer'sche [Boehmer, Rom. Stud. III, 140] Etymologie ‚fotionem' = Behütung, Schutz, Behütetes, Aufgehegtes, Fülle, an unserer Stelle = „Behutsamkeit". Um die Bedeutung „Nutzen" zu erklären, nimmt Tobler an, dass ‚fusio' wohl als „technischer Ausdruck für Staatsabgaben" gebraucht worden sei und im Volksmunde das in diesem Sinne gebrauchte, aber unverständlich gewordene ‚functio' ersetzt habe. Rayn. übersetzt es mit foison = Überfluss, Bartsch [Chr. prov.[4] Gloss.] mit) effet: 26.
folledat subst. f. obl. sg. (*follitatem. Dieses und das folgende subst. leitet Rayn. fälschlich von fallere ab. Es geht nach Diez, E. W.[4], p. 143 s. v. ‚folle' auf das lat. follis zurück, das ‚Blasebalg' heisst und mit ‚follere' sich hin und herbewegen zusammenhängt. Gautier, Rol.[7], 545 s. v. fols führt ‚follis' auf keltischen Ursprung zurück. Andere bringen es mit dem deutschen ‚voll' zusammen, weil im Altnordischen das Wort ‚ölr' = trunken für ‚Narr' gebraucht worden ist, cf. Scheler, E. W.[4], p. 719 s. v. folle) folie: 2.

follia subst. f. obl. sg. (*folliam; über die Etym. cf. folledat; Du Cange führt zwar ein Wort follia an, das aber die Bedeutung convitium hat) folie: 1.

foren 3. pl. i. (fuerunt) furent: 20, 21, 63, 187, 245.

forfai 3. sg. prs. i. (foris — facit) [forfait] pèche: 249.

forfaiz (gebessert aus forfarzc) part. prs. cfr. Bartsch, Chr. prov.⁴, 440, 519 = coupable (forisfactum) forfait, péche: 15.

forfez 3. sg. pf. i. (forisfecit) [forfit] outragea, maltraita: 179.

forment adv. (forte mente) fortement, beaucoup: 143.

fort adv. (forte) fort, beaucoup: 138.

fos 3. sg. impf. subj. (fuisset) fût: 33.

fox subst. m. n. sg. (focus) feu: 164.

franen ger. (frangendo) brisant: 104.

frebla adj. f. obl. sg. (flebilem) frêle: 146.

fremna subst. f. obl. sg. (Diez, E. W.⁴, p. 147, s. v. frangia erinnert an lat. ‚fimbria', was aber zu franje werden musste) frange: 192.

G.

gaigre adv. (Diez, E. W.⁴, p. 178 s. v. ‚guari' nimmt aus dem mittelhochdsch. ‚unweiger = nicht viel' ein adj. weiger = viel an, worauf er gaigre zurückführt. Dieser Etym. stimmt auch Gautier Rol.⁷, 550 s. v. guaires bei) guère: 13.

gens adv. (Diez, E. W.⁴, p. 595) stellt zwei mutmassliche Etymol. auf: ‚gentium' Kürzung aus minime gentium oder = genus; in Vollmöller's Rom. Forschg., Heft II, p. 247 führt Settegast gens auf das lat. diem, diém, gén + adv. s zurück; cfr. Altrom. Sprachdenkm., p. 53) point, pas, point du tout: 48. 131.

gent subst. f. obl. sg. (gentem) [gent] peuple: 23.

genzor comp. adj. m. obl. sg. (*gentiorem von gens, das nach Diez, E. W.⁴, p. 160 entweder von géntilis oder noch besser von genitus kommt; letzteres nimmt auch Gautier, Rol.⁷,

548 s. v. gent, sowie Scheler an, während Littré ersteres festhält) plus gentil, meilleur: 38.

ges adv. 210 = gens; s. d.

gitar inf. (nach Gautier, Rol.⁷, p. 549 s. v. geter von jactare, während Diez, E. W.⁴, p. 161 die Etymol. ejectare gegen die Etymol. jactare verteidigt; ebenso Scheler) jeter: 71.

goernar inf. (gubernare) gouverner: 81.

gran adj. m. obl. sg. (grandem) grand: 100, 117? f. obl. (grandem) grande: 2, 34, 52, 83, 92, 161, 215, 218, 230; gebessert zu granz f. n. sg.: 41.

grant adj. m. obl. sg. (grandem) grand: 16, 74; f. obl. sg. (grandem) grande: 51, 86, 112, 178.

granz adj. f. n. sg. (grandem) grande: 163, 243; gebessert aus gran: 42; obl. pl. (grandes) grandes: 73, 236.

Grecia nom. propr. f. obl. sg. (Græciam) Grèce: 54.

Grex nom. propr. m. obl. pl. (Græcos) Grecs: 66.

grezesc adj. m. obl. sg. (græciscum) grec: 205, 207.

guarda 3. sg. prs. (von ahdsch. wartên) regarde, garde: 132, 239.

guaris 3. sg. impf. subj. (Ahdsch. werjan) guérît: 180; das Verb ist intr. cfr. Alex. 20 d. (ed. St.) tant an retint dunt ses cors puet guarir.

guarnit part. prt. m. n. pl. (Ahdsch. warnôn) garnis: 56.

guisa subst. f. obl. sg. (Altsächs. wîsa) guise; in der Verbindung ‚a guisa de' = à la manière de: 241.

H.

hanc adv.: 92, 178, cfr. anc.

hec adv. (ecce) voici: 116.

hom subst. m. n. sg. (homo) homme: 177.

I.

i adv. (ibi) y, là, en cela: 22, 26, 63, 135, 164, 238, 253.

il pron. pers. conj. 3. pers. m. n. pl. (illi) ils: 201.

in prp. (in) en: 17.
intra 3. sg. prs. ind. (intrat) entre: 163.
inz adv. (intus) dedans: 163; gebess. aus lainz: 96.
issia 164 = i sia (ibi si[a]t); s. d.

J.

ja adv. (jam) jamais: 19, 135, 157, 164.
jaz 3. sg. prs. i. (jacet) gît: 158.
jazia 3. sg. impf. i. ('jacibat für jacebat) gisait: 96.
ihu (aufgelöst zu Jhesu) nom. propr. m. obl. sg. (Jesum) Jésus: 152.
jove adj. m. n. pl. (juvenes) jeunes: 1, 7.
joven subst. m. obl. sg. ('iuventum für iuventutem; jove ist masc. z. B. Bartsch, Chrest. prov.⁴, 373, 23: en son jhoven) jeunesse: 233.
jovent idem 7, 102, 109, 195.
joves adj. m. obl. sg. (juvenem) jeune: 112.
jorn subst. m. obl. sg. (diurnum) jour: 133.
justici (gebess. zu justicia) subst. f. obl. sg. (justitiam) justice: 257.
justicia subst. f. n. sg. (justitiam) justice: 248; obl. sg. (justitiam) justice: 86.
jutjam (aufgelöst zu jutjamen) subst. m. obl. sg. (judicamentum) jugement: 17.
jutjar inf. (judicare) juger: 61.

K.

kap subst. m. obl. sg. (caput) [chef] tête: 116.
kdenas (vervollständigt zu kadenas) subst. f. obl. pl. (catenas) chaînes: 73.
ki pron. rel. m. n. sg. (qui) qui: 17.

L.

l art. déf. enklitisch m. n. sg. = lo (illum) le, l': 36, 104, 155; acc. le, l': 101, 133, 170, 182, 239; 17 gebessert zu lz; s. d.; angelehnt an die prp. de = del (zum Ausdruck des gen.) du, de l': 45, 97, 167, 238; angelehnt an die prp. a = al (zum Ausdruck des dat.) au, à l': 41, 60, 123 (2 mal), 133, 134, 161, 213, 226, 248; angelehnt an die prp. en = el : en, dans le, l': 60, 204, 256; neutr. gen. sg.: du, de l': 97, 238.

l' art. déf. m. sg. proklitisch = lo (illum) nom.: le, l': 10, 69, 102, 120, 123, 124, 126, 149, 165, 204, 237, 249; obl.: le l': 10, 37, 44, 84, 124; fém. sg.: la (illam) la: 104, 148, 155, 182, 192, 214.

l' art. déf. m. nom. pl. (illi) les: 209.

l pron. pers. conj. m. obl. sg. = lo (illum) le, l': 37, 47, 54, 69, 119, 240, 242; dat. sg. = li (illi): 137; 155 gebessert aus li; fém. dat. sg.: 179.

l' pron. pers. conj. proklitisch acc. sg. masc. (illum) le: 39, 123, 124, 241, 242; 251; acc. fém. sg. (illam) la: 14, 148; dat. sg. masc. (illi) lui: 73, 119, 175, 255.

la art. déf. fém. sg. nom. (illam) la: 40, 116, 125, 133, 170, 176, 199, 216, 243, 246, 248; obl.: 23, 36, 65, 86, 101, 118, 151, 169, 172, 192, 198, 206, 207, 208, 215, 227, 232; beigefügt: 129.

la pron. pers. conj. fém. obl. sg. (illam) la: 14, 87, 183, 254 (2 mal).

lai adv. (illac) la: 61, 62, 63.

lainz adv. (illac intus) là dedans: 97, 160, 169, 185; gebess. zu inz: 96.

lairo subst. m. obl. sg. (latronem) larron: 241.

laissa 3. prs. sg. i. (laxat) laisse: 16.

laisar inf. (laxare) laisser: 87.

laiset 3. sg. pf. i. (laxavit) laissa: 32, 69.

lā aufgelöst zu lam = illam mihi: 87.
largetat subst. fém. obl. sg. (largitatem) largesse: 220.
las art. déf. obl. pl. (illas) les: 61, 77?, 96.
laudaven 3. pl. impf. i. (laudabant) louaient: 139, 142.
legen ger. (legendo) en lisant: 99.
lei pron. pers. abs. fém. obl. sg. (illæ für illi cfr. Diez, E. W.⁴, p. 126 s. v. ‚egli') elle: 253.
lei subst. fém. obl. sg. (legem) loi: 208.
leis pron. pers. abs. fém. obl. sg. (illæ ipsum cfr. Diez, R. Gr.⁴, II, 99 Anm.) elle: 175.
leis subst. fém. obl. pl. (leges) lois: 61.
lendema subst. masc. obl. sg. (illum [sc. diem] inde de mane) lendemain: 60.
li art. masc. n. pl. (illi) les: 18, 172, 199, 216, 226, 231.
li pron. pers. conj. masc. dat. sg. (illi) lui: 2, 70, 104, 116; gebessert zu l: 155; fém. dat. sg.: 183.
libre subst. m. obl. sg. (librum) livre: 247.
libres subst. m. n. sg. (librum) livre: 247.
licencia subst. fém. obl. sg. (licentiam) licence, permission: 19.
liuras subst. fem. obl. pl. (libras) livres: 193.
ll pron. pers. conj. 3. m. obl. sg. (illum) le, l': 6, 9.
lo art. déf. m. nom. sg. (illum) le, l': 58, 62, 64, 71, 102, 162, 163, 239; obl. sg. (illum) le, l': 16, 35, 46, 53, 74 (2 mal), 107, 116, 133, 134, 151, 168, 181, 186, 202, 225, 240; hinzugefügt: 28.
lo pron. pers. conj. 3. m. obl. sg. (illum) le, l': 27, 49, 64, 71, 203, 105, 124, 127, 132, 142.
longs adj. m. obl. pl. (longos) longs, lointains: 176.
lor pron. pers. conj. 3. pers. m. dat. pl. (illorum) leur: 55, 57.
lor pron. poss. 3. pers. masc. obl. sg. (illorum) leur: 77, 174, 189; obl. pl. (illorum) leurs: 173, 227, 288.
los art. déf. m. obl. pl. (illos) les: 65, 66, 85.
los pron. pers. conj. 3. pers. obl. pl. (illos) les: 144.
lucxuria subst. fém. obl. sg. (luxuriam) luxure: 223.

lui pron. pers. abs. 3. p. m. obl. sg. (illuic? cfr. Diez, R. Gr.⁴, II, 82; vielleicht Anbildung an cui) lui: 25, 48, 51, 111, 131, 136.
lui pron. pers. conj. 3. p. m. obl. sg. le: 139.
luna subst. fém, obl. sg. (lunam) lune: 98.
lz pron. pers. conj. 3. pers. m. obl. pl. (illos) les: 59.
lz (gebessert aus l) art. déf. m. obl. pl.: 17, cfr. euz 139 = e + lz (in illos).

M.

m pron. pers. conj. enklitisch; 1. pers. m. acc. sg. (me) me: 75, 81, 82, 83, 88; dt. sg. 87.
ma subst. m. obl. sg. (mane) matin: 123, 133.
ma subst. fém. obl. sg. (manum) main: 246; subst. masc. obl. sg. (cf. Diez, R. Gr.⁴, II, 19): 256.
ma 3. sg. prs. i. (manet) demeure: 136.
majestat subst. fém. obl. sg. (majestatem) majesté: 169.
mal 1) subst. m. obl. sg. (malum) mal: 50, 109.
    2) adj. m. n. pl. (mali) méchants: 21.
    3) adv. (male) mal: 7, 90, 198.
mala adj. fém. obl. sg. (malam) méchante, mauvaise: 122, 125.
malament adv. (mala mente) méchamment, cruellement: 9.
malaptes adj. m. n. sg. (male aptus oder male habitus) malade: 127.
Mallio nom. propr. m. obl. sg. (Manli -onem): 35, 40.
Mallios nom. propr. m. n. sg. (Manli -onem + s): 29, 43.
manda 3. sg. prs. i. (mandat) mande, commande: 55.
mandam (aufgelöst zu mandamen) subst. m. obl. sg. ('mandamentum) commandement: 18.
mandar inf. (mandare) commander: 84, 86.
mar subst. fém. obl. sg. (mare) mer: 56, 65, 98, 172.
marce subst. fém. obl. sg. (mercedem) merci, grâce: 76.

marriment subst. m. obl. sg (das Wort hängt zusammen mit dem Verb. ‚marrir sich verirren', das nach Diez, E. W.[4], p. 205, Littré, II, 459 und Scheler, dict. étym. p. 291 auf das goth. marzjan zurückgeht, während Carol. Michaelis D. E. W.[4], Anhang p. 724 das griech. μαῦρος als Etymon annimmt) tristesse: 100.

mas conj. (magis) mais: 38, 112, 121, 176, 187, 210, 213; getilgt: 26.

mas subst. m. n. sg. (mansum) maison: 163.

masant subst. fém.? obl. sg. (die Etym. ist ganz dunkel; Raynouard übersetzt es [Lex. rom., IV, 170] mit) tapage, bruit, murmure: 117.

me pron. pers. cj. 1. prs. m. acc. sg. (me) me: 195, 197 (2 mal).

me pron. pers. abs. m. obl. sg. (me) moi: 130.

medesma pron. indéf. fém. n. sg. (metispimam für metipsissimam) même: 190.

mei pron. poss. 1. p. m. n. pl. (mei) mes: 80, 91.

meler superl. m. n. sg. (melior) meilleur: 36.

membra 3. sg. prs. i. (memorat für memoratur) souvient: 3.

mena 3. sg. prs. i. (minat[ur]) mène, traite: 9.

menam 1. pl. prs. i. (*minamus für minamur) menons: 7.

menar inf. (mina -re für -ri) mener, exécuter: 62.

menuz adj. m. obl. pl. (minutos) ménus, petits: 159.

menz comp. neutr. obl. sg. (minus) moins: 132.

menzonga subst. fém. obl. sg. (nach Foerster von mentitionea, cfr. Gautier, Rol.[7], p. 568) mensonge: 222.

merite (gebessert zu merit vom lat. meritum) mérite: 255.

mes 3. sg. pf. i. (missit für misit; cfr. Foerster, Rhein. Mus., Bd. 33, p. 297) mit: 26; part. prt. m. obl. sg. (missum) mis: 111.

mes subst. m. obl. pl. (missos) messagers: 59.

mesdren 3. pl. pf. i. (miserunt) mirent: 27.

mespres part. prt. m. n. sg. (minus prensus; cfr. Diez, R. Gr.[4], II, 434) ignorant: 94.

met 3. sg. prs. i. (mittit) met: 182.
metre inf. (mittere) mettre: 22, 59.
mi (= mia) pron. poss. 1. pers. fém. obl. sg. (meam) ma: 198.
mias pron. poss. 1. pers. fém. obl.' pl. (meas) mes: 77.
miga adv. (micam) mie: 58, 123, 180, 189, 238.
mija adv. (micam) mie: 11, 14.
mil numerale (mille) mille: 188, 193.
miri num. (die Etym. ist nicht klar; Diez, [Altrom. Sprachdenkm., p. 69] und Del. [Neue Jenaische Litt.-Ztg. 1847, p. 744] halten einen Schreibfehler für mili' = milia für möglich. Doch könnte man vielleicht an das griech. μύριοι denken) mille: 211.
molt adv. (multum) beaucoup, très, fort: 26, 102, 112, 138, 140, 142, 176, 195, 215; gebess. aus molz: 187.
molz adj. m. obl. pl. (multos) beaucoup: 99, 106; gebessert zu molt: 187.
montat part. prt. m. n. pl. (*montati) montés: 226.
montar inf. (*montare) monter: 213, 237.
monten 3. pl. prs. i. (*montant) montent: 211.
mort subst. fém. obl. sg. (mortem) mort: 118, 129.
mort (gebessert zu morz) part. prt. m. obl. pl. (*mortos für mortuos) morts: 17.
morir inf. (mori[re]) mourir: 117.
morz subst. fém. n. sg. (mortem) mort: 125, 175; voc. sg.: 130.
morz part. prt. m. n. sg. (mortus für mortuus) mort: 43.
mot subst. m. obl. sg. (der Ursprung des Wortes ist noch nicht bestimmt festgesetzt; die Diez'sche und Littré'sche Etym. ‚muttum' wird von Foerster [Rhein. Mus., Bd. 33, p. 517 angezweifelt; vgl. Zschr. f. roman. Phil. III, 517, wo Foerster das prov. mot auf ‚muttum [muctum?]' zurückführt; Chabaneau [Gr. Lim. 379, addit. Nr. 327] findet in mot das lat. modum) mot: 132.
murem 1. pl. prs. i. (moremus für morimur) mourons: 5.
musas subst. fém. obl.? sg. (musas) muses: 77.

N.

n (= en) adv. (inde) en: 12, 13, 31, 94, 115, 157, 250.
n (= en) subst. m. obl. sg. (dominum) seigneur: 16.
ne adv. (nec) ni: 89, 119, 172; ne … ne = ni … ni: 115.
negu pron. indéf. m. obl. sg. (nec unum) nul: 157.
negus pron. indéf. m. n. sg. (nec unus) nul, pas un: 191.
neienz adv. (nec entem) nullement: 191.
ni conj. (nec) ni: 9, 10, 12, 48, 136, 180; ni … ni = ni … ni: 90, 128.
nibles subst. fém. n. sg. (nebulem für nebulonem, cfr. Diez, Altr. Sprachd., p. 61) brume, brouillard: 133.
no adv. (non) ne: 3, 5, 11, 12, 30, 31, 33, 42, 45, 46, 47, 48, 58, 67, 69, 87 (2 mal) 89, 90, 92, 94, 113, 115, 119 (2 mal), 122, 123, 130, 132, 135, 136 (2 mal) 137, 145, 157, 164, 171, 173, 174, 175, 177, 178, 186, 189, 191, 193, 210 (2 mal), 238, 242, 244, 249, 250.
noit subst. fém. obl. sg. (noctem) nuit: 90.
nol = no lo (non eum): 47, 69, 119, 137, 242.
nom subst. m. obl. sg. (nomen) nom: 38, 53.
nonar (aufgelöst zu nomnar) inf. (nominare) nommer: 186.
non = no'n (non inde): 31, 94, 115, 157, 250.
non adv. (non) ne: 8, 26, 89, 95, 107, 121, 131, 146, 148, 230; aufgelöst aus nõ: 13, 19, 128.
nõ (aufgelöst zu non) adv. (non) ne: 13, 19, 128.
nõ (aufgelöst zu non [non inde]) n'en: 12.
nõq̃ (aufgelöst zu nonqua) adv. (numquam) jamais: 14.
nos 1) pron. pers. conj. m. n. pl. (nos) nous: 1, 99, 106; (2 mal, einmal gebessert zu aizo); dat. pl.: 3; acc. pl.: 4, 5, 153.
    2) pron. pers. abs. m. obl. pl.: 32; n. pl.: 1, 7.
    3) = no se: 136, 171, 177; cfr. no u. se.
nostre pron. poss. 1. pers. m. obl. sg. (nostrum) notre: 46.

not = no te: 87; cfr. no, te.
nuallos adj. m. n. sg. ('nugaliosus von nugalis) paresseux: 30.
nuallor comp. m. n. pl. ('nugaliores comp. zu nugalis, cfr. Diez, Altr. Sprachd.. p. 69) moins précieux: 210.
nulz pron. indéf. m. n. sg. (nullus) nul: 122, 171, 188.

O.

o pron. dem. neutr. obl. sg. (hoc) ceci, cela: 8, 11, 100; gebessert zu aizo: 99, 106; weggelassen: 249.
o adv. (ubi) où: 61, 96, 163.
o conj. (aut) ou : o—o, ou—ou: 108, 127.
obs subst. m. n. sg. (opus) besoin: 164; obl. sg. profit: 66.
om subst. m. n. sg. (homo) homme, on: 33, 92, 107, 122, 171, 191, 193, 225; lom = l'om: 69, 102, 120, 123, 126, 149, 165.
ome subst. m. obl. sg. (hominem) homme: 126; n. pl. (homines) hommes: 20, 21.
omes subst. m. obl. pl. (homines) hommes: 85, 154.
omne subst. m. n. pl. (homines) hommes: 1, 7, 172, 228, 233; acc. sg. (hominem) homme: 178.
omnes subst. m. obl. pl. (homines) hommes: 106.
omipotent (aufgelöst zu omnipotent) adj. m. obl. sg. (omnipotentem) tout-puissant: 151, 248.
onor subst. fém. obl. sg. (honorem) honneur: 36, 48, 112, 178, 230.
onors subst. fém. n. sg. (honorem) honneur: 114.
onraz part. prt. m. n. sg. (honoratus) honoré: 140.
or subst. masc. obl. sg. (oram, cfr. Diez, E. W.[4], p. 228; s. v. orlo; or ist masc. zum Unterschied von hora) bord: 204.
ora subst. fém. obl. sg. (horam) heure: 21, 104, 147, 214.
oras s. quoras.

P.

p aufgelöst zu per: 27, 52, 88, 105, 157, 165, 168, 201, 237, 240, 243, 254; cfr. per.
pais 3. sg. prs. i. (*pacsit = pascit) paît: 5.
palaz subst. m. n. sg. (palatium) palais: 162.
par subst. m. obl. sg. (parem) pair, compagnon: 9; n. pl. (pari für pares) compagnons: 63.
paradis subst. m. obl. sg. (paradisum, παράδεισος) paradis: 184.
parent subst. m. obl. sg. (parentem) parent: 8, 128; n. pl. (parenti für parentes) parents: 142, 245.
parlet 3. sg. pf. i. (parabolavit) parla: 194.
parllam 1. pl. prs. i. (parobolamus) parlons: 2.
part subst. fém. obl. sg. (partem) part: 55, 105.
passen 3. pl. prs. subj. (passent) passent: 56.
passio subst. fém. obl. sg. (passionem) passion: 24.
pater subst. m. voc. sg. (pater) père: 75, 81.
paterna adj. fém. obl. sg. (paternam sc. personam) père, personne du père: 151.
pec?: 258; pec ist ist vielleicht der Anfang von peccaz.
pecaz subst. m. obl. pl. (peccatos für peccata) péchés: 159.
peccador subst. m. n. pl. (peccatori f. peccatores) pécheurs: 76.
peccaz subst. m. obl. pl. (cfr. pecaz): 228.
pei subst. m. obl. sg. (pe) p: 205.
pejor comp. m. n. pl. (pejori für pejores) pires: 21.
pel subst. m. obl. sg. (pilum, πῖλος) poil, cheveu: 107.
pelz subst. fém. n. sg. (pellis) peau: 116.
pena subst. fém. obl. sg. (pœnam) peine: 158.
penedenza subst. fém. obl. sg. (pœnitentiam) pénitence: 13.
penet 3. sg. pf. i. (pœnavit) peina, donna de la peine: 26.
pensa 3. sg. prs. i. (pensat) pense: 203.
pensar inf. (pensare) penser: 90.
pent 3. sg. prs. i. (pendit) pend: 192.

per 1) præp. (per) par, dans, à cause de, pour: 2, 3, 4, 6, 25, 27, 37, 47, 51, 52, 57, 67, 88, 94, 105, 107, 137, 144, 157, 165, 180, 211, 237, 240, 243, 254.
2) adv. (per) pour: 6; fort: 187.
pdut aufgelöst zu perdut, s. d.
perdut part. prt. m. obl. sg. (perdutum = perditum) perdu: 77.
perfeitament adv. (perfecta mente) parfaitement: 150.
perjuri subst. m. obl. sg. (perjurium) parjure: 219.
pjuris aufgelöst zu perjuris, s. d.
perjuris subst. m. obl. pl. (perjurios für perjuria) parjures: 236.
pero conj. (per hoc) mais: 67, 94, 144; pour cela: 137.
pert 3. sg. prs. i. (perdit) perd: 124.
ptusat aufgelöst zu
pertusat part. prt. m. obl. sg. (pertusiatum von pertundere; cfr. Diez, E. W.[4], p. 242) percé: 168.
pesat part. prt.: hier subst. m. obl. sg. (pensatum) pensée: 67.
pessa 3. sg. prs. i. (pensat) pense: 135.
pessar inf. (pensare) penser: 174.
petita adj. f. obl. sg. (petitam; Diez, E. W.[4], p. 251 leitet es von einer keltischen Wurzel ‚pit', dem der Begriff ‚spitz, schmal' zu Grunde liegt) petite: 166; Kœrting, Petraca's Leben und Werke, p. 588, Anm., erwähnt ein in einem lat. Gedicht Petrarca's vorkommendes ‚petitum' das er mit »kleinstes Mass» übersetzt und als möglichen Ursprung des frz. ‚petit' aufstellt. Die Etym. des Wortes ist ihm das lat. petere: petitum das Erbettelte; was man aber erbettelt, erhält man meist in geringen Quantitäten; daher die Bedeutung »klein».
plan 3. sg. prs. i. (plangit) plaind: 159.
plor 1. sg. prs. i. (ploro) pleure: 79.
plorar inf. (plorare) pleurer: 80, 91.
plus adv. (plus) plus: 188.
poden 3. sg. prs. i. (potent für possunt) peuvent: 213.
poestat subst. fém. obl. sg. (potestatem) puissance: 161.

pogues 3. sg. impf. subj. (potuisset) pût: 93.
pois adv. (post) puis: 182, 197, 215, 249; geb. zu poisas: 103.
poisas adv. (postea, cfr. Diez, E. W.⁴, 252; d. parag s. erklärt D. [R. Gr.⁴, II, 456] aus der Neigung der romanischen Sprachen, den Partikeln ein formelles Kennzeichen zu geben, cfr. primas, quoras, quandius) alors, ensuite: 237; gebessert aus pois: 103.
polsat part. prt. m. obl. sg. (pulsatum) frappé: 167.
posg 1. pers. sg. i. (cfr. Diez, R. Gr.⁴, II, 210, 211; wahrscheinlich ist die Form gebildet nach Analogie eines Konj. possiam, dessen i zu g verhärtet, die Form posg ergab) puis: 89.
pot 3. sg. prs. i. (potet für potest) peut: 122, 165, 171, 177, 191.
potden 3. pl. prs. i. (potent = possunt) peuvent: 173.
preclar adj. m. obl. sg. (præclarum) très clair, reluissant: 170.
preiso subst. f. obl. sg. (pre[he]nsionem) prison: 27.
pren 3. sg. prs. i. (pre[he]ndit) prend, saisit: 13, 119, 240, 253, 253.
prenga (unorganisch für prenda, cfr. Diez, R. Gr.⁴, II, 211); 1. sg. prs. subj. (pre[he]ndam) prenne: 89.
prent 3. sg. prs. i. (pre[he]ndit) prend: 132.
pres 3. sg. pf. (pre[he]nsit für pre[he]ndit) prit, commença: 64.
pres part. prt. m. n. sg. (pre[he]nsus) pris: 96; obl. sg. (pre[he]nsum) pris: 127.
presa part. prt. fém. obl. sg. (pre[he]nsam) prise: 14.
preso subst. fém. obl. sg. (pre[he]nsionem) prison: 59.
prez subst. m. obl. sg. (pretium) prix: 189.
preza 3. sg. prs. i. (pretiat) prise, estime: 8.
primas adv. (primam sc. horam, cfr. poisas) d'abord: 197.
pro subst. m. n. sg. (nach Diez, F. W.⁴, p. 257 aus der Partikel pro, die subst. gebraucht worden ist) profit, avantage: 13.
pro adj. m. obl. sg. (dieselbe Etym. wie das vorhergehende Wort) preux: 28.

prop (gebessert aus aprob) prp. (prope) auprès, près: 35.
pur adv. (purum, cfr. Anm. zu Vers 192, p. 20) purement, seulement: 192.
pur adv. (purum) zur Verstärkung der Konjunktion: 6.

Q.

q (ausgeschrieben que) conj.: 196. s. que.
qu' (= que) conj. (über die Etym. s. que) que, lorsque: 33, 65, 140, 174.
qu' (= que) pron. rel. m. obl. sg. (quem) que: 105; obl. pl. (quos) que: 70.
quaira 3. sg. fut. (cadere habet) tombera: 157.
quaitiu adj. m. obl. sg. (captivum) captif: 126.
qual pron. indéf. fém. obl. sg. (qualem) quelle: 166.
quals pron. indéf. m. n. sg. (qualem) quel: 149.
quan cj. (quando) quand, lorsque: 4, 40, 104, 132, 137, 255.
quandi adj. m. n. pl. (da das Wort den Ton auf der letzten Silbe hat, so müssen wir entweder Accentverschiebung: candídi für cándidi, oder ein aus candere gebildetes part. candítus annehmen; für letztere Form spricht auch die Bœ.-Korrektur candit; das Wort scheint übrigens sehr selten zu sein; das Lex. Rom. belegt es nur einmal) blancs: 201.
quandius cj. (quamdiu + paragog. s.; s. poisas) aussi longtemps que, pendant que: 1.
quant cj. (quando) quand, lorsque: 11, 101, 112, 115, 132, 168.
quant pron. indéf. n. obl. sg. (quantum) combien: 115.
quar cj. (quare) car, parce que, que: 3; gebess. zu mas: 26.
quare adv. (quare) pourquoi: 130.
quaranta num. (quadráginta) quarante: 165.
quascus pron. indéf. m. n. sg. (quascus kann nicht von quisque unus kommen, weil lat. betontes i nicht zu a übergehen kann. Gautier, Rol.[1], p. 511, hält eine vulgärlat. Form quiasqunus, cascus nicht für unmöglich) chacun: 225.

quastiazo subst. fém. obl. sg. (castigationem) instruction, enseignement: 22.
que conj. a) (quam) que: 1, 6, in Verbindung no-que; neque: 90.
   b) (quod, so Gautier, Rol.[1], p. 595; Diez, R. Gr.[4], III, 322 hält quid für das Etymon) que, afin que, parce que: 5, 8, 14, 31, 56, 104, 120, 135, 196, 203, 238; car: 15, 196.
que 1) pron. rel. m. n. sg. (qui) qui: 146, 152; obl. sg. (quem) que: 102, 191; obl. pl. (quos) que: 199; fém. obl. sg. (quam) que: 86.
   2) pron. interrog. neutr. obl. sg. (quod) que, quoi: 89, 216.
quel = que lo: 104, 155; = que el: 65, 70.
quell = que lo: 6.
queque pron. indéf. neutr. obl. sg. (quidquid, cfr. Gautier, Rol.[1], p. 596) quoique: 155.
ques = que se (quod se): 121; (quam se): 181, 185, 251.
qui pron. rel. m. n. sg. (qui) qui: 4, 5, 24, 81, 93, 95, 103, 109, 135, 148, 149, 150, 154, 156, 161, 175, 183, 204, 239, 253, 254; n. pl. (qui) qui: 139, 172, 213, 226, 227, 228, 229, 232, 233, 234; fém. n. sg.: 147, 192, 206; n. pl.: 73, 77.
quora adv. (que hora, cfr. Diez, E. W.[4], p. 227) à quelle heure: 251.
quoras adv. (que horam) à quelle heure: 181, 185.

R.

raizo subst. fém. obl. sg. (rationem) raison, propos: 55.
rangures ms.: rangurís; 3. inf. præs. ind. (von einem verb. 'rangurezir; cfr. Bœhmer, R. St. III, 137) se fâche, se pleigne: 179.
rascundre inf. (re-abscondere) cacher: 177.
razo subst. fém. obl. sg. (rationem) raison, principe: 50, 234.

re subst. fém. obl. sg. (rem) rien: 89.
reclama 3. sg. prs. i. (reclamat) réclame, invoque: 74.
reclaman ger. (reclamando) en réclamant: 118.
redemcio subst. fém. obl. sg. (redemptionem) rédemption, délivrance: 25.
redems part. prt. m. obl. pl. (redemptos) réparé: 228.
redems 3. sg. pl. (*redempsit für redemit) racheta: 153.
redra 3. sg. fut. i. (reddere habet) rendra: 57.
regio subst. fém. obl. sg. (regionem) région: 54.
reguarda 3. sg. prs. i. (rom. Präf. re $+$ althdsch. wartên) regarde: 115, 137, 255.
rei subst. m. obl. sg. (regem) roi: 35, 74, 151, 161, 248.
reial adj. m. obl. sg. (regalem) royal: 256.
reis subst. m. n. sg. (rex) roi: 62, 64, 71.
reluz 3. sg. prs. i. (relucet) reluit: 162.
rema 3. sg. prs. i. (remanet) reste: 137.
ren subst. fém. obl. sg. (rem) rien: 180.
rent 3. sg. prs. i. (rendit $=$ reddit) rend: 255.
repairen 3. pl. prs. i. (repatriant) retournent: 80, 91.
repen 3. sg. prs. i. (repœnitet) repent: 249.
repent $=$ idem: 11.
repres part. prt. m. n. sg. (reprehensum) reprisé, replié: 204.
reptar inf. (reputare) accuser, blâmer: 64.
res subst. fém. n. sg. (res) rien: 137.
retegues 3. sg. impf. subj. (*retenuisset) retînt: 95.
retenc 3. sg. pf. (*retenuit) retint: 31.
riqueza subst. fém. obl. sg. (*riquitiam, vom ahdsch. richi) richesse: 83.
rix adj. m. n. sg. (*ricus vom ahdsch. richi) riche: 140.
Roma nom. propr. fém. obl. sg. (Romam) Rome: 33, 34, 44, 57, 66, 84.
rua 3. sg. prs. i. (rugat) ride: 116.

S.

š = sun: 221, 222, 223. 224; cfr. sun.
s pron. pers. conj. enklitisch m. dat. sg. (se für sibi) se, s':
    8, 10; acc. sg. (se) se, s': 121, 136, 146, 149, 156, 171,
    177; dat. pl. (se für sibi) se s': 245; fém. dat. sg. (se für
    sibi) se s': 132, 181, 185, 251; acc. sg. (se) se s': 131,
    166, 179.
s' pron. pers. conj. proklitisch, m. dat. sg. (se für sibi) se s':
    11, 26, 68, 132, 249; acc. pl. (se) se, s': 212; fém. dat.
    sg. (se für sibi) se s': 81, 252; acc. sg. (se) se s': 167.
s' (= sa) pron. poss. fém. n. sg. (sam, das sich bei Plautus
    findet; cfr. Gautier, Rol.⁷, 605) sa: 114, 180; obl. sg.: 48.
's (= es) 3. sg. prs. i. (est) est: 161, 162, 170, 176, 243,
    245, 248.
sa pron. poss. fém. obl. sg. (sam) sa: 50, 62, 71, 105.
saber inf. subst. m. obl. sg. (sapére für sápere) savoir: 33.
sacrament subst. m. obl. sg. (sacramentum) serment: 10.
sai 1. sg. prs. i. (sapio) sais: 186.
sal 3. sg. prs. i (salit) saute: 68.
salv adj. m. n. pl. (salvi) saufs: 6.
salvament subst. m. obl. sg. (salvamentum) sauvement, sa-
    lut: 69.
salvar inf. (salvare) sauver: 68.
sca (aufgel. zu sancta) adj. fém. obl. sg. (sanctam) sainte: 229.
scm (aufgel. zu sant) adj. m. obl. sg. (sanctum) saint: 154.
sang subst. m. obl. sg. (sanguinem) sang: 153.
sap 3. sg. prs. i. (sapit) sait: 132.
sapiencia subst. fém. obl. sg. (sapientiam) sagesse: 30, 39,
    78, 93, 234.
satan subst. m. n. pl. (satani für satanæ) satans: 18.
savis adj. m. obl. pl. ('sapios, cfr. Diez, E. W.⁴, p. 279 s. v.
    saggio) sages: 85.

scala subst. fém. obl. sg. (scalam) échelle: 146, 149, 227.
sceptrū (aufgelöst zu sceptrum) subst. m. obl. sg. (sceptrum) sceptre: 256.
schala (s. scala) 232; gebessert aus schapla: 207.
schapla gebessert zu schala, s. d.: 207.
se pron. pers. conj. m. acc. sg. (se) se, s': 115, 137, 143, 159, 175, 225; dat. pl. (se für sibi) se, s': 214; acc. pl. (se) se s': 229; fém. dat. sg. (se für sibi) se s': 188; acc. sg. (se) se s': 168 cft. s, s'.
sedenz part. prs. fém. n. sg. (sedentem) assise: 243.
segre inf. (sequere für sequi) suivre: 59.
semblant part. prs. m. obl. sg; hier subst. (simulantem) semblant: 119.
sēpre aufgelöst zu
sempre adv. (semper) aussitôt: 15; gebessert zu desempre: 147.
senestre adj. m. obl. sg. ('senestrum) gauche: 256.
senor subst. m. obl. sg. (seniorem) seigneur, maître: 9, 37, 47.
senz subst. m. n. sg. (sens-um) sens, esprit: 58.
ser subst. m. obl. sg. (»von serum späte Zeit», Diez, E. W.⁴, p. 252 s. v. ‚sera') soir: 123.
sermo subst. masc. obl. sg. (sermonem) sermon, discours: 23, 49.
servii 1. sg. pf. (servivi) servis: 87.
ses prp. (sine) sans: 19.
si pron. pers. conj. m. dat. sg. (sibi) se: 225.
si conj. (si) si, quand: 8, 9, 13, 279, 249.
si adv. (sic) si, ainsi (Diez, Altr. Sprachd., p. 48, übersetzt es mit »stracks» in Vers 8, 9, 10, 240 (sur le champ): 10, 54, 133, 134, 245.
si conj. (sic) et: 59; Chab. Gr. Lim., p. 342, will si an dieser Stelle gleichsetzen dem lat. verumtamen): 240. s. Synt.
sia 3. sg. prs. subj. (siat für sit, cf. Fœrster, Rh. M. Bd. 33, p. 639) soit: 164.
sien 3. pl. prs. conj. (siant für sint) soient: 203.

signifacio gebessert zu
significacio subst. fém. obl. sg. (significationem) signification: 231.
signifiga 3. sg. prs. i. (significat) signifie: 206, 208, 257.
sil = si lo: 54, 240; = si li: 179.
sill = si lo: 9.
silz = si los: 59.
sis = si se: 8, 10, 245.
smetessma pron. indéf. fém. n. sg. (semetipsimam für semetipsissimam) même: 184.
so pron. poss. m. obl. sg. (suum) son: 18, 23, 33, 49, 100, 111, 113, 153, 171, 177, 190, 225, 252; neutr. obl. sg. (suum) sien: 238.
sobre prp. (supra) sur, au dessus de: 207.
sobtil adj. m. obl. sg. (subtilem) subtil, fin: 187.
soi pron. poss. m. n. sg. (sui) ses: 63, 245.
sol subst. m. obl. sg. (solem) soleil: 98.
soli 1. sg. prs. i. (soleo) j'ai coutume de: 82.
soli (= solia) 1. sg. impf. i. (solibam für solebam) j'avais coutume de: 85.
soli (= solia) gebessert aus solient) 3. sg. impf. i. (solibat für solebat) avait coutume de: 70.
solien 3. pl. impf. i. (solibant für solebant) avaient coutume de: 61.
solient gebessert zu solia: 70 (s. d.).
sols 2. sg. prs. i. (soles) as coutume de: 81.
somsis subst. m. obl. sg. (Diez, Altr. Sprachd., p. 65. stellt fragend subcidere auf; Delius, Neue Jen. Litt.-Ztg. 1847, p. 744, erinnert an subsidere; das Wort fehlt im Lex. Rom., dagegen findet sich daselbst (V, p. 261) das verb somsir, das Rayn. vom lat. sumptus ableitet und den verbs engloutir, absorber gleichsetzt) Rayn. übersetzt: profond: 182.
sŏ (aufgelöst zu son) pron. poss. m. obl. sg. (suum) son: 8, 244.

son idem: 121.
son 3. pl. prs. i. (sunt) sont: 18, 189.
sorda adj. fém. obl. sg. (surdam) sourde: 131.
sos pron. poss. m. n. sg. (suus) son: 141, 180; obl. pl. (suos) ses: 59, 138, 159 (2 mal), 185.
soste 3. sg. prs. i. (sustenet für sustinet) soutient: 4, 103.
sostenc 3. sg. pf. (sustenuit für sustinuit) soutint, souffrit: 24.
spm (aufgelöst zu sperit) subst. m. obl. sg. (spiritum) esprit: 154.
star inf. (stare) être, vivre: 83, 88.
sun 3. pl. prs. i. (sunt) sont: 172, 186, 199, 200, 201, 209, 210 (2 mal), 214, 216, 217, 220, 226 (2 mal), 228, 233 (2 mal) 235; aufgel. aus s: 221, 222, 223, 224,
sunt idem: 21, 218.
supbia (aufgel. zu superbia) subst. fém. obl. sg. (superbiam) orgueil: 224.

T.

t (= te) pron. pers. conj. enklitisch m. acc. sg. (te) te: 87.
ta adv. (tam) si, aussi: 7, 34, 41, 49, 92, 122, 129, 162, 178, 194, 198, 201 (3 mal), 227.
tal pron. indéf. m. obl. sg. (talem) tel: 183; fém. obl. sg. (talem) telle: 55, 156.
talant subst. m. obl. sg. (talantum für talentum) désir: 113; n. pl. (talanti für talenta) désirs: 80, 91.
talen subst. m. obl. sg. (talentum) désir: 196.
talent idem: 152.
talo subst. m. obl. sg. (*talonem von talus) talon: 240.
tan 1) adv. (tantum) tant, autant, si, aussi: 4, 6, 29, 32, 152, 179, 189, 229.
2) subst. neutr. obl. sg. (tantum) tant: 115.
tant 1) adv. (tantum) tant, autant, si, aussi: 75, 83, 135, 170, 202.

2) subst. neutr. obl. sg. (tantum) tant: 31, 95, 173.
te 3. sg. prs. i. (tenet) tient: 14, 105, 116, 127, 146. 149. 156, 246, 254.
te pron. pers. abs. m. obl. sg. (te): 75, 82.
tei subst. m. obl. sg. (te) t: 207, 226.
Teiric nom. propr. m. obl. sg. (Theodoricum) Théodoric: 44, 58.
Teirix nom. propr. m. n. sg. (Theodoricum + s) Théodoric: 50.
teis& (= teiset) 3. sg. pf. (texavit für texuit): tissa: 190.
tem (= te me: 75, 82.
temporal adj. neutr. obl. sg. (temporalem) temporel: 97.
ten 3. sg. prs. i. (tenet) tient: 184, 256.
tener inf. (tenere) tenir, retenir, posséder: 48, 124.
tenia 3. sg. impf. i. (tenibat für tenebat) tenait: 143.
tenien 3. pl. impf. i. (tenibant für tenebant) tenaient, estimaient: 37.
ter (gebess. zu terr' = terra) subst. fém. obl. sg. (terram) terre: 206.
terra subst. fém. obl. sg. (terram) terre: 4, 98, 192.
terrestri adj. fém. obl. sg. (terrestrem) terrestre: 230.
tormt (aufgel. zu torment) subst. m. obl. sg. (tormentum) tourment: 19.
torment idem: 157.
torna 3. sg. prs. i. (tornat? nach Littré von tornus = tour, instrument à tourner, qui vient de τόρνος (aor. II. ἔτορον von τορέω) tourne: 113.
tornen 3. pl. prs. i. (tornant) tournent: 212, 232.
Torquator nom. propr. m. n. sg. (Torquator: 29, 43; obl. sg. (Torquatorem): 40.
tot 1) adv. ('tottum, cfr. Fœrster, Rhein. Mus., Neue Folge. Bd. 33, p. 298. «Klass. lat. totus muss im Volkslat. tottus oder tuttus geheissen haben.») tout, totalement: 17, 50; de tot: 31, 94, 141, 174, 242.
2) adj. m. obl. sg. (tottum) tout: 37.

tota adj. fém. obl. sg. (*tottam) toute: 36, 79, 84, 147, 169.
totdias adv. (tot[as] dies für tot[os] dies; cfr. Diez, Altrom.
    Sprachd., p. 65) tous les jours, toujours: 183.
toz adj. m. obl. pl. (tottos) tous: 82; masc. n. sg. (totus)
    tous: 247.
tra 3. sg. prs. i. (trahit) souffre: 109.
traazo subst. fém. obl. sg. (*tra[ns]dationem für traditionem)
    trahison: 57.
trada 3. sg. prs. i. (tra[ns]dat, cfr. Diez, Altrom. Sprachd.,
    p. 48) trahit: 8.
tradar inf. (tra[ns]dare) trahir: 66.
traicios subst. fém. obl. pl. (traditiones) trahisons: 236.
tramet 3. sg. prs. i. (transmittit) envoie: 54.
trametia 3. sg. impf. (transmittibat für transmittebat) en-
    voyait: 65.
trastota adj. fém. obl. sg. (transtottam) toute: 118.
trastut adj. m. n. pl. (transtotti) tous: 25.
trastuz adj. m. obl. pl: (transtottos) tous: 144.
tremblant part. prs. m. obl. sg. (tremulantem) tremblant: 116.
trinitat subst. fém. obl. sg. (trinitatem) trinité: 229.
tristicia subst. fém. obl. sg. (tristitiam) tristesse: 221.
troba 3. sg. prs. i. (Nachdem Diez, E. W.⁴, p. 331, 332,
    verschiedene Etym. als unwahrscheinlich zurückgewiesen,
    stellt er als das wahrscheinliche Etymon das verb. turbare,
    «durcheinanderwerfen, durchstöbern, durchsuchen», dessen Ziel
    «finden» ist, auf, während G. Paris, Rom. VII, 418 auf
    tropare von tropus hinweist; cfr. Gautier, Rol.⁷, 621 s. v.
    trœvet, truver; Littré teilt die Diez'sche Ansicht vollkom-
    men; Bœhmer, Rom. Stud. III, 191 verwirft sie und bringt
    trover mit *torvare «starr machen, was beweglich war, fest-
    halten» in Zusammenhang) trouve: 242.
trobam 1. pl. prs. i. (turbamus, cfr. troba) trouvons: 99.
trop adv. (Diez, E. W.⁴, p. 330, s. v. tropa sagt: «die besten
    Ansprüche scheint noch das schon erwähnte turba zu haben,

das vielleicht durch deutsche Aussprache in turpa, endlich in truppa, truppus übertrat»; Scheler erinnert unter anderem an ein im Mittellat. vorkommendes strophus = troupeau; Littré leitet trop direkt von dem lat. troppus ab, «troupeau employé adverbialement pour signifier excès de quantité»; Littré, II, 23, 62 s. v. troupe) très: 30.
tu pron. pers. conj. m. n. sg. (tu) tu: 81, 83.
tuit adj. m. n. pl. (*totti s. tot) tous: 76, 80, 91, 233.
tum = tu me: 83.

U.

u art. indéf. m. acc. sg. (unum) un: 38, 52, 126, 205, 207, 246, 256; substantivisch: 95.
ucha 3. sg. prs. i. (Diez, E. W.⁴, IIc, p. 618 führt als mögliches Etymon das lat. adv. huc an, ‚ici pris comme adverbe d'appel', wie Scheler bemerkt; auch Littré entscheidet sich für die Diez'sche Etymologie, und erinnert, um ihr mehr Wahrscheinlichkeit zu geben, an das lat. Wort huccus = cri) huche, crie: 130.
uel subst. m. n. pl. (oculi) yeux: 203.
ultra prp. (ultra) outre: 65, 172.
umilitat subst. fém. obl. sg. (humilitatem) humilité: 224.
una art. indéf. fém. obl. sg. (unam) une: 38, 160, 192.
us art. indéf. m. n. sg. (unus) un substantivisch: 8; mit dem art. déf.: 10, 124.

V.

vai 3. sg. prs. i. (vadit, cfr. anava) va: 104, 109, 114, 118, 147, 155, 253.
val 3. sg. prs. i. (valet) vaut: 102.
valor subst. fém. obl. sg. (valorem von valere) valeur: 34.
van 3. pl. prs. i. (vadunt, cfr. anava) vont: 197, 198.

ve 3. sg. prs. i. (videt) voit: 124, 126, 169, 238.
ve 3. sg. prs. i. (venit) vient: 104.
vea 3. sg. prs. subj. (videat) voie: 174.
veder inf. (videre) voir: 112, 165.
vel adj. m. n. pl. (vetuli) vieux: 189.
vell idem: 235.
vell = ves lo (versus illum): 10.
veltat subst. f. obl. sg. (vetulitatem von vetulus) vieillesse: 107.
velz adj. m. n. sg. (vetulus) vieux: 103, 110, 114.
ven 3. sg. prs. i. (venit) vient: 239, 240.
venc 3. sg. pf. i. (venit) vint: 41, 67.
veng idem: 40, 62.
vengament subst. m. obl. sg. (*vindicamentum) vengeance: 252.
veritat subst. f. obl. sg. (veritatem) vérité: 222.
vers prp. (versus) vers, contre: 12; gebess. aus vert: 192.
vert: 192; gebessert zu vers, s. d.
vertut subst. f. obl. sg. (virtutem) vertu: 92.
ves: 10 = vers, s. d.
ves 2. sg. prs. i. (venis) viens: 130.
vestiment subst. m. obl. sg. (vestimentum) vêtement: 190, 204.
vestit 3. sg. pf. (vestivit) vêtit: 199.
veut part. prt. neutr. obl. sg. (vedutum für visum) vu: 106.
vis subst. m. obl. sg. (vis-um, wird nach Diez, Altr. Sprachd., p. 64, von unserm Dichter überall nur in seiner ursprünglichen Bedeutung, lat. visus gebraucht) vue: 170, 171, 177, 202.
visitaz part. prt. m. n. sg. (visitatum) visité: 160.
vist 2. sg. pf. (vidisti) vis: 95, 178, 244.
vita subst. f. obl. sg. (vitam) vie: 206.
viuri inf. (vivere) vivre: 3.
vius adj. m. obl. pl. (vivos) vifs: 17.
vol 3. sg. prs. i. (vult) veut: 166, 181, 185, 251.
volg 3. sg. pf. (voluit) voulut: 22, 45, 47, 48, 51.
volguist 2. sg. pf. (voluisti) voulus: 87.
volia 3. sg. impf. i. (volibat für volebat) voulait: 66.

volria 3. sg. cond. 2. (volere habebat für velle habebat) voudrait: 117.
vos: 44, 72; cfr. ecvos.

X.

xristia: 134; gebessert zu christia, cfr. d.
xristias: 150; gebessert zu christias, cfr. d.

Z.

zo pron. dem. m. n. sg. (ecce hoc) ce: 206, 208, 228, 233, 248, 257; obl. sg. (ecce hoc) cela: 47, 196, 203.
zos = zo es (ecce hoc est) c'est: 248.

Kapitel 3.

Lautlehre.

I. Verhältnis der lat. Laute zu den provenzalischen.

Im Folgenden soll angegeben werden, wie die Laute der latein. Grundwörter sich in den betr. provenzalischen Wörtern darstellen; wo nicht anders bemerkt, bezieht sich die Gegenüberstellung der latein. und prov. Laute auch auf die Aussprache.[1].

A. Sonore.

1. Vokale und diphthongische Vokalkombinationen.

a.

I. Betontes a:[2]

1) = a: estam, parllam, reptar, mandar, satan, alumnaz etc.

2) = e: quam-que (vergl. dagegen nonqua), und fiel, falls gegen die Etymologie *fidalis statt fidelis (vgl. Glossar) nichts zu erinnern ist. In der 3. sg. pf. der 1. schw. Conj. ist die Endung et = *evit für avit, z. B. amet = *amevit für

---

[1] Bezüglich der Einteilung der Laute, cfr. Sievers, Grundzüge der Phonetik, p. 41, 106, Leipzig 1881.

[2] Die Quantität ist bei a bedeutungslos.

amavit; cfr. Chabaneau, Gram. Limousine, Paris 1876, p. 235, Note 4.

II. Tonloses a:

1) vor der Tonsilbe: a) = a: clamam, chastia, sacrament; b) Synkope hat stattgefunden in: parlet, parllam (parabolamus), compraria;

2) nach der Tonsilbe: a) = a: membra, terra, vita, scala; b) = e in der Endung ant der 3. pl. prs. und impf. der 1. schw. Conj.: fien, amen, monten, esperen, deramen; appellaven, laudaven; ferner in den Präp.: entre, antre, sobre; c) a ist apokopiert höchstens in dem Adv. epslor; ora (der Rand) wurde zur Unterscheidung von hora nach der zweiten Dekl. flektiert; ebenso jovent (juventum für juventam).

o.[1])

I. Betontes o:

A. Vor Vokal oder einfacher Konsonanz.

1) Langes o: a) = o: nos, hŏc-o; senor, pro, ora, pejor, Torquutor; b) = u: cum (quomodo?).

2) Kurzes o = o: cor, bo (boni) demór, vgl. d. Metr.

B. In Position:

1) In lat. Position: a) = o: mort ('mortum), corps, col, contra, fort; b) = u: trastut (trastotti), trastuz; c) = ui: tuit (totti).

2) In rom. Position: a) = o: omne, sols, fox, obs, nomnar; b) = ue: oculi -uel.

II. Tonloses o:

1) Vor der Tonsilbe: a) = o: doctor, cosdumna; b) = a in aucis = occissum (vgl. Glossar); c) o + o contrahieren: cooperit = cobre; d) o wird synkopiert: parabolamus — parllam, Theodoricum — Teiric, membra, felnia, onraz, diables.

---

[1]) Bezüglich der Vokalqualität vgl. den zweiten Teil.

2) Nach der Tonsilbe: a) o wird synkopiert: Græcos — Grex, vivos — vius; b) auslautendes o in den Flexionsendungen wird apokopiert: facio — faz, ploro — plor, homo — om, dicendo — dicent; c) zu u wird o in ego — eu; cfr. Zschr. f. rom. Phil. III, 484; vgl. dagegen Müller (Assonanzen im Gir. v. Ross., Franz. Stud. III, 5, p. 39, der eg[o] = eu annimmt).

U.

I. Betontes u:

A. Vor Vokal oder einfacher Konsonanz;

1) Langes u = u: purum — pur, unum — u; tu, vertu, luna, chanut, rua (rugat), reluz.

2) Kurzes u = o: so (suum), lo (illúm), jove, foren, o (ubi), doas.

B. In (lat.) Position:

1) = u: sun (sunt), dunt, dunc, ultra; 2) = o: dolza, son (sunt), molt, jorn, vol (vult), desoz, sobre.

II. Tonoses u:

1) Vor der Tonsilbe: a) = u: jutjar, jutjamen, alumnaz; b) = o: sostenc, jovent, goernar, dozen, cobeetar, doptar; c) Synkope tritt ein: cosdumna, velz, semblant, tremblant.

2) Nach der Tonsilbe: a) = u: deu; b) = e in der Verbal-Flexionsendung -unt: miserunt, fuerunt — mesdren, foren; c) Apokope findet statt in den Flexionsendungen: suum -so, unum -u; e in merite muss wohl Schreibfehler sein für merit = meritum; d) fan, van (faciunt, vadunt) sind wohl Anbildungen an die entsprechenden Formen der 1. schw. Konj. oder an an — habent; P. Meyer (Rom. VIII, 14) erklärt diese Formen:

        habent (*habunt) = a'unt = an,
        faciunt (*facunt) = fa'unt = fan,
        vadunt   = va'unt = van.

e.[1])

I. Betontes e:

A. Vor Vokal und einfacher Konsonanz:

1) Langes e: a) = e: Boecis, k(a)denas, marce, te (pron.), avem, murem, saber, tener, fez, pres, presa, mespres; b) Ansatz zur Spaltung in ei zeigen: tei, pei.

2) Kurzes e: a) = e: deu, eu (ego), per, ve (venit), te (tenet), meler, be, breu; b) = i: mias (Zschr. f. rom. Phil. IV, 61), ni (nec).

B. In Position:

1) In lat. Position: = e: terra, sapiencia, sempre, pert, deréer, penedenza, vestit, vers, evers, effern, cent, gent, encend, dolent.

2) In rom. Position: a) = e: esmes, membra, tremblant, semblant, segre, velz; b) = i: nibles.

II. Tonloses e:

1) Vor der Tonsilbe: a) = e: emendament, pejor, senor, fello, neienz, rejal, Teirix; b) = i: gitar (ejectare), viuri (vivere); c) = a: marce (mercedem), aizo (ecce hoc), aquel (eccu'ille), almosna, aqui; d) Synkope tritt ein in blasmava, smetessma, viuri; e) Aphäresis in gitar (ejectare), cfr. Glossar.

2) nach der Tonsilbe: a) = i, doch wohl nur graphisch in viuri (vivere); b) = g, um die Mouillierung des n auszudrücken in menzunga = mentitionea (cfr. Glossar); c) Attraktion hat stattgefunden in poisas (postea); d) Verschmelzung mit dem vorhergehenden Vokal in foren = fúerunt; e) Synkope in altre, aitre, sempre; f) Apokope in den Flexionsendungen: fam.

---

[1]) Über die Qualität des provenzalischen e vgl. den zweiten Teil.

i.

I. Betontes i:

A. Vor Vokal oder einfacher Konsonanz:

1) Langes i: a) = i: viuri, miga, amig, facia, chastia, fil, sobtil, Teirix; b) = e: pel (pilum).

2) Kurzes i: a) = i: dia, queque (quidquid); b) meist = e: fe (fidem), ses (sine) evea (invidiam), riqueza ('rich[i] + itia), ve (videt).

B. in Position:

1) In lateinischer Position: a) = e: mĕtre (mittere), mes ('missit), eferms (infirmus), en, ent (inde), entre (intra), fen (fingit), depent (depincti), el (ille); b) = i: afix (afixum), intra (intrat), inz, escript, mil (mille); c) = a: antre (intra).

2) In rom. Position: = e: menz (minus).

II. Tonloses i:

1) Vor der Tonsilbe: a) = i: omnipotent, chaitiveza, visitaz, fiav; b) = e: veder, vertut, descaptan, desment, cobeetat, largetat, semblant; c) Aphäresis ist eingetreten beim pron. pers. und art. déf.: illi — li, illos — los, illas — las, illam — la, illorum — lor, ferner in illac — lai, illac intus — lainz; d) zwischen zwei Kons. wird i oft synkopiert: anma, ciptaz, esmes (esimus), omne, doptar (dubitare), nomnar.

2) Nach der Tonsilbe: a) oft wird i synkopiert: repent (repœnitet), malaptes (male habitum), cuid (cogito), almosna; b) Apokope tritt ein in den Flexionsendungen: fo (fuit), satan (satani für satanæ), vist (vidisti), fezist, par ('pari für pares), tra (trahit); scheinbar ist i erhalten in fai, doch hier ist i = ursprünglichem c: fac(i)t — fajt — fait, fai; vai (vadit) ist Analogiebildung an diese Form; c) mitunter hat Attraktion stattgefunden, und zwar: *α*) in die tonlose Silbe: foison (fusionem), preiso (pre[he]nsionem); *β*) in die Tonsilbe: ai ('habio), repairen (repatriant).

3) In der Verbindung: a) t (c) + palat. i = z: palatium — palaz, pretium — prez, pretiat — preza, castigationem — quastiazo, pœnitentiam — penedenza; für z steht mitunter c, selbst vor o und a: cuminitiant — commencen, directiat — dreca, altiorem — alcor, contenco — contentionem, faciat — faca (neben faza), altiat — auca, redempcio, traicio etc. sind Latinismen (cf. Bœhmer, Rom. Stud, III, p. 139); b) Komb. d + palat. i = j: invidiam — eveja (neben evea) diurnum — jorn; c) folgt palat. i der dent. Liquid. l, so veranlasst es deren Mouillierung (cfr. Diez, R. Gr.⁴, I, 403), die dann graphisch entweder durch einfaches oder geminiertes l bezeichnet wird: 'nugaliosus — nuallos, nugaliorem — nuallor, filiam — filla, melior — meler; in soli bezeichnet i ebenfalls das mouillierte l (cfr. Tobler, Jahrb. XIV, 111). Eine bestimmte Entscheidung über die Lautgeltung des l in capitoli lässt sich nicht geben, weil das Wort in der Cäsur steht. Doch ist es leicht möglich, dass das l nicht mouilliert gewesen, weil capitoli als Eigenname wohl mot sav. war, gegenüber dem m. pop. capdolh (Burg im Allgemeinen); d) n wird durch ein folgendes palat. i ebenfalls mouilliert: senor = seniorem (cfr. Diez, l. c., p. 403).

au.

Aussprache: Der Diphthong au wurde im Lat. zum Teil wie der entsprechende deutsche Diphthong, zum Teil wie o in den niederdeutschen Wörtern wie bom etc. ausgesprochen (cfr. Corssen, Lat. Aussprache I, 171). Beide Klangfarben besass der Diphthong auch im Vulgärlatein (cfr. Diez, R. Gr.⁴, I, 170).

I. Betontes au: a) = au: z. B. causa, aur; b) = o in o = aut.

II. Tonloses au = au: auzil, auzello, auvent, laudaven.

æ, œ.

Aussprache: «Schon in alter Zeit trübt sich æ im Mund der Provinzialen zu e» (Corssen, l. c. I, 195). Lat. œ wird oft mit æ vertauscht (cœlum und cælum, pœna und pæna etc.); dies berechtigt uns, æ und œ zugleich zu behandeln.

I. Betontes æ und œ = e: Grecia, Grex, cel, pena, repent.

II. Unbetontes æ und œ = e: grezesc, preclar, penedenza, penet.

ui.

ui: 1) = ui: cui, lui (*illui); 2) = oi: sui — soi; 3) = o: fuit — fo.

2. Liquiden.

L.

I. Einfaches l.

A. Im Anlaute = l: luna, laudaven, lucxuria, plus, claus.

B. Im Inlaute (intervokales l) = l: talen, solia, scala, color.

C. Im Auslaute = l: cel, mal, pel.

II. Geminiertes l:

1) = ll im Inlaute: follia, fello, donzellet, apellaven, ella etc.

2) = l im Auslaute: col, bel, auzel, el, nulz, mil, pelz. In den drei zuerst genannten Worten ist das l mouilliert, wie die späteren Denkmäler beweisen. So reimt z. B. Bertr. de Born (ed. Stimming, p. 138, 21, 22) belh mit capdelh, ebenso findet sich (Bartsch, Chrest. prov. Gloss.) colhir, auzelh etc.

III. Kompliciertes (gedecktes) l:

1) lt: a) = lt: altre, molt, ultra, = lç in alçor (altiorem; b) = it: aitre (alterum); c) = uç: auça (*altiat).

2) ls = ls: fals, sols.
3) lp = p: acupar (adculpare).
4) lv = lv: salvament.
5) lr = lr: volria.

Anm.: tl siehe unter t.

r.

I. Einfaches r:
A. Im Anlaute = r: reis, redra, gran.
B. Im Inlaute = r: foren.
C. Im Auslaute = r: per.

II. Geminiertes r = rr: terra (ter Schreibfehler für terr'), terrestri, acorren (adcurrendo).

III. Kompliciertes r:
1) rs; a) = rs: vers (gebessert aus vert); b) = s: vers illum — veslo — vell.
2) rg = rg: argent.

3. Nasale.

M.

I. Einfaches m:
A. Im Anlaute = m: ma, mandar, mas.
B. Im Inlaute: = m: mandamen, torment, clamam, amen.
C. Im Auslaute: 1) = m: amem, nom; 2) = n: ren, son; 3) fällt in den Flexionsendungen: terra, ome, sowie in den adv. ta und ja.

II. Geminiertes m = m: comanda.

III. Kompliciertes m:
1) md = nd: quandius.
2) mn: a) = mn: alumnaz, domna, nomnar, omne; b) = m: ome (neben omne); c) = n: donzella, donz, donzellet, en (dominum).

3) ml ⎫ verlangen die Einschiebung von euphonischem
4) mr ⎭ b: semblant, tremblant, membra.

Anm.: Das n in cõmencen (aufgelöst: commencen) ist unorganisch; der Strich über o ist vom Schreiber falsch gesetzt, der gewohnt war, das com wie cõ zu kürzen.

N.

I. Einfaches n:

A. Im Anlaute = n: nos, negus, no, nomnar.
B. Im Inlaute = n: onor, menar, penedenza, penet.
C. Im Auslaute:

1) n ist gefallen in der Präp. e (neben en), sowie in den damit zusammengesetzten Wörtern: efans, eferms, effern, evaïment, (aber encent!), ferner in ses (sine), ma (mane) no (neben non).

2) Das auslautende, sog. «indifferente» n (Diez, R. Gr.⁴, I, 401) kann wegfallen oder beharren; man vergleiche:

indifferentes n

fällt weg	verharrt
a) In Nominalformen:	
bos (5 ×),	
bo (7 ×),	bon (2 ×),
be (8 ×),	ben,
bes (3 ×),	
christia (2 ×),	cristians,
u (8 ×),	
us (2 ×),	
quascus,	
ges.	gens (2 ×),
Ebenso in allen Substantiven	jorn,
beruhend auf lat. Subst. auf	effern,
o, onis, z. B. fello, traicios,	satan.
preiso etc.	

b) In Verbalformen:

ve (venit),   ven (2 ×),
te (9 ×),   ten (2 ×).
ma,
rema.

Wie die (unter a genannten) Beispiele zeigen, können die unter diese Regel fallenden Subst. und Adj. flexivisches s auch an die kürzere n-lose Form hängen.

3) Folgt dem n aber ursprünglich ein Kons., so kann es nicht ausfallen: tantum — tan (nicht ta = tam), gran (grandem); s. das Nähere unter «t». Ein aus m entstandenes n wird, wenn es im Auslaute steht, ebenfalls als «indifferentes n» behandelt; z. B.:

res,
re,   ren,
so (suum 4 ×),   son (3 ×).
nom.

II. Geminiertes n = n: anz (annos).

III. Kompliziertes n:

1) nc; a) = nc: blanc, sancta; b) = n: depent; c ist hier ausgefallen, nachdem es vorher Mouillierung des n bewirkt hatte, wie die frz. Form dépeints beweist.

2) In ng bewirkt g Mouillierung des vorhergehenden n, die aber durch die Schrift nicht näher bezeichnet wird: franen (frangendo), plan (plangit), fen (fingit); cfr. Diez, R. Gr.⁴, I, 403.

3) nl = ll: Mallios.

4) nm: a) = nm: anma; b) = rm: arma.

5) nr = nr: onraz.

6) ns: a) = ns im Inlaute: pensar, pensa; b) = nz im Auslaute: senz (sensum), menz (minus); c) = s: pres (prehensum), presa, mespres, preiso, mas, apesant, ves (venis), cosdumna, trastut, trastota, trastuz; d) = ss: pessar, pessa;

e) fällt in der Präp. trans (ausgenommen die sub c. genannten Fälle): tramet, tradar, trada traïcios.

<small>Anm.: nt s. unter t, nd unter d.</small>

7) nf = ff in infernum — effern; sonst fiel f vor n weg; vgl. C, 1.

B. Geräuschlaute.

1. Spiranten.

1. Labiale.

F.

I. Einfaches f.

A. Im Anlaute = f: filla, fis, fez, follia; in fremna (fimbria) hat Metathesis des ursprünglich dem b nachfolgenden r stattgefunden.

B. Im Inlaute = f: afan, forfez, signifiga, eferms.

II. Kompliciertes f.
1. fl = fr: flebilem — frebla;
2. fr = fr: frangendo — franen.

Ph

ist synkopiert in blasphemabat — blasmava.

V.

I. Einfaches v.

A. Im Anlaute: 1) = v: viuri, vers; 2) ist abgefallen in vadere — annar.

B. Im Inlaute: 1) = v: eveja, chaitiveza, jovent, evers, salvar, salvament; 2) fiel aus (freilich nur scheinbar) in dem pf. der schw. Konj.: amavit — amet, penavit — penet.

C. Im Auslaute: 1) = v: salv; 2) = u nach Vokalen: captivum — quaitiu, breve — breu.

II. Kompliciertes v.
1) vr = ur: viv(e)re — viuri;

2) vs = us: clav(e)s — claus, brev(e)s — breus, viv(o)s — vius: cfr. Chabaneau, Gr. Lim., p. 87 D.; Bartsch, Jahrb., 14, 111.

3) vt = pt: civitates — ciptaz.

Anm.: Das germanische w ist im Boethius durch gu repräsentiert: wartên — guardar, werjan — guaris, warnôn — guarnit, wîsa — guisa; ein blosses g zeigt gaigre = weiger.

2. Dentale.

S.

Über die Aussprache vgl. Corssen, l. c. I, 121.

I. Einfaches s:

A. Im Anlaute = s: soste, salv, si, senor.

B. Im Inlaute = s: foiso, causa, guisa.

C. Im Auslaute: 1) = s: claus, corps, obs, aucis; — 2) = z nach n und l: anz, menz, senz, velz, nulz, silz, culz, pelz etc.

II. Geminiertes s:

1) = ss im Inlaute: passio, passen; 2) = s im Auslaute: mes (missos), agues, retengues.

III. Kompliciertes s:

1) sc: a) = sc im Anlaute: scala, sceptrum; mit prothetischem e: escriure, escript; statt sc tritt sch ein in eschala, eschalo; b) = ss im Inlaute: aissent (*hatiscendo; ausgefallen ist c in desend (descendit); c) = sc im Auslaute: grezesc.

2) sl = ll in vers(us) illum — veslo — vell.

3) sr: a) = rr: derramen (*disramant); b) = sdr: mesdren (mis[e]runt).

4) sp = sp mit prosthetischem e: esperam, esper; dagegen spm = sperit.

5) st: a) im Anlaut = st mit prosthetischem e: estai, estam, estant, ausgen. star; b) im Inlaute = st: justicia, vestiment, vestit; c) im Auslaut = s: pois (post), s. p. 89, C, 3.

3. Palatale.

J.

Aussprache: Corssen I, 132: «j im Anlaut einfacher Wörter und des 2. Gliedes der Comp. klang wie deutsches j.» — «j im Inlaut zwischen zwei Vokalen hatte nach langem Vokal einen breiteren, weicheren und vokalähnlichen Laut.» — «Das j dem Zischlaut «sch» lautverwandt, ging in der Volkssprache zum dichten Zischlaut «dsch» über: da es selbst zum Sibilanten hinneigte, hat es den vorhergehenden Kons. assibiliert und ganz zerstört.» — Über die Lautgeltung des j im Boethius vgl. den zweiten Teil, p. 107.

I. Im Anlaut = j: jovent, ja, jutjamen.

II. Im Inlaut: 1) = j: majestat, pejor, ajudar; 2) = (palatales) g in gitar (ejectare).

Anm.: Das Kehlkopfgeräusch H. — Aussprache: Corssen I, 53: «Es erhellt, ... dass zu Ende des 4. und zu Anfang des 5. Jahrh. der Abfall des Hauchlautes im Anlaut und dessen Ausfall im Inlaut bereits eine vollendete Thatsache war.»

h ist überall abgefallen: ome, onor, umilitat, o, tra; es ist nur einmal graphisch erhalten in hom (s. V. 177).

II. Explosiv-Laute.

1. Labiale.

P.

I. Einfaches p:

A. Im Anlaute = p: parllam, per, pais (bresa ist e Schreibfehler für presa).

B. Im Inlaute: 1) = p: sapiencia, emperi, emperador, capitoli; 2) = b: saber, cobeetar, cobeetat; 3) = v: savis (sapios).

C. Im Auslaute: 1) = p: cap, sap; 2) = b: ab (apud).

II. Geminiertes p:
= p: trop ('troppum), apellaven, drap.
III Kompliciertes p:
1) pr = a) br in sobre (supra), cobre (coperit; b) = r: compenre (compre[he]ndere).

2) ps = a) ps: epslor, eps, epsamen; b) = bs: obs (opus); c) = ss: smetessma; d) = s: medesma, redems.

3) pt: = a) pt: sceptrum, escript, reptar, descaptan; b) = it: chaitiveza (captivus + itia), quaitiu; cfr. Bœhmer, R. St. III, 316; c) in der Kombination pt + palat. i wurde t zu palat. c: decepcio; zugleich fiel p aus in redemcio (redemptionem).

B.

I. Einfaches b:
A. Im Anlaute = b: ben, breu, bon.
B. Im Inlaute: 1) = v: aver (habere), avem, avia; 2) b ist weggefallen in goernar (gubernare), sowie in den Impf. facia, tenien.
C. Im Auslaute fällt b: o (ubi).
II. Kompliciertes b:
1) bl: a) = bl: blasmava, blanc, diables, nibles; b) = ll: parllam; c) = l: parlet.

2) br: a) = br: libres etc.; b) = ur: escriure, aurien, liuras, aucis (abcisum? s. Glossar).

3) bt: a) = bt: sobtil; b) = pt: doptar; c) = t: desoz (z = t + s; vgl. p. 106).

2. Dentale.

T.

Über die Aussprache des t + palatalem i vgl. Corssen, a. a. O. I, 190.

I. Einfaches t (und th, da letzteres im Latein. nur die Aussprache von t gehabt haben kann):

A. Im Anlaute = t: tornen, talo, tu, Theodoricum — Teiric.

B. Im Inlaute:

1) = t: petita, visitaz, claritaz, creator, vita.

2) = d: cuida, poden (neben potden), crida, ajudar, peccador, emperador, k(a)denas, penedenza; ardida ('harditam), guarda (wartên), reguarda.

3) t ist weggefallen in aissent ('hatiscendo), poestat (potestatem).

4) In Komb. ti + Vokal wurde t durch Einfluss des folg. i zum Sibilanten, der im ‚Boëthius' entweder durch c oder durch z ausgedrückt ist (vgl. p. 106, 107): auça, dreça, penedenza, pres, traazo etc.

C. Im Auslaute:

1) = t: denant (neben davan), bontat, feeltat, umilitat, vertut, vestit; peccaz, claritaz (z = t + s).

2) = d: cuid (cogito).

3) t ist geschwunden in pois (post);[1]) ebenso in den Konjugationsendungen: fai, vai, ve, te; erhalten ist t nur in der 3. sg. pf. der schw. Konj.: amet, cuidet.

II. Geminiertes t = t: atend, metre, met, tramet donzellet, tuit (tötti), mot (muttum).

III. Kompliciertes t:

1) tl wurde zu cl, jl, dann mouilliertem l in veltat ('vetulitatem), vel, velz; die Mouillierung ist graphisch angedeutet in vell.

2) tr: a) = tr: tramet, traicio, trinitat, baratro; b) = r: repairen (repatriant); c) das ausgefallene t wurde, wenigstens scheinbar, durch i ersetzt[2]) in lairo (latronem), durch e in dereer (de retro); cfr. Bœhmer, Rom. Stud. III, 137.

---

[1]) Chabaneau (l. c. p. 470, Note 6) nimmt Metathesis und „Transformation" des t zu i an: post, pots, pois.

[2]) Über die Auflösung des t(d) zu i vor folgendem r, resp. dessen Ausfall und Ersatz durch i sind die Ansichten verschieden; cfr. Diez, R. Gr.⁴, I, 230, 391. Chabaneau, Gr. Lim., p. 74. Zschr. f. rom. Phil. III, 477 (Nyrop und Sachier); ibid. II, 132 (Bartsch), ibid. V, 317 (Schuchardt).

3) t + stammhaftem oder flexivischem s = z: inz, desoz, molz, menz, trastuz, sedenz, peccaz.

4) nt: a) im Inlaut = nt: entre; b) im Auslaut = nt oder n. Vgl. folgende Tabelle:

t fällt weg	t bleibt
a) In Nominalformen:	
tan (10 ×),	tant (8 ×),
epsamen,	epsament,
joven,	jovent (3 ×),
	torment (2 ×),
	parent (4 ×),
	malament,
	sacrament,
	emendament,
	amendament,
	omnipotent (3 ×),
	gent,
	salvament,
	cant,
	efant,
	cent,
	talant (3 ×),
talen,	talent,
	marriment (2 ×),
	bonament,
	chastiament,
	dolzament,
	forment,
	fermament,
	perfeitament,
	vestiment (2 ×),
	argent,
	evaiment,

mandamen,	vengament,
jutjamen.	alquant,
	quant.

β) **In Verbalformen:**

t fällt	t bleibt
an (6 ×),	ant,
son, sun (19 ×),	sunt (2 ×),
repen,	repent,
faran,	
mesdren.	

Ebenso in allen auf nt auslautenden Konjugationsendungen (ausser den oben erwähnten); solient wurde zu solia geändert.

desment,
tremblant,
semblant.

D.

I. Einfaches d:

A. Im Anlaute: 1) = d: deu, doctor, donc; 2) d + nachfolg. palat. i + Vokal wird dj, und dieses unterliegt dem Palatalisierungsprozess: diurnum — jorn.

B. Im Inlaute: 1) d fällt aus: traicios, evaiment, fiel, evea (neben eveja), vea (videat).

2) d hat sich erhalten in: veder, chaden, trada, crida.

3) d, dem ein palatales i folgte, ergab: a) j in eveja (invidiam); b) v in auvent (audiendo); cfr. Chabaneau, Gr. Lim, p. 76, Note 2 (in Wirklichkeit ist v als Hilfskonsonant zu betrachten, welcher nach Ausfall des intervok. d zur Tilgung des Hiatus eintrat, vgl. frz. pouvoir = *po[t]ēre).

C. Im Auslaute fällt d: fe, degra, a (ebenso in acorren, acupar, aora, ajudar; Ausnahme: ad in adornar).

II. Geminiertes d = d: redra (reddere habet).

III. Kompliciertes d:

1) dr; a) = dr: dreça ('directiat); b) = ir (?): quaira (cadere habet), Teirix (The[o]d[o]ricum); cfr. «tr».; c) = r: quaranta (quadráginta).

2) dt.

In cupiditatem und cupiditare ist e an Stelle des weggefallenen d getreten (= cobectat, cobcetar), wie Bœhmer behauptet, R. St. III, 137.

3) rd = rt: pert.

4) dr = rr: arreuso (ad recusationem).

5) nd.

a) Im Inlaute: α) = nd mandar, amendament; β) nd + palat. i = ng: 'prehendiam — prenga; cfr. Chabaneau, l. l. 253, 2; γ) = nn: annar — 'andare, annam; δ) = n: anava ('andabam), anaven.

b) Im Auslaute =

α) nd:	β) nt:	γ) n:
	grant (6 ×),	gran (7 ×),
	quant (7 ×),	quan (6 ×),
	ent (2 ×),	en (14 ×),
	dunt,	
	encent,	
	prent,	pren (5 ×),
	rent,	
atend,		
desend.		
		chaden,
		dozen,
		deperden,
		acorren,
		ditan,

apesant, dicent, aissent, auvent.	legen, franen, descaptan, reclaman.

Anm.: nd + flex. s = nz: granz.

3. Gutturale.

C.

Über die Aussprache vgl. Corssen, a. a. O. I, 67 ff.
I. Einfaches c:

1. Vor a, o, u.

A. Im Anlaute:

1) = c: corps, cor, contenço, cuida, col; 2) = k: kap (neben cap), k(a)denas; 3) = ch nur vor folgendem a: chaitiveza, chastia, chanut, charcer (neben carcer), chaden, schala (neben scala), chaden; 4) = qu (nur vor folg. a): quandi, quastiazo, quaitiu, quaira.

B. Im Inlaute:

1) = c: cerca (neben cerqua); 2) = g: rangures, signifiga, negu; 3) = j, bzw. (palat.) g in micam — miga und mija, judicare — jutjar, judicamentum — jutjamen, vindicamentum — vengament; cfr. Bœhmer, R. St. III, 139; Chabaneau, Gr. Lim., p. 62, Note 2; 4) = qu in circat — cerqua (neben cerca); 5) = ch (vor a) in ucha (*hucat).

C. Im Auslaut:

1) = c: Teiric, amic; 2) = g: amig, fog, dig; 3) c fällt in nec — ni, hoc — o, sic — si.

2. **Vor e (æ), i.**

A. Im Anlaute = c: celar, cel, ciptaz, circa.

B. Im Inlaute:

1) = c: faciam — faça (neben faza), dicent; 2) = z: fazia, fezist, jazia, dozen, auzil, grezesc; 3) = i: ncienz — nec -- entem.

C. Im Auslaute:

1) = z: facio — faz; fecit — fez, jacet — jaz, relucet — reluz; 2) = s: dicit, dis.

II. Geminiertes c:

1. **Vor a, o, u.**

a) = cc: peccaz, peccador; b) = c: pecaz, acorren; c) = qu: eccu'ille — aquel.

2. **Vor e, i:**

a) = c: ecce ille — cel; b) = z: ecce hoc — zo; c) = iz: ecce hoc — aizo.

III. Kompliciertes c:

1) cl: a) = cl im Anlaute: claus etc.; b) in oc(u)li ergiebt cl mouilliertes l: uel.

2) cr (chr) = cr: creessen, creator, cristians; letzteres findet sich auch mit x (= griech χ) geschrieben: xristia, xristias.

3) ct: a) = ct: doctor; b) = it: gitar (ejectare), ditan (dictando), dreita (directam), noit (noctem; c) in directum — drez, directiat — dreça hat c vielleicht mitgewirkt zur Entstehung des Zischlautes.

4) cs (c + s = x): a) = x: dextra, afix; man merke die sonderbare Orthographie in lucxuria; b) = ss: essemple; c) = is: teiset (*texavit), laisa (laxat), laiset, pais (*pacsit für pascit); d) = s in der Präp. ex: esdevenen, esvanuit.

5) c + flexiv. s: a) = x: Teirix, rix, fox, Grex; b) = gs: amigs.

Anm.: Über die Aussprache des c im „Boethius' s. den 2. Teil, p. 110 ff.

G.

Über die Aussprache vgl. Corssen, a. a. O. I, 96.

I. Einfaches g:

1. Vor a, o, u.

A. Im Anlaute = goernar.

B. Im Inlaute: a) g ist ausgefallen in: rua, nuallor, nuallos, eu (vgl. p. 77); b) in chastia, quastiazo, chastiament ist nach Bœhmer (R. St. III, 138) g in das vorhergehende i »aufgegangen«; c) = j: regalem = rejal.

C. Im Auslaute bleibt g in sang.

2. Vor e, i.

A. Im Anlaute = g: gent, genzor.

B. Im Inlaute = g: largetat, regio, argent.

C. Im Auslaute: a) Scheinbar ist g abgefallen in col — colligit, plan — plangit, fen — fingit, in denen es Mouillierung des n bewirkt hat; b) = i in rei, lei = regem, legem.

II. Kompliciertes g:

1) gr = gr: gran, Grecia, degra.
2) gt = it: cuid — cog(i)to, cuida — cog(i)tat.
3) gs = s: mas — mag(i)s.

Anm.: Über die Aussprache des g im „Boethius' cfr. den 2. Teil, p. 111.

Q.

Über die Aussprache s. bei Corssen, l. c. I, 76.

I. Einfaches q:

1. Vor a, o, u.

A. Im Anlaute: a) = qu: quandius, quant, qual; b) = c in com, cum, cals, cal.

B. Im Inlaute = qu: nonqua, alquant, Torquator.

2. Vor e, i.

A. Im Anlaute: a) = qu: qui, que; b) = ch: chi; c) = k: ki; d) = c: c'ab.

B. Im Auslaute = c: donc — 'donique. Über die Etymologie siehe das Nähere im Glossar.

II. Kompliciertes qu:

1) qu + r: a) = cr: crida = quiritat; b) = gr: segre ('sequ[e]re).

2) qu + s = cs: acsi (aeque sic).

3) qu + flexiv. s = x: antix (antiquos).

II. Verhältnis der provenzalischen Laute zu den lateinischen.

Im folgenden soll angegeben werden, wie die Laute der prov. Wörter sich verhalten zu den Lauten in den latein. Grundwörtern; wo nichts Näheres bemerkt ist, richtet sich die Aussprache der prov. Laute nach den entsprechenden lat. Lauten.

A. Sonore.

1. Vokale und monophthongische Vokalkombinationen.

a.

I. Betontes a =

1) lat. a: a) in offener Silbe: amen, mala, parllam, alegretat, estam; b) in geschlossener Silbe: gran, mas (mansum), apesant, cant.

II. Tonloses a.

1) Vor der Tonsilbe: a) = lat. a: alegretat, nuallor;

b) = lat. æ: acsi (æque sic); c) = lat. e: marce, aquel, almosna, aizo, aqui.

2) Nach der Tonsilbe = lat. a: terra, vita, reclama.

O.

I. Betontes o.

A. Geschlossenes o =:

1) lat. ō,[1]) und zwar: a) in offener Silbe: senor, pro, ora, fello, quastiazo, sermo passio, redemcio, foiso, preiso, Torquator, nuallos, nuallor, Roma, valor, emperador, nom, (nomen), genzor, doctor, donc, dolors, creator, onor, raizo decepcio, regio, contenço, traazo, peccador, plor, sol, com, cobre (cōperit), menzonga, quoras, or (oram), lairo, auzello, arreuso, alçor, color, significacio, traicios, eschalo, baratro, talo, capitoli (der Donatus provincialis [ed. Stengel] führt capdolhs mit o larg an); b) in geschlossener Silbe: nos, no (non), nonqua, blos, ecvos, lor, los, torna, tornen.

2) lat. ŏ in offener Silbe: bo, bos, bon.

3) lat. ū: a) in offener Silbe: jove, so (suum), son, soi, sos, fo, foren, doas, o (ubi), sobre (supra = supera parte); b) in geschlossener Silbe: jorn, desoz (cfr. Donatus pr., p. 58), mot, dolza, sorda, Mallios, fos (fu[i]sset).

4) lat. au = o (aut).

B. Offenes o = lat. o, und zwar:

1) In offener Silbe: omne, om, ome, volg, donz, domna, domne, coms, dolz (dolus), demor (cfr. Bœhmer, R. St., III, 135; Fœrster, R. St. III, 178), mŏror (Bout. und Tegge, l. l. p. 68; Don. prov., p. 61), Torquator (V. 40, s. Bœhmer ibid.), obs, soli, sols, pot, potden, fox, fog.

2) In geschlossener Silbe: o (hŏc), pero, perço, aizo,

---

[1]) Über die Vokalquantität im Lat., namentlich in Positionssilben cfr. Corssen, Über Aussprache etc. des Lat., Fœrster, Über latein. Quantität, Rhein. Museum, Bd. 33, 296 ff.; Bouterwek und Tegge: Die altsprachliche Orthoëpie, Berl. 1878; Marx, Hilfsbüchlein für die Ausspr. der lat. Vok. in positionslangen Sylben. Berl. 1883.

F. Hündgen, Krit. Ausg. d. altprov. Boëthiusliedes.

mort, morz, corps, cor, cors, nostre (nŏster s. Fœrster l. l.; Bout. und Tegge l. l. p. 82 messen nŏster), col, noit, posg, molz (vgl. Don. prov., p. 58)[1]) contra, monten (mŏntem).

II. Tonloses o =
1) lat. o: onor, omnipotent, doctor.
2) lat. u: soste, doptar, polsat, dozen, goernar, sobtil.

u.

I. Betontes u =
1) Lat. u, und zwar: a) = ū in lat. offener Silbe: vertut, rua, ucha, chanut, u, agut; b) ū und ŭ in geschlossener Silbe: dunt, nulz (ne -un -ulus), sun (sunt).
2) Lat. o: a) in geschlossener Silbe in rascundre; b) in offener Silbe in dunc ('donique).

II. Tonloses u =
1) Lat. u: nuallor, pertusat, umilitat.
2) Lat. o: muren.

e.

I. Betontes e.
A. Geschlossenes e =
1) lat. ē: a) in lat. offener Silbe: de, se, me, cre, veder, aver, avem, saber, te (pron.), marce, ser, esper, aparer, k(a)denas, tener, frebla (flēbilis), emperi, fez, presa; b) in geschlossener Silbe: pres, mespres, repres, senz, dreça, drez.
2) lat. ĕ: a) in offener Silbe: bes; der Don. prov. reimt l. l. pag. 50 bes = bonum mit mes (misit), pres; b) in geschlossener Silbe: es (ĕst), das Tir. XII. mit ę reimt; auch im Gir. v. Ross. reimt es mit ę; cfr. Müller, Die Assonanzen im Gir. v. Ross., Frz. Stud. III, 5, p. 33, 36, 38.

---

[1] »Dem prov. molz gibt das Reimwörterbuch geschlossenen Vokal, und entfernt sich damit von dem, was die Troubadours in ihren Reimen zeigten.« Tobler, Zschr. f. rom. Phil. IV, 166.

3) lat. ĕ in offener Silbe: pena.

4) lat. ī: a) in lat. offener Silbe: pel (pīlum), fe (fĭdem), ve (vĭdet), vea, riqueza, chaitiveza, eveja, evea, mena, ses, menz (minus), commencen; b) in lat. geschlossener Silbe: el, aquel, ella, en (prp.), en (inde, Corssen, l. l. II, 86), lendema, entre, eps, epsa, smetessma, medesma, grezesc, eferms, mes ('missit'), mesdren, metre, donzella (Don. prov. l. l. p. 62), fremna, agues, pogues, retegues, creessen, cerca, que, (quid?) fen.

5) lat. ī in geschlossener Silbe in depent (depincti).

B. Offenes e¹) =

1) lat. ĕ: a) in offener Silbe: te (tenet), soste, ve (vĕnit), ven, ves, ten, veng, venc, sostene, retene, esdevenen, esmes, membra, segre, velz, vel, vell, prez (prĕtium); b) in geschlossener Silbe: vers, ne (nec), bel, hec (ecce), terra, pelz, penedenza, sacrament, talent, senestre ('senestrum), jovent, cent, effern, omnipotent, malament, dolzament, fermament, forment, perfeitament, emendament, epsament, semper, jutjamen, mandamen, repent, licencia, sapiencia, et, e (et), essemple, dextra, gent, legen, marriment, bonament, apella, dolent, pert, per, franen, pent, atend, desment, dicent, chaden, redems, dozen, torment, bel, bella, vestiment, donzellet, neienz, argent, ardenz, deperden, vengament, encent, amendament, evaiment, terrestri, acorren, sedenz.

2) lat. æ in offener Silbe: cel, Grecia, Grex.

3) lat. œ in offener Silbe: repent.

Anm. 1: Bezüglich der Aussprache sei bemerkt, dass ę vor nasal. n sich dem a vor nasal. n genähert haben muss; darauf deutet die verschiedene Schreibweise von entre und antre, talent und talant hin; auch im Gir. von Ross. (Bartsch, Chr. prov.⁴, p. 41, V. 11 ff.) reimen: talen, ven, viven; intran, esforsan, Aiglen, gen.

Anm. 2: Die Endung et in der 3. sg. pf. hat ę: In et larg . . . (fenissen), per-

---

¹) cfr. Wiechmann, Die Aussprache des prov. e: Diss. Halle 1881. — Die Diss. behandelt nur die Aussprache des prov. offnen e.

det. vendet ,que fan tu lo preterit perfeit enteiramen sicum li verbe de la prima conjugaço, e si sun elh de la segonda e respondet tendet seguen aquela eissa regla.' Don. prov. l. l. p. 22.

II. Tonloses e.

1) Vor der Tonsilbe = a) lat. i: veder, evea, effern, emperador, emperi, vertut, entre; b) lat. e: pejor, celar; c) lat. œ: penedenza, penet; d) lat. æ: grezesc, preclar; e) vor s impurum ist e euphonisch in escriure, escript, esperan, esper, estam, estant, eschalo, eschala.

2) Nach der Tonsilbe = a) lat. a: sobre, entre, sowie in dem Verbalsuffix ant: tenien, solien, passen, apellaven, laudaven; b) lat. u in dem Verbalsuffix -unt: foren, mesdren, sowie in esmes; sonst fiel die Endung us überall ab; c) lat. o: meler (melior); d) euphonisches e findet sich in gaigre, sempre, aitre, altre, senestre, libre, libres, cobre, diables, nibles, malaptes; e) etymologisch unberechtigt ist e in merite (meritum), das auch aus metrischen Gründen zu verwerfen ist; vgl. die Metrik.

i.

I. Betontes i =
1) lat. i: signifiga, viuri, dia.
2) lat. i + g in chastia; cfr. Bœhmer, R. St. III, 138.
3) lat. i + c in gitar.
4) lat. e in ni (nec), mias, nibles.
II. Tonloses i:
1) Vor der Tonsilbe a) = i: diablez, licencia; b) i + g in chastiament, quastiazo; cfr. Bœhmer, R. St. III, 138; c) euphonisch ist e in damrideu.
2) Nach der Tonsilbe a) = i: Boecis; b) = e in viuri; terrestri.

ai.[1])

I. Betontes ai (der Ton ruht auf a; cfr. Metrik) =

1) lat. ac: faire, fait, laiset, laisa, lai, pais (*pacsit für pascit; cfr. Ten Brink, Klang und Dauer, pag. 14; Chabaneau, Gr. Lim., p. 67).

2) lat. al: aitre.

3) ai ist entstanden durch Attraktion in repairen; estai, vai, sai sind wohl Anbildungen an ai.

4) Deutsches ei in gaigre (weiger).

II. Tonloses ai =

1) lat. ac: laisar.

2) lat. ad (?) (vgl. p. 89, 2) quaira.

3) lat. at (?) (vgl. ibid.) lairo.

4) lat. ap (?) (vgl. p. 88) chaitiveza, quaitiu.[2])

5) lat. ec in aizo.

6) ai entstand durch Attraktion in raizo.

ęi.

I. Betontes ęi (der Ton ruht auf e; vgl. Metrik) =

1) lat. ei: mei.

2) lat. eg: lei, rei.

3) lat. ec: dreita.

4) lat. ē: tei; in lei (pron.) geht ei zurück auf lat. æ, das wie ĕ behandelt wird.

II. Tonloses ęi =

1) lat. ec: teiset, perfeitament.

2) lat. ē: preiso.

3) lat. ed: Teiric.

---

[1]) Die Monophthonge sind im Gegensatz zum Französ. volltönend; cfr. Diez, R. Gr.⁴, I, 391.

[2]) Chabaneau, l. l. p. 83, D., nimmt folgende Übergangsstufen an: p — c — i; cfr. auch R. St. IV, 316.

oi.

I. Betontes ọi (o trägt den Ton; cfr. Metrik)
= lat. ui: soi.

II. Tonloses oi ist entstanden durch Attraktion eines i in foiso (fusionem).

oi.

Betontes oị (der Ton ruht auf o; cfr. Metrik) =
1) lat. ōc: noit.
2) lat. ō + attrahiertem e in poisas = postea.
3) lat. ō beeinflusst durch ein folgendes s in pois (post; cfr. Metrik).

ui.

I. Betontes ui (der Ton ruht auf u; cfr. Metrik) =
1) lat. ui: cui, lui, cellui.
2) lat. o: tuit.
3) lat. og: cuid, cuida.

II. Tonloses ui = lat. og: cuidet.

au.

I. Betontes au (der Ton ruht auf a; cfr. Metrik) =
1) lat. au: aur, causa.
2) lat. a + v vor Kons.: claus.
3) lat. a + gedecktes l: auça.

II. Tonloses au =
1) lat. au: laudaven, auvent, auzil, auzello.
2) lat. a + v vor Kons.: aurien.
3) lat. a + b (v) in aucis (abcisum?).

eu.

Betontes eu (der Ton ruht auf e) =
1) lat. eu: deu.

2) lat. e + l: euz, eu.

3) lat. e + v vor Kons. oder im Auslaut: breu, breus.

4) lat. e + o: eu (e[g]o); s. p. 77.

iu.

Betontes iu (der Ton ruht auf i; cfr. Metrik) =

1) lat. iu: quandius.

2) lat. i + b (v) vor Kons.: escriure, liuras.

3) lat. i + v vor Kons. oder im Auslaut: viuri, vius, quaitiu.

Anm.: Es ist selbstverständlich, dass u in den zuletzt genannten Wörtern vokalisch lautet, sonst würde man es in der Stellung zwischen Vokal und Kons., sowie im Auslaut nicht zu u auflösen, während man es im Anlaute auch graphisch stehen lässt; vgl. auch Diez, R. Gr.⁴, I, 286, 289; Bartsch, Jahrbuch 14, 111.

ue.

Betontes ue (der Ton ruht auf e; cfr. Metrik) =

1) lat. ŏ: uel; cfr. Bœhmer, R. St. III, 137.

2) lat. ui: agues, pogues, retengues.

ee.

I. Betontes ee (der Ton ruht auf dem ersten e; cfr. Metrik) = et (?) (vgl. p. 89): dereer.

II. Tonloses ee = ed (?) (vgl. p. 92): cobeetar, cobeetat.

2. Liquiden.

l.

I. Der linguo-dentale l-Laut.

1) = lat. l, bzw. ll: laiset, luna, salvament, epslor, altre, ultra, donzella, apellaven, al; in lendema ist l der mit dem Subst. verschmolzene Artikel.

2) in Mallios beruht ll auf lat. ll, in parllam auf bl.

II. Der mouillierte l-Laut.

Er ist entstanden aus dem linguo-dentalen l-Laut, dem ein j-Element (= ursprüngliches tonloses lat. i oder c, g) beigefügt wurde. Im Boethius wird er ausgedrückt durch

1) ll = a) lat. l + i in nuallor, nuallos (cfr. Diez, Jahrbuch I, 364), filla; b) lat. t (c) + l in vell.

2) l = a) lat. l + i in melior; b) lat. ll + i in bel, auzel; c) lat. ll + g. col; d) lat. t (c) + l in vel, velz.

3) li = lat. li in soli; cfr. p. 80.

Anm.: Es ist möglich, dass auch in andern Wörtern, wie in el (ille), ella, i (illi), cel, l den mouillierten Laut gehabt hat; wenigstens kommen in anderen Denkmälern Schreibungen wie elh, elha, ilh, celh vor, vergl. Bartsch, Chr. prov.⁴, 427.

r.

Ausprache: Weich ist intervokales und auslautendes einfaches r, sonst ist einfaches sowie geminiertes r hart; cfr. Diez, R. Gr.³, I, 400.

1) r = a) lat. r: rua, res, gran, membra, foren, annar, tradar, onor; b) lat. l in frebla, vielleicht auch in miri = milia. (?)

2) rr = a) lat. rr: terra, acorren; b) lat. d + r: arreuso (ad recusationem).

3. Nasale.

m.

m = lat. m: meler, menam, — exemple, ama, omne, — fam, estam.

n.

I. Der linguo-dentale n-Laut.

1) = lat. n: non, nom, — menam, jovent, menz, — son, bon.

2) in annam ist nn = lat. n + d: 'vandamus.

II. Der mouillierte n-Laut.

Er ist entstanden aus dem linguo-dentalen L-Laute + einem folgenden j-Elemente. Im ‚Boethius' wird derselbe graphisch ausgedrückt durch

1) n = a) lat. n + palat. i in senor; b) lat. n + g in fen, plan, franen.

2) ng = a) lat. n + (d) i in prenga (prehendiam); b) lat. n + c in vengament; c) lat. n + palat. e in menzunga.

Über die Aussprache des g vgl. p. 107.

2. Geräuschlaute.

I. Spiranten.

1. Labiale. A. Labialis fortis **f**.

f = lat. f: fam, fals, fai, cfant, eferms;
ff = lat. nf in effern (infernum).

B. Labialis lenis **v**.

v = 1) lat. v: valor, viuri, veng; jove, salv.
    2) lat. b in dem impf. anava, comtava, apellaven, anaven, laudaven, sowie in avem, aver.
    3) lat. p in savis ('sapios).

2. Dentale.

Die dentale Spirans wird im ‚Boethius' ausgedrückt durch folgende Buchstaben:

1) s: s lautet scharf; weich nur in der Stellung zwischen zwei Vokalen; Diez, R. Gr.⁴, I, 401.

2) ss: geminiertes s lautet wie im Lat.

3) c vor e und i, einigemal vor a und o (vgl. unten):

c hatte vor e und i den scharfen Laut von ss (cfr. Diez, R. Gr.⁴, I, 409).

4) z: z lautete scharf überall, wo es lat. ti (dem noch ein Vokal folgte), lat. c vor e und i repräsentiert, oder an Stelle eines scharfen s steht (cfr. Diez, R. Gr.⁴, I, 407). Demnach haben wir zwei Kategorien von Dentalen:

A. Dentales fortes.

s.

s = 1) lat. s: soste, senor, saber, esperam, estam — chastiament, pensar — fals, cals, pais.

2) Ein paragogisches s haben die Wörter: primas, poisas, quoras, ses, quandius.

Anm.: Vielleicht ist auch pesat mit scharfem s zu sprechen, da sich ausser dieser Form die Formen pensat, pessa und pessar finden; cfr. unter ss.

ss.

ss = 1) lat. ss: passen, passio.
2) lat. sc: aissent.
3) lat. ns: pessa, pessar.
4) lat. ps: smetessma.
5) ss hat seinen Grund in der graphischen Verbindung zweier Wörter: esso = e so; assa = a sa.

z.

z = 1) lat. ti in der Komb. ti + Vokal: chaitiveza, preza, quastiazo, menzunga, penedenza, genzor, traazo, prez.
2) lat. c vor e oder i in auzil, grezesc, donzella, fez, jazia, aizo, zo, jaz, reluz.
3) lat. auslautendes t (bezw. d) + flexiv. bez. stammhaftes s in: palaz, claritaz, alumnaz, onraz, ciptaz, asaz, lainz, peccaz, toz, granz.
4) lat. stammhaftes s in senz, menz.

5) Paragogisches z findet sich in: anz, enanz, neienz.
6) flexiv. s in: donz, velz, anz (annos).

c.

1) vor e oder i = lat. t, bzw. c vor e oder i: cel, celer, marce, traicios, sapiencia, licencia, decepcio, Grecia, Boecis.
2) vor a oder o = lat. t, bez. c vor e oder i in auça, dreça, alçor, perço, contenço, faça (der Kopist schreibt diese Formen ohne Cedille, die man damals noch nicht kannte).

B. Dentalis lenis.

s.

= lat. s: pertusat, preiso, foiso, causa, apesant, laisa, laiset.

3. Palatale (palatales lenes).

j.

j wurde vor allen Vokalen wie sanftes italienisches ǵ gesprochen (Diez, R. Gr.⁴, I, 402; Bœhmer, R. St. III, 138, drückt die Aussprache des j durch dy aus).

j = 1) lat. j: jove, pejor, ja, ajudar, majestat, perjuris.
2) lat. d + palat. i: jorn, eveja (evea).
3) lat. d + c: jutjar, jutjamen.
4) lat. c in mija.
5) lat. g in rejal.

g.

In der Aussprache entspricht g vor e und i dem sanften ital. ǵ (cfr. Diez, R. Gr.⁴, I, 412); ausserdem muss g in den sub 2, 3, 4 folgenden Wörtern palatale Aussprache gehabt haben.

g = 1) lat. g vor e und i: genz, gitar, genzor, regio.

2) lat. d + c: vengament (spr. vendyament, Bœhmer, l. l. III, 138); nfrz. vengeance, afrz. aber vengance geschrieben.

3) lat. c: miga (neben mija), signifiga (spr. signifiya; cfr. Bœhmer, ibid.).

4) lat. d + palat. i: prenga (spr. prendya).

5) lat. palat. c: menzunga (spr. menzundya).

6) deutsch. g: gaigre (gaiyre).

Anm. 1: Die Doppelkonsonanz x. — Aussprache: x ist weich in amix, antix, rix, afix (spr. amiys, antiys etc.); fox lautete wie der obl. fog + s; dextra ist nur latinisierte Schreibung für destra; die scharfe Aussprache wird bezeichnet durch cx in dem m. sav. lucxuria (cfr. Bœhmer, R. St., III, 139). Scharfe Aussprache wird auch wohl in den Fremdwörtern Grex, Teirix anzunehmen sein, letzteres lautet im obl. Teiric.

x = 1) lat. x: dextra, afix; wunderlich ist die Orthographie in lucxuria (ein Pendant zu potden).

2) lat. x + flexiv. s: Teirix, Grex, fox, rix.

3) lat. q + flexiv. s: antix.

Anm. 2: Der Buchstabe h; h ist nur noch graphisch und entspricht

1) lat. h in hom (das nur einmal neben om vorkommt) und in banc (neben anc).

2) h in Jhesu bedeutet nur, dass der y-Laut keinen Vorschlag von d erhalten soll (cfr. Bœhmer, R. St., III, 138).

II. Explosiv-Laute.

1. Labiale. A. Labialis fortis p.

p = 1) lat. p: parllam, pais, parent, superbia, cap, sap.

2) lat. b in malaptes (wenn = male habitus, und nicht = male aptus), doptar.

3) lat. v in ciptaz.

Anm. 1: In schapla, v. 207, ist p getilgt.

Anm. 2: Das p in den Wörtern: malaptes und escript (neben escriure) ist wie u zu sprechen (Bœhmer, R. St., III, 138); vielleicht auch in ciptaz, da lat. v in der Stellung zwischen Vokal i und Konsonanten sonst u ergab; cfr. liuras, viuri, breus, claus, vius.

B. Labialis lenis **b**.

b = 1) lat. b: Boeci, breus, libre, diables.
    2) lat. p: saber, cobre, obs, cobeetar, sobre, aprob, ab;
    3) bresa (v. 14) ist Schreibfehler für presa.
    4) euphonisch ist b in membra, tremblant, semblant.

2. Dentale. A. Dentalis fortis **t**.

Aussprache: Auslautendes t wird nach a, u, i nur noch sanft, nach n gar nicht mehr gesprochen (cfr. Bœhmer, R. St., III, 133, 134).

t = 1) lat. t: tan, tu, terra, atend, parent, polsat, repent, desment.
    2) lat. d: jutjar, jutjamen, dicent, auvent, dunt, ent, grant, estant, quant, pert, pent, prent, encent.
    3) lat. th in Teiric, baratro.

B. Dentalis lenis **d**.

Wie auslautendes t nach n, so wird auch wohl auslautendes d nach n verstummt sein; nd kommt nur vor in atend und desend. Sonst findet sich auslautendes d etwa nur noch in cuid (cogito), wo es wohl gelautet haben wird.

d = 1) lat. d: degra, deu, dia, trada, quandius, atend.
    2) lat. t: penedenza, ardida, kadenas, emperador, peccador, medesma (neben smetessma), cuidet, crida, ajudar, guarda, cuid; man merke die Schreibung potden (neben poden).
    3) Eingeschoben ist d in mesdren (ein Gegenstück zu compenre).

3. Gutturale.

A. Gutturalis fortis k.

Die Schriftzeichen, die der Kopist zum Ausdruck der gutt. fort. anwendet, sind:

1) c vor a, o, u, vor Kons. und im Auslaut; 2) cc vor a; 3) ch vor a und i; 4) x (= griech. χ) in xristia; 5) k vor a und i; 6) qu vor a und e (einmal q vor a in nonq).

c.

c = 1) lat. c: cui, cuid, clamam, creessen, coms, cap, hec, cerca, grezesc.
2) lat. cc in pecaz (neben peccaz).
3) lat. ch in cristians neben xristias.
4) lat. qu in c' (= que), acsi, cal, cals, donc.
5) germanisches k in blanc.
6) In der 3. sg. pf. der starken Konj. beruht c auf Analogiebildung an solche Verba, in denen c stammhaft ist: venc (neben veng), sostenc, retenc.

cc.

cc = lat. cc: peccaz, peccador.

ch.

Aussprache: Der Umstand, dass neben ch auch einfaches c vor folgendem a, sowie k und qu vor a und i gebraucht wird, ist ein Beweis, dass ch den reinen gutturalen k-Laut (also ohne Affrikation) gehabt hat.

ch = 1) lat. c: charceral, charcer (neben carcer), chastiament, chastia (neben quastiazo), chaitiveza (neben quaitiu), chanut, ucha ('hucat), eschala, eschalo, schala (neben scala), chaden (neben quaira).

2) lat. qu: chi (neben qui und ki).

x.

x = lat. ch: xristia, xristias.

k.

k = lat. c: kap (neben cap), ki, kadenas.

qu.

Aussprache: Auch dieser Laut wurde wie reines k (ohne folgendes u) ausgesprochen, wie die graphische Verwechselung mit k und c zeigt (s. das Folgende). Vgl. auch Diez, R. Gr.⁴, I, 409.

qu = 1) lat. qu: quandius, qual (neben cal), quan, quant, quar, que, qui (neben ki und chi).

2) lat. c: quastiazo (neben chastiament), quaitiu (neben chaitiveza), aquel, quaira (neben chaden), quandi, cerqua (neben cerca).

3) germanisches ch (= k): riqueza (richi).

B. Gutturalis lenis g.

Sie wird graphisch ausgedrückt durch g vor a, o, u, vor Kons. und im Auslaute, durch gu in Wörtern deutscher Herkunft vor a, einmal durch blosses g vor a und i (s. unten).

g = 1) lat. g: gran, goernar, degra, longs, sang.

2) lat. c: dig, amig, fog.

3) lat. j (das sich im Auslaut verhärtete) in posg (*possiam).

4) lat. (erweichtes) c: volg, veng, volguist, aguist, agut, retegues, pogues, aig, ag (neben ac).

5) germanisches w in gaigre.

gu.

gu = germanisches w: guaris, guarnit, guarda, reguarda, guisa; nach Bœhmer, R. St., III, 137 «wurde u in diesen Wörtern gesprochen». Diez dagegen (R. Gr.⁴, I, 411) behauptet, es sei stumm; für letzteren spricht auch die Schreibweise gaigre.

Kapitel 4.
Wortbildungslehre.¹)

§ 1.
Die Bildung der Substantiva.

I. Ableitung der Substantiva (mit Hilfe von Suffixen).

1) Subst. vom Subst.:
    a) Suff. c -illus: domina — donzella.
    b) Suff. c -illus + ettus: dominus — donzel — donzellet.

Anm.: Die durch diese beiden Suffixe ursprünglich bewirkte Deminutiv-Bedeutung ist erloschen.

    c) Suff. o, onis: scala — eschalo; talus — talo; barathrum — baratro; auzellus — auzello.

Anm.: Das Suffix o, onis wurde ebenfalls zur Deminution verwandt; doch ist die Deminutiv-Bedeutung bei den drei zuerst genannten Wörtern bereits geschwunden, während sie in dem letzten noch vorhanden ist, aber »weniger das Kleine als das Junge« ausdrückt; vgl. Diez, R. Gr.⁴, II, 344.

    d) Suff. ia: follis — follia; fello — felnia.
    e) Suff. tas — tatis: follis — folledat.

---

¹) Im folgenden sind alle diejenigen Derivativa bzw. Komposita unberücksichtigt geblieben, die bis zum fünften Jahrh. n. Cbr. in der lat. Litteratur vorkommen.

2) Subst. vom Adj.:
   a) Suff. itia: *ricus — riquitia; captivus — chaitiveza
   b) Suff. tas, tatis: vetulus — veltat.
3) Subst. vom Verbum:
   a) Suff. tio, tionis: transdare — traazo.
   b) Suff. mentum: salvare — salvament; marzjan (?) — marriment; *amendare — amendament; emendare — emendament; judicare — jutjamen; mandare — mandamen; vindicare — vengament; *invadire — evaiment.
   c) Suff. i-oneus: mentire — menzunga (= mentitionea; vgl. Glossar).

II. Komposition der Subst. mit Hilfe von Präpositionen.

1) Präp. ad: amendament.
2) Präp. de: degras.
3) Präp. trans: traazo (*transdatio).

§ 2.
Die Bildung der Adjektiva.

I. Ableitung der Adj.

Adj. vom Adj.:
   a) Suff. iscus: græcus — grezesc.
   b) Suff. osus: nugalis — nuallos.
   c) Suff. utus: canus — chanut.

II. Komposition der Adj.

1) Mit Hilfe der Präp.: trans: trastut, trastota.
2) Mit Hilfe des Adv. male: male habitus (aptus) — malaptes.

§ 3.
Die Bildung der Verba.

I. Ableitung der Verba.

1) Verbum vom Subst.:
   Suff. are: cupiditas — cobeetar; ramus — derramen;

mons — monten, montar; *parabola — parllam, parlet; pœna — penet; *rancuria — rangures; tornus (τύρνος) — torna, tornen.

2) Verbum vom Adj.:

 a) Suff. are: vilis — avil; altus — auça.

Anm.. Das letzte Verbum ist gebildet mit Hilfe des Ableitungsvokales i, wohl beeinflusst durch den Komp. altiorem, wie dreça (s. unten) durch das Subst. directio.

 b) Suff. ire: *mos (?) — amosit (s. Glossar).

3) Verbum vom Verbum (part. perf.):

 Suff. are (Ableitungsvokal i): directus — dreça; pertusus — pertusat (»eine mit i bewirkte Ableitung«, Diez, E. W.¹, p. 243).

II. Komposition der Verba.

1) Mit Hilfe von Präp.:

 a) Präp. ad: culpa — aculpar; vilis — avilar; lumen — alumnaz; *mos? — amosit.

 b) Präp. cum: initiare — conmencen.

 c) Präp. dis: facere — desfar (vgl. desjonher = disjungere, destrics = districtus; s. auch Diez, R. Gr.⁴, II, 423); ramus — derramen; *mentire — desment; captare — descaptan.

 d) Präp. ex: devenire — esdevenen.

 e) Präp. re: abscondere — rascundre; *guardare — reguarda; pœnitet — repent.

 f) Präp. trans: dare — trada, tradar.

2) Mit Hilfe von Adv.:

 a) Adv. foris: facere — forfai, forfaiz.

 b) Adv. minus: prehendere — mespres.

§ 4.
Die Bildung der Pronomina.
Komposition derselben.

1) Mit Hilfe von Adv.:
   a) Adv. ecce + ille — cel, cil; ecce + hoc — zo, ço, aizo.
   b) Adv. eccum + ille — aquel.
   c) Adv. nec + unus — negus, negu.
   d) Adv. ipsum: illæ [?] + ips(um): leis (s. Glossar).
2) Mit Hilfe von Pron.:
   a) Pron. quisque? + unus — quascus.
   b) Pron. cel (ecce + ille) + lui (cui) — cellui.

§ 5.
Die Bildung der Adverbia.
Komposition derselben.

1) Mit Hilfe von Adv.:
   a) eccum + ibi — aqui.
   b) illac + intus — lainz.
   c) tot(um) + dies — totdias.
   [d) nec + entem — neienz.]
2) Mit Hilfe von Präp.:
   a) Präp. ad: prope — aprob; vallem — aval; recusationem — arreuso; satis — asaz.
   b) Präp. de: subtus — desoz; retro — dereer.
   c) Präp. in: ante — enanz.
3) Mit Hilfe des Pron.:
   ipse: hora — epslor (ipsa illa hora).
4) Mit Hilfe der Konj.:
   quod?: hora — quora, quoras (s. Glossar).
5) Mit Hilfe des Ablativs mente entstehen in Verbindung

mit Adj. folgende Adv.: bonament, dolzament, epsament, fermament, forment, malament, perfeitament.

Anm.: Adverbiale Verbindungen sind folgende: a ora, a l'ora, en epsa l'ora, tota ora, qual oras, al ma, lo be ma, al ser, de joven, en dies, a toz dias, tota dia, trastota dia, ni noit ni dia, miga (mija) no, no — que, mija nonqua, gens no, ges no, de tot, a guisa de, per aqui.

§ 6.
Die Bildung der Präpositionen.

Bildung derselben durch Komposition einer Präposition mit einer andern Präpos. bzw. mit einem Adv.

1) Präp. ad: prope — aprob (vgl. § 5, 2a).
2) Präp. de + ab: ante — davan.
3) Präp. de + Adv. inde: ante — denant.

Anm.: Ausserdem sind hier noch zu erwähnen die präpositionalen Wendungen de part und a obs.

§ 7.
Die Bildung der Konjunktionen.
Komposition derselben.

1) Einfache Konjunktionen.
   Wir haben es hier nur mit einer Neubildung zu thun, die entstanden ist aus der Verbindung:
   Präp. per + hoc: pero.
2) Konjunktionale Ausdrücke werden gebildet:
   a) mit Hilfe der Präp. per aus dem provenzalischen neutralen Dem.-Pron.: perzo, per ço, per aizo.
   b) mit Hilfe der Konj. quod (?) aus den prov. adverbialen Verbindungen: quora que, quoras que, quandius que, per pur tan que.
   c) zu merken sind noch folgende conjunktionale Wendungen: qual oras; tan quan; acsi — cum; si cum — si.

Kapitel 5.

Flexions-Lehre.

Erster Abschnitt.

Die keiner Beugung fähigen Wortklassen.[1]

I. Präpositionen.

a, ab, antre, contra, de, e, en, in, entre, per, ses, sobre, ultra, vers.

II. Konjunktionen.

A. Primitive Konjunktionen: e, et (&), ne, ni, ni — ni, o — o, que (qu', c') quan (quant).

B. Konjunktionen, die ursprünglich Präp. waren: anz.

C. Konjunktionen, die urspr. Adv. waren: mas, si (sic).

D. Konjunktionen, die entstanden. sind aus dem Ablativ: com, cum (quomodo?), quar.

III. Adverbia.

A. Primitive Adverbia: donc, dunc, en, ent, hec, inz, ja, no, non, nonqua, quandius, sempre, si, ta, poisas.

B. Adverbia, die ursprünglich Präp. waren: pois.

---

[1] Hier sind nur die der Muttersprache entlehnten Partikeln aufgeführt. Über die Neubildungen vgl. das vorhergehende Kapitel.

C. Adverbia, die ursprünglich Nominalformen waren:
1) Adv., entstanden aus ursprüngl. Subst.-Kasus: trop, dia, miga (mija), noit, quar.
2) Adv., entstanden aus ursprüngl. Adj.-Kasus:
    α) aus dem acc. neutr. sg.: fort, menz, molt, plus, tan (tant), tot;
    β) aus dem abl.: be (ben), mal, lai (= illac sc. parte), primas (= prima sc. hora), bona (sc. hora).

Anm.: Hierher gehören auch gens und hanc (anc), über deren Ursprung noch keine völlige Klarheit herrscht (s. Glossar), sowie das aus dem Ahdsch. herrührende gaigre.

Zweiter Abschnitt.
Die der Beugung fähigen Wortklassen.
A. Die der Deklination fähigen Worte.
I. Das Substantiv.

§ 1. Das Geschlecht der Substantiva.

Im allgemeinen haben die lat. masc. und fem. ihr Genus beibehalten; die lat. neutra wurden zu masc.

Ausnahmen.

1) Der Übertritt vom masc. zu fem. hat stattgefunden bei folgenden Wörtern: amor, color, dolors, onor, onors, valor; carcer, charcer, carcers, fis. dia ist im Plur. masc. geblieben, im Sing. ist es fem. V. 79, 118, während es V. 60 als masc. gebraucht ist (s. Glossar).
2) Der Übergang vom fem. zum masc. ist bei vier Wörtern zu beobachten: or, jovent,[1] auzil (aucillæ), ma; doch findet sich letzteres V. 246 auch als fem.

---

[1] Dass jovent masc. ist, kann zwar aus »Boethius« nicht bewiesen werden, wohl aber aus anderen Denkmälern; vgl. Bartsch, Chr. prov.⁴, 373, 23: e son jhoven.

Anm.: Die subst. Adverbia und Verbalformen sind masc. gen.: be, bes, ma, pro, lendema; aver, avers, saber, pessar; mes, pesat; semblant.

3) Von der Regel, dass die lat. neutra zu masc. werden, ist ausgenommen mar (ultra la mar).

§ 2. Deklinationswechsel.

Es traten über:
1) aus der lat. 1. Dekl.:
   a) zur 2. Dekl. (I^b vgl. unten): auzil, satan, or;
   b) zur 3. Dekl. (I^c) nibles; vgl. Diez, Altrom. Sprachdenkm., p. 61);
2) aus der lat. 3. Dekl.:
   a) zur 1. Dekl. (I^a): cosdumna;
   b) zur 2. Dekl. (I^b): auzello, breu, breus, cap, coms, corps, cors, cor, eschalo, jovent, kap, nom, obs, om, par, parent, reis, semblant, sermo, talo, temporal;
3) aus der lat. 4. Dekl.:
   a) zur 2. Dekl. (I^b): degra, degras, mas, ma, sens, vis;
   b) zur 3. Dekl. (I^c): ma, vertut. Da die I^b Dekl. sonst keine Feminina aufweist, so sind wir berechtigt, das Subst. ma, das sich V. 246 als fem. findet, zur I^c-Dekl. zu rechnen, während es als masc. (V. 256) zur I^b-Dekl. gehört;
4) aus der lat. 5. Dekl.:
   a) zur 1. Dekl. (I^a): dia, dias;
   b) zur 3. Dekl. (I^c): fe, re, res, ren.

§ 3. Deklination der Substantiva.

Wir unterscheiden zwei Deklinationen: Die eine umfasst die Subst. mit festem Accent, die andere die Subst. mit beweglichem Accent. Erstere zerfällt wieder in drei Unterdeklinationen.

Erste Unterdeklination (Ia).

Sing. c. rect. ʻdonzella, anma,	Pl. c. rect. ʻdonzellas, musas.
c. obl. donzella.	c. obl. ʻdonzellas, liuras.

Zu dieser Deklination gehören folg. Subst.:

Sing. c. rect.: anma, domna, filla; — **c. obl.**: almosna, arma, avaricia, dia, causa, chaitiveza, cosdumna, donzella, evea, eveja, felnia, follia, fremna, guisa, Grecia, justicia, licencia, lucxuria, luna, menzunga, ora, pena, penedenza, riqueza, Roma, sapiencia, scala, schala, superbia, terra, tristicia, vita.

Pl. c. rect.: musas? — **c. obl.**: dias, liuras, kadenas.

Anm.: Sämmtliche Subst. der Ia-Deklination gehören dem gen. fem. an (mit Ausnahme von dia, cfr. § 1, 1) und gründen sich auf Subst. der lat. 1. Dekl. (Ausn. § 2, 2a, 4a).

Zweite Unterdeklination (Ib).

Vorbemerkung: Gegen[1]) die gewöhnliche Ansicht, dass der nom. sing. der 2. prov. (und altfrz.) Dekl. auf den nom. sg. der 2. und 4. lat. Dekl. zurückzuführen ist, spricht die Thatsache, dass nach dem Zeugnisse der lat. Grammatiker das nom. -s in der Volkssprache ebensowenig gesprochen worden ist, wie das -m des acc., sodass also schon in den letzten Jahren der Republik nom. und acc. in der Volkssprache identisch waren (vgl. Corssen, l. c. I, 294). Rührt das s im nom. der prov.-franz. Dekl. also nicht vom Lat. her, so muss es eine Neubildung der prov.-frz. Sprache sein. Dafür spricht auch der Umstand, dass in den ältesten Denkmälern der frz.-prov. Spr. (das Boethiuslied bildet eine Ausnahme) der nom. und acc. oft durch einander geworfen wird, sodass wir oft den nom. ohne s, den acc. mit s finden. Dies Schwanken beruht nun zum Teil auf der Flüchtigkeit der Schreiber, zum Teil aber auch auf der Unsicherheit der Sprache. Woher kommt denn das s? Burguy führt es auf keltischen

---

[1]) Ich spreche im folgenden nur die Ansicht von Herrn Prof. Dr. Körting aus, wie sie derselbe in der Vorlesung vom 23. November 1882 vorgetragen hat. Eine nähere Begründung seiner Ansicht gedenkt Körting demnächst selbst zu veröffentlichen.

Einfluss zurück, während Körting darin Anlehnung an den Nominativ der germ. a-Dekl. (dags etc.) erblickt (unter Hinweis darauf, dass das Nominativ-s nur im Französ. und Prov. sich findet, also in denjenigen rom. Sprachen, welche am stärksten vom germanischen Einflusse berührt worden sind. — Mit Berücksichtigung dieser Theorie stellen wir folgende Gleichungen auf:

Sing. c. rect. amic[us] = amigs,   Plur. c. rect. amic[i] = amic,
    c. obl. amic[um] = amic.   c. obl. amic[o]s = amigs.

Im «Boethius» kommen folgende zu dieser Dekl. gehörenden Subst. vor:

Sing. c. rect.: avers, bes, Boecis, cristians, christias, coms, deus, dols, Mallios, reis. — **c. obl.**: afan, amendament, argent, aur, aver, baratro, be, Bocci, breu, cant, cap, capitoli, cel, chastiament, christia, cor, deu, damrideu, di, effern, emendament, emperi, eschalo, essemple, evaiment, fil, fog, Jhesu, jorn, jovent, jutjamen, kap, lendema, ma (manus), ma (mane), mal, Mallio, mandamen, marriment, masant, merit, mot, nom, or, pei, tei, pel, perjuri, pesat, pessar, rei, saber, sacrament, salvament, semblant, ser, sermo, sperit, talen, talo, Teiric, torment, vengament, vestiment.

Plur. c. rect.: auzil, auzello, degra, donzellet, eschalo, drap, par, parent, satan, talant, uel. — **c. obl.**: breus, cors, degras, dis, dols, perjuris.

Anm. 1: Lautet der Stamm auf muta c. liqu. aus, so wird aus euphonischen Gründen ein e nachgeschlagen: Sg. c. rect.: diables, libres; c. obl.: libre, essemple; bei merite ist e unorganisch.

Anm. 2: Verhältnis des flex. s zum Stammauslaute:
   a) Geht der Stamm auf c aus, so verbindet sich dieses c mit dem folgenden s zur Doppelkonsonanz x: fox, Teirix, Grex (dagegen hat sich auslaut. c erweicht in amigs).
   b) Geht der Stamm auf t aus, so entsteht aus der Verbindung t + s ein z: drez, pecaz, peccaz.

Anm. 3: Statt flex. s tritt nach Nasal z ein in anz, donz.

Anm. 4: Dass die auf indiff. n auslautenden Wörter das flex. s auch an die n-lose Form hängen können, wurde bereits p. 84 erwähnt.

Anm. 5: Über den Ausfall von auslautender dentaler Explosiva nach Nasal vgl. p. 90.

Anm. 6: Der Vokativ domine pater ist Latinismus.

Anm. 7: Das Subst. om wird folgendermassen declinirt:

Sg. c. rect.: om, | Pl. c. rect.: omne.
c. obl.: ome. | c. obl. omes, omnes.

Anm. 8: **Indeklinabilia.** Subst., deren Stamm bereits auf s, x oder sibil. ti auslautet, sind der Flexion nicht fähig; hierher gehören: afix, corps, mas, mes, obs, palaz, paradis, prez, senz, somsis, vis.

Anm. 9: Die zu dieser Dekl. gehörenden Subst. sind sämmtlich gen. masc., und beruhen (mit wenigen Ausnahmen, wie echalo, sermo u. a., vgl. oben § 2, 26) auf Subst. auf us, er, um der lat. 2. Dekl. (vgl. auch § 2, 1a, 2b, 3a und § 1).

Dritte Unterdeklination (Ic).

a) Wörter, die im Lat. festen Accent haben:

Sg. c. rect.: *leis. | Pl. c. rect.: *leis.
c. obl.: lei. | c. obl.: leis (leges).

Ebenso werden dekliniert:

Sing. c. rect: nibles, morz, pelz; — **c. obl.:** fis, fe, charzer, carcer, ma, noit, gent, mar. — **Pl. c. rect.** fehlt; **c. obl.:** claus, carcers. — Res hat im obl. ren und re.

b) Wörter, die im Lat. beweglichen Accent haben:

1) Wörter, die sich gründen auf lat. Impar. auf o, onis: **Sg. c. rect.:** dolors, onors; — **c. obl.:** amor, color, onor, **valor.**

Anm.: Das s im cas. rect. ist dem Einflusse der Ib-Dekl. auf die Ic-Dekl. zuzuschreiben.

2) Wörter, die sich gründen auf lat. Impar. auf o, onis: **Sg. c. rect.:** vac.; — **c. obl.:** preso, preiso, quastiazo, decepcio, redemcio, raizo, razo, foiso, regio, significacio, traazo. — **Pl. c. obl.:** traicios.

3) Wörter, die sich gründen auf lat. Impar. auf tas, tatis: **Sg. c. rect.:** claritaz; — **c. obl.:** alegretat, castitat, co-

beetat, fceltat, folledat, largetat, majestat, trinitat, umilitat, veltat. — Pl. c. obl.: ciptaz.

4) Ein Wort, das sich gründet auf ein lat. Impar. auf tus, tutis: vertut.

5) Ein Wort, das sich gründet auf ein lat. Impar. auf es -edis: marce.

Anm. 1: Ohne Ausnahme gehören die Subst. der Ic-Dekl. dem gen. fem. an. — Die Ic-Dekl. umfasst fem. sowie zu fem. gewordene masc. der dritten lat. Dekl. (vgl. § 1, 1), ferner die § 2 sub 3 b und 4 b aufgeführten Wörter.

Anm. 2: Auslaut. t wird in Verbindung mit flexiv. s zu z: claritaz, ciptaz. In diesen Wörtern beruht der zweite Bestandteil der Doppelkonsonanz z, nämlich s, im Nom. Sg. auf Analogiebildung nach der Ib-Dekl. — Flexivisches s wird durch z ersetzt in pelz, morz.

Anm. 3: Der Vokativ ist seiner Form nach gleich dem Nom., wie uns mor: (V. 130) beweist.

Zweite Hauptdeklination.

Unser Denkmal weist nur wenige Subst. auf, die sich dieser Dekl. anschliessen:

1) Wörter, die sich gründen auf lat. Subst. auf tor, toris: Sg. c. obl.: creator, doctor, emperador; Pl. c. rect.: peccador.

2) Wörter, die sich gründen auf lat. Subst. auf o, onis: Sg. c. obl.: lairo; Pl. c. rect.: fello.

3) Ein Wort, das sich gründet auf ein lat. Subst. auf or, oris: senor (sg. obl.).

4) Ein Wort, das sich gründet auf ein lat. Subst. auf ns, ntis: efant (sg. obl.).

Anm. 1: Die Subst. dieser Dekl. sind alle masc. und drücken persönliche Begriffe aus.

Anm. 2: Nach Analogie der Ib-Dekl. fehlt das flex. s im rect. pl. bei den Subst. fello, peccador.

Anm. 3: Der Eigenname Torquator hat diese Form im c. rect und im c. obl., obschon man im ersteren Falle Torquaire erwarten müsste.

II. Das Adjektiv.

§ 4. Adjektiva, die für das masc. und fem. eine besondere Endung haben.

Wir unterscheiden:

1) Adj., deren Masc. auf flex. s und deren fem. auf a endigt. Die Deklination richtet sich im masc. nach der Ib-, im fem. nach der Ia-Dekl. der Subst.

a) Masculina:

Sg. c. rect.: bos, velz, rix; — c. obl.: bon, bo (neutral), chanut, senestre. — Pl. c. rect.: bel, blanc, bo, bon, mal, preclar, quaitiu, salv, sant, vel, vell; — c. obl.: antix, bos, longs, molz, menuz, vius.

b) Feminina:

Sg. c. rect.: bella; — c. obl.: bona, dextra, dreita, frebla, ferma, mala, paterna, sancta, sorda, dolza(ment), ferma(ment), perfeita(ment). Pl. ohne Belege.

Anm. 1: Auslautendes c wird in Verbindung mit flexiv. s zu x: rix, antix; auslautendes t + s = z: molz, menuz; z an Stelle von flex. s findet sich in velz.

2) Adj., deren masc. keine Endung hat, während das fem. auf a ausgeht. Hier sind nur zwei Adj. zu nennen: Sg. m. c. rect. nuallos; c. obl. fals.

Anm. 2: Die Adj. dieser Klasse gehen zurück auf lat. Adj. auf us, a, um, ausgenommen frebla und dolza, die sich auf lat. Adj. auf is gründen.

Anm. 3: Wie die Adj. zweier Endung werden auch die Part. Prät. dekliniert; sie mögen hier aufgeführt werden:
   a) Zur ersten Klasse gehören: **masc. sg. c. rect.**: alumnaz, forfaiz, morz, onraz, visitaz; vgl. Anm. 1; — c. obl.: cadegut, esvanuit, fait, mort, perdut, veut. — Pl. c. rect.: amosit, bastit, guarnit, fait, quandi (s. Glossar).
   b) Zur zweiten Klasse: **masc. sg. c. rect.**: pres, mespres, repres. **Fem. sg. c. obl.**: presa.

§ 5. **Adjektiva, die für das masc. und fem. nur eine Endung haben.**

Diese Adjektiva werden dekliniert im Masc. wie die Subst. der Ib-Dekl., im Fem. wie die der Ic-Dekl.[1])

Folgende Adj. gehören dieser Klasse an:

Sg. c. rect.: blos (masc.), granz (fem., gebess. aus gran), granz (fem.), joves (masc.). — c. obl.: charceral (fem.), corporal (fem.), fiel (masc.), gran (masc., fem.), pro (masc.), rejal (masc.), sobtil (masc.), temporal (neutral), terrestri (fem.), for(ment). — Pl. c. rect.: jove (masc.). — c. obl.: granz (fem).

Anm. 1: Auslaut d + flex. s = z: granz.

Anm. 2: Die provenz. Adj. einer Endung haben ihre Etyma in den lat. Adj. auf is, e.

Anm. 3: Die l'art. Präs. richten sich in ihrer Deklination nach den zu dieser Klasse gehörenden Adj. Sg. c. rect.: ardenz (masc.), sedenz (fem.) — c. obl.: dolent (masc.), tremblant (masc.).

§ 6. Komparation der Adjektiva.

1. Der Komparativ.

Unser Denkmal weist nur organische Komparative auf, nämlich: alçor, genzor, nuallor, pejor, meler; substant. sind: senor, plus; adverbial: menz.

Anm. 1: Über meler, das in Verbindung mit dem bestimmten Artikel der Bedeutung nach Superlativ ist, vgl. die Syntax, p. 142.

Anm. 2: Die Komp. werden dekliniert wie die Subst. der II-Dekl.

2. Der Superlativ

findet sich im «Boethius» nur umschrieben und zwar mittelst folgender Adverbia:

a) asaz (petitas fai asaz); b) be (be bo merit l'en rent);

---

[1]) Volkmann drückt sich nicht genau aus, wenn er sagt (Herrig's Archiv, 14, 238): Die Flexion der Adjektiva ohne «Abbeugung» sei die von cortz, also die der Ic-Dekl.; dann müsste das masc. im nom. pl. ein s. enthalten, was aber nur beim fem. eintritt, cfr. Diez, R. Gr.⁴, II, 72; Bartsch, Chr. prov.⁴, 429.

c) molt (onor molt grant, coms molt onraz, molt gran amor);
d) per (molt per foren de bon); e) tras (trastut, trastuz, trastota); f) trop (trop nuallos).

III. Das Numeral.

§ 7.

Die Zahlwörter sind im »Boethius« nur durch sechs Cardinalia vertreten: us, doas, quaranta, cent, mil, miri.

Anm. 1: Von us, das zugleich den unbestimmten Artikel vertritt, kommen folgende Formen vor: **masc. sg. c. rect.**: us; — c. obl.: u; — **fem. sg. c. obl.**: una. — doas ist obl. pl. fem.

Anm. 2: quaranta bezeichnet eine sehr hohe Zahl (vgl. Diez, Altr. Sprachd., p. 64), wie das lat. sexcenti, das griech. μύριοι; vgl. p. 17 Anm. zu V. 165.

IV. Das Pronomen.

§ 8. Die Personal-Pronomina.

I. Formen die in Verbindung mit dem Verbum gebraucht werden.

1) Erste Person:

Sing. *Nom.*: eu (dunt eu dig).[1]
    Dat.: m (ne no lam volguist laisar).
    Acc.: a) volle Form: me (me van aissent).
          b) enklitische Form: m (e tem fiav'eu).
Plur. *Nom.*: nos (nos estam).
    Dat.: nos (no nos membra).
    Acc.: nos (nos soste).

2) Zweite Person:

Sing. *Nom.*: tu (tum fezist star).
    Acc.: t (enklitisch: not servii be).
Plur. *vacat*.

---

[1] Diez und Bartsch stellen die Nom.-Formen der Pers.-Pron. bei den Pron. absolus auf. Der Umstand, dass diese Formen im »Boethius« entweder gar nicht oder nur sehr selten ausserhalb der Verbindung mit dem Verb. vorkommen, hat Veranlassung gegeben, dieselben hier aufzuführen.

3) **Dritte Person:**

a) Masc.: Sing. *Nom.*: 1) el (el eral meler).
   2) eu (eu lo chastia).
   Dat.: 1) volle Form: li (cil li faliren).
   2) enklit. Form: l (res nol rema).
   Dat.: 3) prokl. Form: l' (qui l'estan apesant).
   Acc.: 1) volle Form: lo (qui lo soste).
      lui (qui lui laudaven).
   2) enklit. F.: l (de tot l'emperil tenien).
      ll (sill mena malament).
   3) proklit. F.: l' (l'om l'a al ma).
   Plur. *Nom.:* il (il sun ta bel).
   Dat.: lor (eu lor redra Roma).
   Acc.: 1) volle Form: los (los prent).
   2) enkl. F.: lz (silz fez metre e preso).

b) Fem.: Sing. *Nom.:* ella (ella nol pren).
   Dat.: l (enklit.: sil forfez).
   Acc.: 1) volle Form: la (nonqua la te).
   2) prokl. Form: l' (dis que l'a presa).
   Plur. ohne Belege.

c) Neutr. Sing. *c. obl.:* o (nos o avem veut).

Anm.: Der gen. sing. und pl. des Pron. der dritten Person wird ersetzt durch das Adv. en, vgl. die Syntax.

4) **Das Reflexiv-Pronomen se:**

Masc. und Fem.

Sing. *Dat.:* 1) volle Form: se (ella se fez).
   si (quascus om si fai lo so degra).
   2) enkl. Form: s (sis trada son parent).
   3) prokl. Form: s' (s'en a lo corps aucis; no s'es acsi; hier ist se neutral!).
   Acc.: 1) volle Form: se (quant se reguarda).
   2) enklit. Form: s (petitas fai asaz).
   3) proklit. Form s' (cuidet s'en salvar).

Plur. *Dat.:* 1) volle Form: se (en epsa l'ora se sun d'altra color).

2) enklit. Form: s (sis foren soi parent).

Acc.: 1) volle Form: se (qui se fien e trinitat).

2) proklit. Form: s' (alquant s'en tornen).

5) Das Personal-Pronomen der dritten Person als bestimmter Artikel:

a) Masc.

Sing. *c. rect.:* 1) volle Form: lo (lo reis).

2) enkl. Form: l (el eral meler).

3) prokl. Form: l' (l'om, l'us).

c. obl.: 1) volle Form: lo (lo rei).

2) enkl. Form: l (cobrel jorn).

3) prokl. Form: l' (l'emperi).

Plur. *c. rect.:* 1) volle Form: li (li satan).

2) prokl. Form: l' (l'eschalo).

c. obl.: 1) volle Form: los (los savis omes).

2) enklit. Form: lz (kilz [gebess. aus kil] morz a in jutjamen).

Anm. 1: Der Gen. und Dat. wird umschrieben durch die Präp. de bzw. a in Verbindung mit dem c. obl.: del, de l'; al, a l'.

Anm. 2: Aus der Verbindung en + lo oder los entstehen die Formen el bzw. euz: el vestiment, euz dis antix.

b) Fem.

Sing. *c. rect.:* la (la domna).

c. obl.: 1) volle Form: la (ultra la mar).

2) prokl. Form: l' (met l'arma).

Plur. *c. rect. (?):* las (las mias musas).

c. obl.: las (ella ten las claus, e las carcers).

Anm.: Der Gen. und Dat. wird ersetzt durch de bzw. a + c. obl.: de la, de l'; a la, a l'.

II. Formen, die ausserhalb der Verbindung mit dem Verbum gebraucht werden.

1) **Erste Person:**

Sing. *c. rect.:* —
    c. obl.: me (a me quar no ves?).
Plur. *c. rect.:* nos (nos jove omne).
    c. obl.: nos (entre nos).

2) **Zweite Person:**

Sing. *c. rect.:* —
    c. obl.: te (e tem fiav' eu tant).
Plur. *c. rect.:* —
    dat.: vos (in Verbindung mit ecce: ecvos).

3) **Dritte Person:**

    a) Masc.

Sing. *c. rect.:* —
    c. obl.: lui (per lui aurien trastut redemcio).
Plur. —

    b) Fem.

Sing. *c. rect.:* —
    c. obl.: lei (qui amor ab lei pren).
    leis (qui e leis se fia).
Plur. *c. rect.:* —
    c. obl.: ellas (antr' ellas doas).

§ 9. Die Possessiv-Pronomina.

1) **Erste Person:**

    a) Masc.

Plur. *c. rect.:* mei (tuit mei talant).
Sing. *c. obl.:* nostre (nostre creator).

    b) Fem.

Sing. *c. obl.:* mi' (= mia: la mi' amor).
Plur. *c. rect.* (?): mias (las mias musas).

2) **Zweite Person:** ohne Belege.

3) **Dritte Person**: sos, sa; lor.

    a) **sos, sa.** *a)* Masc. sos.

Sing. *c. rect.*: sos (sos afix).

    c. obl.: son (son parent).

        so (so talen).

Anm.: e + so = esso: esso gran marriment.

Plur. *c. rect.*: soi (soi parent).

    c. obl.: sos (sos amigs).

    β) Fem. sa.

Sing. *c. rect.*: s' (s'onor, s'anma).

    c. obl.: 1) volle Form: sa (sa razo).

        2) prokl. Form: s' (s'onor).

Plur. —

    γ) Einem neutralen Poss. begegnen wir V. 139: miga del so.

    b) **lor.** — Masc.

Sing. *c. rect.*: —

    c. obl.: lor (lor cant).

Plur. *c. rect.*: —

    c. obl.: lor (lor peccaz).

Anm.: Die Poss.-Pron. sind mit Ausnahme des neutr. so nur adjektiv. gebraucht.

§ 10. Die Demonstrativ-Pronomina.

1) cel: masc. sg. *c. rect.*: cel (cel non es bos).

    c. obl.: —

    pl. *c. rect.*: cil (cil qui poden).

    c. obl.: —

2) cellui ist masc. sg. *dat.*: (cellui vai be).

3) aquel: masc. sg. *c. rect.*: aquel (aquel qui l'a, toz aquel libres).

    c. obl.: aquel (ab aquel fog).

Anm.: cel und cellui stehen nur subst., aquel subst. und adj.; s. d. Syntax.

4) Das neutrale zo: Sg. c. rect.: zo (zo signifiga).
c. obl.: a) zo (que zo esperen)
b) ço (per ço).
c) aizo (per aizo).
Pl. c. rect.: zo (zo sun 'tuit omne).

§ 11. Die Relativ-Pronomina.

qui.

a) Masc.

Sing. Nom. 1) qui (qui nos pais).
2) chi (chi nos redems).
3) ki (kilz morz ... a in jutjamen).
4) que (que a frebla scalas te).
Gen. cui (e cui marce tuit peccador estant).
Dat. —
Acc. 1) volle Form: que (que l'om fai).
2) proklitische Form: qu' (qu'a fait).
3) cui (cui tan amet).

Anm.: Der Gen. wird auch durch dunt ersetzt: dunt eu dig.

Plur. c. rect.: qui (qui lui laudaven).
c. obl.: 1) volle Form: que (que la domna vestit).
2) prokl. Form: qu' (qu'el soli' adornar).

b) Fem.

Sing. c. rect.: qui (la vita qui en terr'es).
c. obl.: que (de la justicia que grant aig a mandar).
Plur. c. rect.: qui (musas qui ant perdut lor cant).
c. obl.: —

Anm.: qui ist nur Subst.

§ 12. Die Interrogativ-Pronomina.

1) Das neutrale que findet sich zwei Mal: V. 216 de que sun li degra?, V. 89 non ai que prenga.

2) cals, quals.

a) Masc.

Sing. c. rect.: quals (e quals es l'om).
Plur. c. rect.: cal (cal sun li auzil).

b) Fem.

Sing. c. rect.: cals (cals es la schala).
c. obl.: cal (cal an li auzil significacio).

Anm.: cals ist sowohl Subst. als Adj.

§ 13. Die unbestimmten Pronomina.

I. Pronomina, die die Funktion eines Subst. haben.

1) al *(neutral, obl. sg.)*: al no fara ja.
2) alquant *(mascl. c. rect. pl.)*: alquant s'en tornen.
3) medesma *(fem. rect. sg.)*: ella medesma teiset so vestiment.
4) om: om per veltat non a lo pel chanut.
   l'om: l'om ve u ome quaitiu.
5) que que *(neutral rect. sg.)*: que quel corps faça.
6) res *(fem. rect. sg.)*: res nol rema;
   ren ⎫
   re ⎭ *(fem. obl. sg.)* ⎰ per ren;
                           ⎱ ne no posg re donar.
7) tant *(neutral, obl. sg.)*: tant en retenc.
8) tan ⎫ *(neutral, obl. sg.)*: el a ne tan ne quant = gar
9) quant ⎭ nichts.
10) smetessma *(fem. rect. sg.)*: ella smetessma ten claus.

II. Pronomina, die die Funktion eines Adjektivs haben.

1) eps *(masc. rect. pl.)*: eps li omne. — epsa *(fem. obl. sg.)*: en epsa l'ora, epsa(ment).
2) negus *(m. rect. sg.)*: negus om. — negu *(m. obl. sg.)*: per negu torment.
3) molz *(m. obl. pl.)*: e molz libres.
4) nulz *(m. rect. sg)*: nulz om.
5) qual *(fem. obl. sg.)*: qual oras vol.
6) quascus *(m. rect. sg.)*: quascus bos om.

7) toz *(m. rect. sg.)*: toz sos afix. — *(obl. pl.)*: a toz dias. — tota *(f. obl. sg.)*: tota dia, tota ora, — tot *(m. obl. sg.)*: de tot l'emperi. — tuit *(m. rect. pl.)*: tuit mei talant.

III. Pronomina, die sowohl adjekt. wie subst. Funktion haben.

1) altre, aitre.
    a) Subst.: altre *(m. rect. sg.)*: o altre pres lo te; — *(m. obl. sg.)*: a l'altre ve tener, ni l'us vell aitre.
    b) Adj.: altre *(m. rect. sg.)*: altre dols; — altra *(f. obl. sg.)*: d'altra color; — altras *(f. obl. pl.)*: las altras leis.
2) tal:
    a) Subst.: tal *(m. obl. sg.)*: tal li comanda.
    b) Adj.: tal *(f. obl. sg.)*: tal razo.
3) trastuz:
    a) Subst.: trastut *(m. rect. pl.)*: trastut aurien redemcio; — trastuz *(m. obl. pl.)*: trastuz los en desment.
    b) Adj.: trastota *(f. obl. sg.)*: trastota dia.

Anm.: tot ist neutral gebraucht in der adverbialen Verbindung de tot: de tot nol troba bo.

4) us:
    a) Subst.: us *(m. rect. sg)*: que us non o preza; cum l'us lo pert; — u *(m. obl. sg.)*: anc non vist u.
    b) Adj. ist us, wenn es den unbestimmten Artikel vertritt: u ome; vgl. p. 127.

B. Die der Konjugation fähigen Worte.

Das Verbum.

I. Schwache Verba.

§ 14. Erste schwache Konjugation.

Präsens.

Ind. Sing. 1. —: plor, cuid.
   2.
   3. -*a*: ama, apella, cerca, cerqua, chastia, comanda, crida, cuida, dreça, fia, guarda, intra, laisa, manda, membra, mena, pensa, pessa, preza, reclama, reguarda, rua, signifiga, torna, trada, troba, ucha.
 Plur. 1. -*am*: clamam, esperam, menam, parllam, trobam.
   2.
   3. -*en*: amen, commencen, derramen, esperen, fien, monten, repairen, tornen.
Subj. Sing. 3. —: avil, bris, demor, esper, fi.
 Plur. 3. -*en*: passen.

Imperfektum.

Ind. Sing. 1. -*ava*: fiav'.
   3. -*ava*: blasmava, comtava.
 Plur. 3. -*aven*: apellaven, laudaven.
Subj. Sing. 3. -*es*: rangures (gebessert zu ranguris; s. Glossar; vgl. § 16, Anm. 3).

Perfektum.

Sg. 3. -*et*: amet, cuidet, laiset, parlet, penet.

Konditionalis II.

Sg. 3. -*aria*: comprari'.

Infinitiv.

-ar: acupar, adornar, ajudar, celar, donar, fiar, gitar, goernar, jutjar, laisar, mandar, menar, montar, nomnar, pensar, pessar, plorar, reptar, salvar, estar, tradar.

Participium.

a) Präs. obl. sg. -ant: semblant, tremblant.
b) Perf. rect. sg. -az: alumnaz, onraz, visitaz;
   obl. sg. -at: pertusat, pesat, polsat.
   rect. pl. -at: montat.

Gerundium.

-an, -ant: apesant, ditan, descaptan, reclaman.

Anm. 1: Wie die Beispiele zeigen, lauten die 3. pl. Pr. und Impf. Ind. auf -en bzw. -aven aus, gegenüber dem klassischen -an bzw. -avan; in den Verbalformen estan (estant) und van (s. unten) gehört das a zum Stamm.

Anm. 2: Die Formen des Perf. und Impf. Subj. sind (nach Diez, R. Gr.⁴, II, 204) Anbildungen an die entsprechenden Formen der 2. schw. Konj.

Anm. 3: Unregelmässige Formen haben folgende zwei Verba:
1) annar: Prs. Ind. Sg. 3: vai; — Pl. 1: anam; — Pl. 3: van.
   Impf. Ind. Sg. 1: anava; — Pl. 3: anaven.
   Inf.: annar.
   Anm.: van ist vielleicht Anbildung an ant (habent).
2) star: Prs. Ind. Sg. 3: estai; — Pl. 1: estam; — Pl. 3: estan, estant.
   Inf.: star. — Ger.: estant.
   Anm.: Die Form estai erklärt Müller («Die Assonanzen im Gir. v. Ross.», Frz. Stud. III, 5, p. 26) als Anbildung an vai, was wiederum nach ai gebildet sein möchte.

§ 15. Zweite schwache Konjugation.

Präsens.

Ind. Sg. 3. — atend, desend, encent, pent, pert, rent.

Perfektum.

Sg. 3. -et: teiset.

Futurum.

Sg. 3. -*ra*: redra.

Infinitivus.

1) -*er*: aparer; — 2) -*re*: rascundre, segre.

Participium.

Perf. obl. sg. -*ut*: perdut.

Gerundium.

-*en*: deperden.

Anm.: 1: Zu dieser Konj. gehören noch:
 1) creire: Präs. Ind. Sg. 3: cre; — Imp. Subj. Pl. 3: creessen; — Perf. Ind. Sg. 3: credet.
 2) soler: Präs. Ind. Sg. 1: soli (s. Anm. zu V. 82); — Sg. 2: sols. Impf. Ind. Sg. 1: soli'; — Pl. 3: solien, solient (letzteres wurde zu solia gebessert).
  Anm.: Die Formen soli', solien sind Anbildungen an die dritte schw. Konj.

§ 16. Dritte schwache Konjugation.

Präsens.

Ind. Sg. 3. — col, desment, repent, reluz, sal; mit euphonischem e: cobre.

Pl. 1. -*em*: murem.

Imperfektum.

Subj. Sg. 3. -*ia*: guaris.

Perfektum.

Sg. 1. -*ii* statt des klassischen *i*: servii; vermutlich ist die Form ein Latinismus.

3. -*it*: vestit.

Pl. 3. -*iren*: faliren.

Infinitiv.

-*ir*: morir.

Participium.

Perf. obl. sg. -*it*: esvanuit; — n. pl. -*it*: amosit, bastit, guarnit, quandi (? s. Glossar).

Gerundium.

-en, ent: legen, auvent.

Anm. 1: Das Part. Perf. von morir lautet: Sg. *c. rect.*: morz; *c. obl.*: mort.
Anm. 2: Die 1. sg. Prs. (murem) ist angelehnt an die 1. sg. Prs. der 2. schw. Konj.: (z. B. vendem).
Anm. 3: Von der Inchoativ-Form bietet der »Boethius« nur ein einziges Beispiel: aissent; diese Bildung ist zudem unberechtigt, da das Gerundium sonst keine Inchoativ-Form zeigt. Diez (R. Gr.⁴, II, 208) erklärt derartige Bildungen aus franz. Einflusse. — Nach der Bœhmer'schen Korrektur rangures zu ranguris (3. sg. Prs. Ind.) gehört auch letztere Form hierhin.

II. Starke Verba.

§ 17. Erste starke Konjugation.

Sie umfasst Verba, deren Perf. im Lat. auf i auslautet.
1) faire. Prs. Ind. Sg. 1: faz; — 2: fas; — 3: fai; Pl. 3: fan.
    Subj. Sg. 1: faza: — 3: faça, faz'.
    Impf. Sg. 3: fazia.
    Perf. Sg. 2: fezist; — 3: fez.
    Fut. Sg. 3: fara; — Pl. 3: faran.
    Inf.: faire, far.
    Part. Pf. obl. sg.: fait; — rect. pl.: fait.
Composita:
    a) Prs. Ind. Sg. 3: forfai.
    Pf.   Sg. 3: forfez.
    Part. Pf. obl. sg.: forfaiz gebessert aus forfarze.
    b) Inf.: desfar.
Anm.: fan ist wohl Anbildung an an.
2) veder: Präs. Ind. Sg. 3: ve.
    Subj. Sg. 3: vea.
    Perf. Sg. 2: vist.
    Inf.: veder.
    Part. Pf. obl. sg.: veut.
3) esser: Präs. Ind. Sg. 3: es, 's; — Pl. 1: esmes; — 3: sunt, sun, son.

esser: Präs. Subj. Sg. 3: sia; — Pl. 3: sien.
Impf. Ind. Sg. 3: era.
Subj. Sg. 3: fos.
Perf. Sg. 3: fo; — Pl. 3: foren.

Anm.: esmes erinnert noch sehr an das lat. Etymon *esimus (für sumus); die gewöhnliche Form heisst em.

4) viuri. Inf.

§ 18. Zweite starke Konjugation.

Verba, deren Perfekt im Lat. auf (ursprünglichem oder gegen si eingetauschtem) di auslautet.

ardenz, *Prt. Prs. m. sg. c. rect.*

aucis, *Prt. Prs. m. sg. obl.*

depent, *Part. Prt. m. pl. c. rect.*

dig, *Prs. Ind. 1. sg.* — dis, *Prs. u. Pf. Ind. 3. sg.* — dicent, *Gerund.*

dozen, *Gerund.*

escriure, *Inf.* — escript, *Part. prt. m. obl. sg.*

fen, *Prs. Ind. 3. sg.*

franen, *Gerund.*

ma, *Prs. Ind. 3. sg.* — rema, *idem.*

metre, *Ind.* — met, *Prs. Ind. 3. sg.* — mes, *Pf. 3. sg.* — mesdren, *Pf. 3. pl.* — mes, *Part. Prt. obl. pl.* — tramet, *Prs. Ind. 3. sg.* — trametia, *Impf. Ind. 3. sg.*

plan, *Prs. Ind. 3. sg.*

pren, prent, *Prs. Ind. 3. sg.* — prenga, *Prs. Subj. 3. sg.* pres, *Pf. 3. sg.* — pres, *Part. Prt. m. sg. rect. und obl.* — presa, *Part. Prt. fem. sg. obl.* — compenre, *Inf.* — mespres, *Part. Prt. m. sg. rect.* — repres, *Part. Prt. m. sg. rect.*

redems, *Pf. 3. sg.* — redems, *Part. Prt. m. obl. pl.*

tra, *Prs. Ind. 3. sg.*

§ 19. Dritte starke Konjugation.

Verba, deren Perfekt im Latein. auf -ui auslautet, und solche, die deren Analogie gefolgt sind.

    aver: Präs. Ind. Sg. 1: ai ('habio, habj, aj, ai). — 3: a.
            Pl. 1: avem. — 3: ant, an.
      Impf. Ind. Sg. 3: avia.
           Subj. Sg. 3: agues (gebessert zu aguis).
      Perf. Sg. 1: aig. — 3: ag, ac.
      Cond. II. Pl. 3: aurien.
      Inf. aver. — Part. Perf. obl. sg.: agut.

Anm.: Das i in aig ist wohl der Analogie an ai zuzuschreiben.

    acorren, Gerund.
    cadegut, Part. Prt. m. obl. sg. — chaden, Gerund. — quaira, Fut. 3. sg.
    dolent, Part. Prt. m. obl. sg.
    jaz, Prs. Ind. 3. sg. — jazia, Impf. Ind. 3. sg.
    pais (pascit, pacsit, pais), Prs. Ind. 3. sg.
    posg, Prs. Ind. 1. sg. — pot, Prs. Ind. 3. sg. — poden, potden, Prs. Ind. 3. pl. — pogues, Impf. Subj. 3. sg.
    sedenz, Part. Prs. f. obl. sg.
    tener, Inf. — te, ten, Prs. Ind. 3. sg. — tenia, Impf. Ind. 3. sg. — tenien, Impf. Ind. 3. pl. — retenc, Pf. 3. sg. — retegues, Impf. Subj. 3. sg. — soste, Prs. Ind. 3. sg. — sostenc, Pf. 3. sg.
    val, Prs. Ind. 3. sg.
    ve, ven, Prs. Ind. 3. sg. — ves, Prs. Ind. 2. sg. — venc, veng, Pf. 3. sg.
    esdevenen, Prs. Ind. 3. pl.
    vol, Prs. Ind. 3. sg. — volia, Impf. Ind. 3. sg. — volg, Pf. 3. sg. — volguist, Pf. 2. sg. — volria, Condit. II. 3. sg.

Anm.: Das c bzw. g im Perf. und den davon abgeleiteten Formen ist Analogiebildung an solche Formen, in denen das c stammhaft ist, wie doc-ui.

Kapitel 6.

Syntax.

Erster Abschnitt.

Teile des einfachen Satzes.

I. Das Nomen.

§ 1. Das Substantiv.[1]

Das Genus der Substantiva ist bereits in der Formenlehre behandelt worden (vgl. p. 119 f.).

Was den Numerus anbetrifft, so sei bemerkt, dass der Begriff «Kerker» sowohl durch den Singular ‚carcer', als auch durch den Plural ‚carcers' ausgedrückt ist: vgl. lo reis lo fez e sa charzer gitar 71, quant e la carcer avial cor dolent 101, mit: lainz e lar carcers 96. Es ist möglich, dass das latein. carcer «Kerker» und carceres die «Schranken» von unserem Dichter durcheinander geworfen sind. — Ebenso steht V. 52 breu: fez u breu faire und V. 65 breus: qu'el trametia los breus ultra la mar.

§ 2. Das Adjektiv.

1) Adjektiva, die einen Stoff bezeichnen, werden umschrieben durch das entsprechende Substantiv, dem die Präp.

---

[1] Der Artikel ist in § 4 behandelt.

de vorgesetzt wird: z. B. mil liuras d'argent 193, d'aur no sun ges 210. Auch sonst kommen Umschreibungen vor: »alt« ist 276 ausgedrückt durch es de longs dis; »kühn« 244 durch de evaiment; vgl. V. 243 ella's ardida; »irdisch« 206 durch qui en terr'es; vgl. d'onor terrestri V. 230.

2) Umgekehrt hat das Adj. oft die Funktion des Subst. übernommen: kilz morz e vius tot a in jutjamen 17; laisa'n deu, lo grant omnipotent 16; lo senz Teiric miga no fo de bo 57; lainz contava del temporal cum es 97; drez es 120.

3) Der Komp. menz nimmt nach dem relativen Adverb quant superlativische Bedeutung an (vgl. Diez, R. Gr.⁴ III, p. 13): quant menz s'en guarda 132. Dieselbe Bedeutung hat meler mit vorgesetztem Artikel: el eral meler de tota la onor 36.

4) Die zur Bildung des absoluten Superlativs gebrauchten Adverbia sind schon in der Flexionslehre (p. 126) aufgezählt worden. Der relative Superlativ kommt im Boethius nur einmal vor; er wird gebildet durch den Komparativ, dem der bestimmte Art. vorausgeht; s. Nr. 3.

§ 3. Das Numeral.

Hierüber ist das Nötige schon p. 127 gesagt worden.

§ 4. Das Pronomen.

I. Das Personalpronomen.

A. In Verbindung mit dem Verbum.

1. Das Personalpronomen im cas. rect.

Der Gebrauch des Pron. ist ein verhältnismässig seltener; an den allermeisten Stellen wird dasselbe nicht gesetzt; folgende Tabelle möge dies veranschaulichen:

Das Personalpronomen

findet sich.	fehlt.

eu

Vers 43: dunt eu dig. 75: e tem fiav' eu tant. 75: de sapiencia anava eu ditan. 82: e tem soli eu fiar.	Vers: 33, 42, 79, 84, 85, 86, 87, 89 (3 ×), 90, 186, 196.

Das Verhältnis ist also 4 : 13.

tu

Vers 83: tum fezist tant e gran riqueza star.	Vers: 87, 88, 95, 130, 178, 244.

Das Verhältnis ist 1 : 6.

el (eu)

el: Vers 36: el eral meler de tota la onor; 65: qu'el trametia los breus ultra la mar; (68: sal el en estant);[1] 70: qu'el soli' ajudar; 96: o el jazia pres; 103: com el es velz; 114: cum el es velz; 140: qu'el era coms; 203: que el zo pensa. — eu: 49: eu lo chastia; 57: eu lor redra Roma; 155: eul vai l'arma dozen.	Vers: 8, 9, 10, 11 (2 ×), 12, 13, 14 (3 ×), 15, 16, 23, 26 (2 ×), 28, 30, 31 (2 ×), 32, 34 (2 ×), 38, 45, 46, 48, 51, 52, 53, 54, 55, 59 (2 ×), 66, (68),[1] 74, 97, 101, 104, 105, 108 (2 ×), 110 (2 ×), 112 (2 ×), 113, 115 (2 ×), 116, 117 (2 ×), 118, 121, 123, 124, 127, 128, 129, 130 (2 ×), 132 (2 ×), 135, 136, 137, 143, 159, 178, 179, 237, 238 (3 ×), 240 (2 ×), 241, 242 (2 ×), 249, 250, 255.

Das Verhältnis ist 11 (12) : 82 (81).

---

[1] Im *Ms.* steht an dieser Stelle das Pron., welches aus metr. Gründen gestrichen wurde. S. Kap. 7, § 3.

Das Personalpronomen

findet sich.	fehlt.

ella

Ver 119: ella nol pren; 131: ellas fen sorda; 162: ella's ta bella; 167: cum ella s'auça; 174: qu'ella de tot no vea lor pessar; 184: ella smetessma ten claus de paradis; 178: ella se fez; 190: ella medesma teiset so vestiment; 194: ella ab Boeci parlet ta dolzament; 245: ella's ardida;179: dont ellas ranguris.

Vers: 98, 119, 131, 132, 161, 163, 166 (2 ×), 167, 168 (2 ×), 169, 170, 176, 181 (2 ×), 182, 183, 185 (2 ×), 251 (2 ×), 252, 255, 256.

Das Verhältnis ist 11 : 25.

Das neutrale Personalpronomen.

/

Vers: 13, 67, 97, 109, 120, 121, 145, 164, 188, 205, 207.

Das Verhältnis ist 0 : 11.

il

Vers 201: il sun ta blanc.

Vers: 19, 21 (2 ×), 24, 27, 37, 39, 56, 61, 145, 187, 189, 196, 197 (2 ×), 198, 200, 210 (2 ×), 215, 217, 218, 220, 221, 222, 223, 224, 235.

Das Verhältnis ist 1 : 28.

elas

/ /

nos

Vers 1: nos estam; 99: nos e molz libres o trobam legen; 106: nos de molz omnes nos o avem veut.	Vers: 3, 4, 5, 6 (2 ×); ebenso V. 2, 7, wo nos zu jove omne gehört, mithin Pron. absol. ist.

Das Verhältnis ist 3 : 7.

vos

/ | /

2. Das Personalpronomen im cas. obl.

a) **Erste Person**: Der Dativ (Sing.) erscheint nur einmal und zwar in der enklitischen Form m Vers 87: no lam volguist laisar. Der Acc. (Sing.) kommt in der proklitischen Form m fünfmal (V. 75, 81, 82, 83 und 88), in der vollen Form me dreimal vor (V. 196, 198 2 ×).

Anm.: Lautet das dem Pronomen vorausgehende Wort auf einen Vokal aus, so wird das Pronomen m mit dem vorhergehenden Worte graphisch verknüpft; sonst steht me, auch bei folgendem Vokal: z. B. primas me amen 198.

b) **Zweite Person**: Sie ist nur durch den Acc. t vertreten: not servii be 87.

c) **Dritte Person**:
  α) Masc. Sing. Dat.: li, l, l'. Acc.: lui, lo, l, ll, l'. Plur. Dat.: lor; Acc.: los, lz.
  β) Fem. Sing. Dat.: l. Acc.: la, l'. Plur.: *vacat*.
  γ) Neutr. Acc.: o.

Über den Gebrauch ist anzumerken:

1) Beginnt das dem Pronomen folgende Wort mit einem Vokale, so wird der auslautende Vokal des Pron. elidiert; z. B. ab aquel fog l'encent 251; l'apresa 14; qui l'a 148 etc.

2) Endigt das dem Pron. vorausgehende Wort mit einem Vokale, so findet Inklination statt: sil tramet e Grecia 54; silz fez metre e preso 59.

3) Wenn beide Fälle zu gleicher Zeit eintreten, so wird der ersten Regel der Vorzug gegeben, z. B. V. 241: fai l'acupar; V. 148: aquel qui l'a etc.
4) Tritt keiner von beiden Fällen ein, so steht die volle Form: molt lo laudaven e amic e parent 112 etc.

Ausnahmen:
   a) Die Elision ist unterlassen V. 254: qui be la ama (wohl aus metrischen Gründen).
   b) Inklination ist nicht eingetreten V. 49: eu lo chastia. V. 27 wäre durch die Inklination das Pron. von seinem Verbum durch die Cäsur getrennt worden: anz per eveja ‖ lo mesdren e preso; V. 155 wurde eu li zu eul gebessert, was das Metrum verlangt. Der acc. fem. la duldet keine Inklination: nonqua la te 14; ne no lam volguist laisar 87.[1]

5) Einmal setzt der Dichter, und zwar, wie es scheint, ganz willkürlich, lui statt lo V. 139: qui lui laudaven; vergl. V. 142: molt lo laudaven amic.
6) Das neutrale o bezieht sich sowohl auf das Folgende: us non o preza, sis trada son parent 8; nos o trobam legen ... molt val lo bes 199; nos o avem veut, om per veltat non a lo pel chanut 106, als auch auf das Vorhergehende: quant o a fait 11; dis o Boecis 100.
7) Gewissermassen pleonastisch steht das Pron. nach trastuz V. 144. Boecis trastuz los en desment (vgl. p. 156).

Das Reflexiv-Pron. der dritten Pers. Acc. se, s, s';

---

[1]) Diez trennt den Dativ l von dem vorhergehenden Worte; er schreibt: si'l forfez 179, res no'l rema 137. Bartsch V. 137 nol rema, V. 179 dagegen si'l forfez. Wir sind in der Schreibung Meyer gefolgt, der an beiden Stellen das Pronomen an das vorhergehende Wort anlehnt, eine Schreibung, die auch der urkundliche Text hat. — Geht das Adv. no voraus, so haben wir die urkundliche Schreibung non verlassen und no'n geschrieben, um einer Verwechslung mit dem einfachen non vorzubeugen. Auch Meyer und Bartsch haben die Schreibweise no'n gewählt.

Dat. si. Über den Gebrauch gelten dieselben Regeln, die eben aufgestellt worden sind. Ausnahmen: be se dreça 168; ella se fez 188.

3. Die pronominalen Adverbia en und i.

a) en (ent) verliert seinen Vokal nach vorausgehendem auf einen Vokal auslautendem Worte und verbindet sich graphisch mit demselben: penedenzan pren. Eine Ausnahme bildet V. 32: tan bon essemple en laiset; hier ist en mit essemple nicht verbunden, weil dies in Cäsur-Stelle steht.

Doch bleibt die volle Form en bestehen, wenn das derselben vorausgehende Wort ein auf einen Vokal endigendes Pronomen ist, das alsdann proklitisch wird: bo merit l'en rent 255; s'en pren 252 etc.

en bezieht sich stets auf etwas vorhergehendes und zwar auf ein pronominales Neutrum, oder einen ganzen Satz, oder auf Sachen: quant o a fait, mija no s'en repent 11; ab aquel fog s'en pren so vengament 252 etc.; tan bo essemple en (de la sapiencia) laiset entre nos 32; tant en (de la sapiencia) retenc, que de tot no'n fo blos 31 etc.; alquant s'en (dels eschalos) tornen aval 212. An einer Stelle weist es auf ein folgendes Subst. hin: los savis omes en soli' adornar, De la justicia 85. In V. 181: ‚s'en a lo corps aucis' kann das en sowohl auf anma als auch auf das allerdings etwas weiter stehende om bezogen werden; in letzterem Falle hätten wir einen Beleg dafür, dass en auch für persönliche Begriffe eintreten könnte.[1])

b) i geht wie en auf etwas vorhergehendes (Sachen oder ganze Sätze) zurück. V. 22: Volg i Boecis metre quastiazo könnte man geneigt sein, i auf das vorhergehende ome anstatt auf den ganzen Satz mal ome foren zu beziehen. Auch Diez

---

[1]) Nachträglich finde ich, dass Chabaneau (Gr. Lim., p. 304) an dieser Stelle en als persönlich auffasst: en = ejus (c'est-à-dire hominis).

(R. Gr. III, 56) gibt einige Beispiele für die seltene persönliche Beziehung des i.

B. Ausserhalb der Verbindung mit dem Verbum.

1. Das Pron. im cas. rect.

findet sich im ganzen vier mal; nos jove omne 1, 7; Vers 82 und 106 wird das Pron. absolutum durch das conjunct. Pron. wieder aufgenommen; tu quim sols goernar, tum fezist . . . star; nos de molz omnes nos o avem veut.

2. Das Pron. im cas. obl.

steht im Boëth. nur nach Präpos. z. B. entre nos, und nach dem Adv. ecce (ecvos), wo vos ethischer Dat. ist (cfr. Diez, R. Gr. III, 65): ecvos Boeci 72; ecvos l'emperador Teiric 44.

Anhang.

Der Artikel.

I. Über den Unterschied im Gebrauche der einzelnen Formen des Artikels sei bemerkt.

1) lo steht vor folgendem und nach vorhergehendem Konsonanten, sowie im Anfange des Verses vor folgendem Konsonanten: lo reis 64; molt val lo bes 102; ven lo diables 239 etc.; geht dem Artikel ein vokalisch auslautendes Wort voraus, so wirft lo den Vokal ab und l verbindet sich mit dem vorhergehenden Worte: el eral meler 104; que quel corps faça 155; quel corps 104. Doch finden sich zahlreiche Ausnahmen; so steht z. B. nach der Cäsur vor folgendem Konsonanten stets lo: deu ‖ lo grant 16; Mallio ‖ lo rei 35; etc. Auch sonst kommen Ausnahmen vor: s'en a lo corps aucis 181; a lo pel chanut 107; fai lo so degra 225; fez lo lo reis 71. Vor folgendem Vokale wird

lo zu l': **a** l'altre 10; l'om 102; l'emperador 44; l'emperi 84 etc.; que l'om 102, 120; ni l'us 10; si l'om 24; etc.

2) **los** ist V. 17 und 139 zu lz bzw. uz gekürzt und an das vorhergehende ki bzw. e angelehnt: kilz (*Ms.* kil), euz.

3) **la** findet sich vor folgendem Konson. z. B. la gent 23; la mar 65; Abkürzung zu l und Anlehnung an einen vorhergehenden Vokal ist unstatthaft: e la carcer 101. Dagegen ist Elision vor folgendem Vokal obligatorisch: l'arma 155; l'ora 104, 204; l'una fremna 192 etc.; die einzige Ausnahme ist la onor 36.

4) **las** kommt nur in dieser Form vor: inz e las carcers 96; las altras leis 61; las mias musas 77.

II. Der Artikel wird nicht gesetzt:

1) Bei Personen-Namen: Boecis, Torquator, Mallios, Teirix.

2) Bei Länder- und Städte-Namen: e sil tramet e Grecia la regio 54; eu lor redra Roma per traazo 57; ebenso: 33, 34, 44, 66, 84.

3) Beim Vokativ: morz, a me quar no ves?

4) Bei den dem Gebiete der Metaphysik angehörenden Begriffen: **deus**: e deu nos fia ni deus e lui no ma 136 etc.; tritt dagegen noch ein Adj. zu deus, so steht der Artikel: del fiel deu no volg aver amig 45. — **damrideu**: c'ab damrideu se tenia forment 143. — **sant sperit**: qui cre ... e sant sperit 155. — **sancta trinitat**: qui tan se fien e sancta trinitat 229. — **cel** findet sich ohne Art. an vier Stellen, V. 74, 98, 167 und 208, mit demselben an einer Stelle: 168; — **paradis**: ella smetessma ten claus de paradis 184. — **sol, luna**: de sol e luna 98 (vgl. Nr. 10). — **terra** steht ohne Art. V. 98: de sol e luna, cel, terra e mar, cum es; V. 4: tan quan per terra annam; V. 192: l'una fremna qui vers la terra pent, findet sich der Artikel; doch hier steht terra nicht im Gegensatze zu cel, sondern es bedeutet »Boden«, »solum«,

gehört also in dieser Bedeutung streng genommen nicht hierher. — **mar** ist artikellos V. 98 de sol e luna cel et terra, mar, cum es. Vers 56, 65, 172 hat mar konkreten Sinn, und zwar bezeichnet es an den beiden ersten Stellen das zwischen Italien und Griechenland liegende (adriatische) Meer, an letzter Stelle bedeutet es irgend ein bestimmtes Meer. In diesem konkreten Sinne steht mar V. 56 ohne Art.: que passen mar, mit demselben V. 65 qu'el trametia los breus ultra la mar und V. 172: li omne, qui sun ultra la mar. — **effern**: e pois met l'arma en effern 182.

> Anm.: Mit dem Artikel sind dagegen verbunden: **temporal**: lainz comtava del temporal 97; **jorn, dia** (sofern sie als Naturerscheinung aufzufassen sind; cfr. Diez, R. Gr. III, 26): Si cum la nibles cobrel jorn lo be ma 133; lendema al dia clar 60; in lendema ist der Art. mit dem Subst. verschmolzen.[1]) — **arma**: e pois met l'arma 182; eul vai l'arma dozen 155. — **somsis**: el somsis 182. — **baratro**: qui guardal baratro 239. — **diables**: ven lo diables 239. — **satan**: eps li satan 18.

5) Bei Abstrakten (Eigenschaften und Zuständen des Körpers und des Geistes): per folledat 2; sapiencia 30, 39, 93 etc.; de contenço (Streitsucht) 56; per veltat 107; contra felnia 218 (vgl. 64); perjuri 219; avaricia 220; tristicia 221; menzonga 222; lucxuria 223; superbia 224; jovent (jugendliches, mutwilliges Benehmen) 195; onor: a onor molt grant 215 (vgl. dagegen V. 37: de tota la onor; hier steht onor konkret = Hof); cobeetat d'onor terrestri 230; bo (lo senz Teiric miga no fo de bo) 58.

> Anm.: justicia bedeutet in B. nicht »Gerechtigkeit« als Eigenschaft, sondern eine Thätigkeit, die »Ausübung des Rechts« und steht daher mit dem Artikel: soli adornar — De la justicia 56; zo's la justicia al rei omnipotent 248; V. 257 fehlt jedoch der Art.: zo signifiga justicia corporal.

6) Bei Stoffnamen: foren de bon e de sobtil (sc. fil) 187; liuras d'argent 193; d'aur no sun ges 210; de caritat e de fe sun bastit 200; sun d'altra color 215; fait sun d'almosna e fe e caritat 217; de gran bontat 218; de bona feeltat 219;

---

[1]) Die Schreibweise l'endema rügt Bartsch, Zschr. f. rom. Phil. IV, 441.

de largetat 220; d'alegretat 221; de veritat 222; de castitat 223; d'umilitat 224; aquel libres era de fog ardenz 247.

7) Nach den Verben, die den doppelten Nominativ (esser, esdevenir) regieren, steht das prädikative Subst. artikellos, wenn dies eine moralische Eigenschaft ausdrückt oder auf den Stand oder ein verwandschaftliches Verhältnis hindeutet (cfr. Diez, R. Gr. III, 33): donz fo Boecis 28; en dies foren ome fello 20; mal ome foren 21; coms fo de Roma 34; pro non es gaigre 13; filla's al rei 161; drez es e bes 120; mas non es bes 121; qu'el era coms 14; tuit ome qui ... esdevenen fello 235; zo sun bon omne 228; lo mas ... es granz claritaz 163. — Dasselbe gilt von far, voler, aver, tener: de lui volg far fello 51; no volg aver amic 45; de tot l'emperil tenien per senor 37; no volg a senor 47.

8) Bei Substantiven, die mit einem Verbum so innig verbunden sind, dass sie mit demselben einen einheitlichen Begriff ausmachen: far sacrament 10; penedenza prenre 13; metre quastiazo 22; sostener passio 24; metre foiso 26; far cosdumna d'efant (handeln wie ein Kind) 79; far perjuris, granz traicios 236; far amendament 250; penre amor 253; traire mal 109; saber mot 132; aver poestat 158; es obs 164; rendre merit 255; aver mala fe (treulos sein) 125; menar jovent 7.

9) Bei Substantiven, die mit einer Präposition verbunden sind und in dieser Verbindung ganz allgemein das «Wann, Wo und Wie» bezeichnen (vgl. Diez, R. Gr. III, 32): murem de fam 5; metre e preiso 27, 59; annar a salvament 69; venir e pesat 67; cader en afan 72; e granz kadenas 73; star e riqueza 83; star e chaitiveza 88; esser e masant 117; jazer e pena 158.

10) Bei rasch auf einanderfolgenden Subst.: de sol e luna, cel e terra, mar 98.

11) Bei allgemeinen durch nonqua oder no verneinten Begriffen (cfr. Diez, l. l. p. 36) z. B.: Anc no fo om 92; no

vist donzella 244; res nol rema 137; miga per ren guaris 180; ne no posg re donar 89; no volg aver amic 45; mica no fo de bo 58 etc.; ebenso nach ni — ni: non a aver ni amic ni parent 128 und nach e — e: molt lo laudaven e amic e parent 242.

12) Bei ta vor attributiven Adjektiven: ta mala fe 122; tan bo talent 152; ta grant onor 178; tan bo essemple 33; ta gran(z) dolors 41; ta grant vertut 92 (cfr. Diez, l. l. p. 37).

13) Nach dem Adv. a guisa de: a guisa de lairo 241 (vgl. Diez: ibidem).

14) Bei den Kardinal-Zahlen: cent miri auzello 211; ab mil liuras 193; per quaranta ciptaz 165; anz avia plus de mil 188.

15) Bei den Pronominibus; doch merke man:

a) Die Pron. poss. stehen ohne Art. ausser an folgenden Stellen: la mi' amor 198; lo so degra 255; las mias musas 77; del so (subst.) 238.

b) Die Pron. dem., rel. und interrog. entbehren ebenfalls des Artikels.

c) Die Pron. indef. haben meistens den Artikel nicht bei sich; z. B.: al no fara ja 135; alquant s'en tornen 212 etc. Nur eps duldet den Art.: en epsa l'ora 214; eps li satan 18; us und altre haben den Art. in der Verbindung l'us — l'altre 10; l'us l'altre 124; ebenso steht der Art. Vers 61: las altras leis; dagegen fehlt der unbestimmte Artikel V. 159: altre dols; ebenso V. 127. — Was tuz anbetrifft, so verschmäht der Plur. den Art.: tuit peccador 76; tuit omne 233; tuit mei talant 80, 91; ebenso das Subst. trastuz: trastut aurien redemcio 25; trastuz los (los ist Pron.) en desment 144. Der Singular hat den Artikel bei sich: tota la majestat 169; tota la onor 36; de tot l'emperil 37. Nur V. 84: de tota Roma fehlt der Art. (vgl. Nr. 2).

16) bei adverbialen Ausdrücken, z. B. trastota dia 118; tota dia 79; tota ora 147; a toz dias 82; ni dia ni noit 90. (Vgl. dagegen al ma, al ser 123; els dias antix 139; lendema 60.) de gran follia 2; per gran decepcio 52; per evea 27; per grant eveja 51; per traazo 57; e jovent 102, 109 (Vgl. Nr. 9).

17) Auch von der Stellung hängt die Anwendung bzw. Nichtanwendung des Artikels ab; geht z. B. ein von dem Subst. regierter Genitiv diesem voran, so fehlt bei dem Subst. der Artikel: ses deu licencia 19; e cui marce 76; de sapiencia qui commencen razo 234; vgl. dagegen de tota Roma l'emperi 84.

18) Mitunter vermisst man den bestimmten Artikel, z. B. molt me derramen donzellet 195; ella smetessma ten claus de paradis 184 (über das später hinzugefügte las vgl. Anmerkung zu V. 184); uel sien amosit 203; vgl. ferner: molt val lo bes que l'om fai 102 mit per be qu'a fait 105.

III. Der Artikel wird gesetzt.

1) Bei Substantiven, die zu andern Subst. im Verhältnisse der Apposition stehen: aprob Mallio lo rei emperador 35; deu lo grant omnipotent 16; e Grecia la regio 54; deu lo nostre creator 46; lo rei lo grant 74; deu la paterna lo rei omnipotent 151; en effern, el somsis 182.

2) Bei den von aver und tener abhängigen Substantiven, wenn diese dem Subst. eine Eigenschaft beilegen: avial cor dolent 101; om a lo pel chanut 107; el vis a tant preclar 170; Boecis a lo vis esvanuit 202; lo kap te tremblant 116. Der Artikel fehlt V. 28: corps ag bo e pro; doch ist er aus metrischen Gründen hinzugefügt (vgl. die Metrik, § 3 und Anm. z. V. 28).

3) Nach dem vergleichenden Adv. si cum (cfr. Diez, R. Gr. III, 37): si cum la nibles, aber si cobre avers 133, 134.

4) Das Subst. om ist, wenn es als Gattungsbegriff fungiert und dem deutschen Worte «man» entspricht, meistens

vom Art. begleitet: l'om nol laiset a salvament annar 69; l'om ve u ome quaitiu 126; veder ent pot l'om 165 etc.; seltener fehlt der Artikel: om per veltat non a lo pel chanut 107; no comprari' om 193. — Ebenso steht der Singular christias als Gattungsbegriff mit dem Artikel: lo cor al christia 134; dagegen ist derselbe weggelassen V. 150 und 156: bos christias (jeder gute Christ).

II. Das Possessiv-Pronomen.

1) Die Pron. Poss. stehen nur adjektivisch; nur einmal findet sich so als Subst.: noi ve miga del so 238. Dass das Poss. den Artikel vor sich duldet, wurde schon erwähnt (vgl. p. 152, 153).

2) Was den Gebrauch von so und son betrifft, so sei bemerkt, dass die Form so nur vor folgendem Konsonanten, son zweimal vor folgendem Vokal: son aver 121, son evaiment 244, einmal vor folgendem Konsonanten steht: son parent 8. Die Form sa verliert vor folgendem Vokal ihren Vokal: s'onors 114, s'onor 48, s'anma 180; ebenso mia: la mi' amor 198.

3) lor, aus illorum entstanden, ist unveränderlich: e lor cors 173, lor degras 227, lor peccaz 228.

4) Mitunter findet sich das Poss. pleonastisch: e sa ma dextra la domna u libre te 246; vgl. 256: el ma senestre.

5) Bei mehreren auf einander folgenden Substantiven ist die Wiederholung des Poss.-Pron. nicht obligatorisch: sis trada son parent, senor ni par 8 : 9. Vgl.: plan se sos dolz e sos pecaz menuz 159; sos corps ni s'amna 180.

6) Umschrieben wird das Poss., indem der Artikel zu dem entsprechenden Subst. und das Personalpron. im Dat. oder Gen. zum Verbum gesetzt wird: statt sa pelz rua: la pelz li rua 116; statt sos corps vai franen: lo corps li vai franen 104; statt el vai s'arma dozen: eul vai l'arma dozen 155; statt so corps a aucis: s'en a lo corps aucis 181.

III. Das Demonstrativ-Pronomen.

1) cel, cellui sind Substantiva und zwar Vertreter für persönliche Begriffe; sie sind stets die Antecedenten eines folgenden Relativs; z. B. cil qui poden montar 213, cellui vai be qui tra mal 109 etc. In einem Falle ist cel dazu verwandt, um das durch einen Relativsatz von seinem Verbum getrennte Subst. wieder aufzunehmen: bos christias qui . . ., cel non quaira 157; cellui findet sich nur einmal und zwar als Dat.: cellui vai be 109.

2) aquel ist einmal substantivisch (aquel qui l'a 148), dreimal adjektivisch verwandt: toz aquel libres 247, aquel fog 251, 252.

3) Das neutrale zo (aizo) weist auf etwas Vorhergehendes: zo signifiga 206, 208, 257; zo's la justicia 248; zo sun tuit omne 228, 233; per zo 47; per ço 243; per aizo 88. An zwei Stellen geht es auf das Folgende: que zo esperen que faza a lor talen 196; que el zo pensa uel sien amosit 203.

IV. Das Relativ-Pronomen.

1) Das Rel. qui, que (chi, ki) steht nur substantivisch und bezieht sich auf ein vorhergehendes Substantivum (Personen und Sachen) oder auf ein Pron. cel, cil, tal, aquel, cellui, tu; z. B. tu quim sols goernar 81; anc no vist u qui 95; que a frebla scalas te, qui tota ora vai chaden 146. Ohne Antecedent steht es Vers 4, 5: qui nos soste et qui nos pais; ferner Vers 175: qui e leis se fia; im letzten Falle hat qui die Bedeutung von quicunque.

2) cui hat nur persönliche Beziehung: per cui (deu) salv esmes 6, per cui (deu) viuri esperam 3; e cui (deu) marce 76. An dieser Stelle ist die Präp. de unterdrückt.

V. Das Interrogativ-Pronomen.

1) Das dem lat. qualis entsprechende Pronomen cals ist substantivisch und adjektivisch gebraucht: quals es l'om 149; cals es la schala 216; cal sun li auzil 226; cal an li auzil significacio 231.

2) que ist neutrales Subst.: de que sun li degra? 216; non ai que prenga 89.

VI. Die unbestimmten Pronomina.

Die unbestimmten Pronomina zerfallen in drei Gruppen, in solche, die nur ein Substantiv, in solche, die nur ein Adj. und in solche, die sowohl ein Subst., als auch ein Adj. vertreten dürfen. Das Nähere hierüber siehe in der Formenlehre p. 134. Hier sei nur noch bemerkt, dass bei trastuz das Personalpronomen pleonastisch steht: Boecis trastuz *los* en desment 144; cfr. Diez, R. Gr. III, 65.

§ 5. Kongruenz des Adj. und Pron. mit dem Subst.

1. Das attributive Adj. und Pron.

Die lateinische Regel, dass das Adj. und Pron. sich nach dem regierenden Substantiv im Genus, Numerus und Casus richten muss, gilt ohne Einschränkung auch für unser Denkmal, z. B. molz libres 99, granz kadenas 73, bon omne 228, bos christias 156, toz aquel libres 247, tuit mei talent 80, 91, lo so degra 225, sos dolz es sos pecaz menuz 159, etc.

2. Das prädikative Adj. und Pron.

verlangt die Kongruenz mit dem Subst. nur in Bezug auf den Numerus und das Genus: bella's la domna e granz 243, il sun ta blanc, ta bel e ta quandi 201, en l'or qui es repres 204, ella's ardida 245, cal sun li auzil 226, cals es la schala 216, etc.

Noch ist zu bemerken, dass das Dem.-Pron., wenn es durch die Kopula es, sun mit einem folgenden Subst. verbunden ist, in seiner neutralen Form steht; z. B. zo sun tuit omne 233, zo's la justicia 248, zo sun bon omne 228; ebenso wird das Neutrum gesetzt bei signifiga: zo signifiga la vita qui en terr'es 206, zo signifiga justicia corporal 257.

§ 6. Die Casus.

A. Casus rectus.

Der doppelte Nominativ steht nach den Verbis esser, estar, esdevenir; z. B. lo mas ... es granz claritaz 163; mal omne foren 21, ome foren fello 20, coms fo 34, donz fo 28, etc. Nos jove omne quandius que nos estam (sc. jove) 1, esdevenen fello 235.

B. Casus obliquus.

1. Der einfache cas. obl. (Acc.).

Die transitiven Verba regieren, falls sie nicht absolut stehen, den Accusativ. Insbesondere werden, dem deutschen Sprachgefühle widersprechend, mit dem Acc. folgende Verba konstruiert: **ajudar**: cil li faliren qu'el soli(ent) ajudar 70. **desmentir**: trastuz los en desment 144. **servir**: not servii be 87 (es lässt sich allerdings hier nicht unterscheiden, ob servir mit dem Dat. oder mit dem Acc. konstruiert ist; nach Diez, R. Gr. III, 109 ist der Acc. die gewöhnliche Konstruktion). **vestir**: bel sun li drap que la domna vestit 199. **creire**: creessen deu 24; no credet deu 46. Vers 152 findet sich auch die Konstruktion mit en: et en Ihesu.[1]) **segre**: fez sos mes segre 59.

2) Von intransitiven Verben regiert den Acc. **planher**: plan se sos dolz 159.

3) Das Intransitivum passar ist transitiv geworden und

---

[1]) Vgl. die Anm. zu V. 152.

somit mit dem Acc. konstruiert: que passen mar 56 (cfr. Diez, R. Gr. III, 116).

4) Der doppelte Acc. steht nach folgenden Verbis: **trobar**: de tot nol troba bo 242; **faire**: petitas fai asaz 166. **apellar**: l'apellaven doctor 39; **fenher**: ellas fen sorda 131; **veder**: l'om ve u ome quaitiu e dolent 126.

5) Der Acc. steht ferner bei Zeitbestimmungen: tota dia, tota ora, trastota dia, lo be ma, lendema, ni dia, ni noit, a l'ora *quel* corps li vai franen 104. Doch werden für Zeitbestimmungen auch Präp. gebraucht, besonders a; s. d. p. 160.

II. Der präpositionelle cas. obl.

A) Der Cas. obl. in Verbindung mit der Präp. zum Ausdrucke des Dativs:[1])

1) Mit dem Dativ werden die Impersonalia verbunden: **membra**: quar no nos membra 3; **venc**: pero Boeci anc no venc e pesat 67; **vai**: cellui vai be 109.

2) Der Dat. personæ folgt ferner den Verbis: **fallir**: cil li faliren 70; **demorar**: altre dols li demor 42; **forfaire**: sil forfez 179.

3) Die Präp. ad fehlt bisweilen; vgl. die obigen Beispiele in Nr. 1.

4) Ein possessiver Dat. (statt des Gen.) findet sich dreimal: filla's al rei 161; lo cor al christia 134; justicia al rei omnipotent 248.

5) Das (logische) Subjekt eines von veder abhängigen Infinitivsatzes steht im Dat.: a l'altre ve tener 123.

6) Der ethische Dativ findet sich bei ecce (cfr. Diez, III, 65): ecvos l'emperador 44; ecvos Boeci 72.

7) Dass der Dativ des persönl. Pron. zur Umschreibung des pron. possess. dienen kann, wurde p. 154 erwähnt.

B) Der Cas. obl. in Verbindung mit der Präp. de zum Ausdrucke des Genitivs:

---

[1]) Vgl. p. 160, Anm. 2.

A. Der Gen.¹) abhängig von Substantiven.

1) Der *Gen. possessivus:* coms de Roma 34; deu de cel 74; condumna d'efant 79; claus de paradis 184; de cel la dreita lei 208; de sapiencia razo 238; a guisa de lairo 241; justicia corporal de pec...? 258; mit Unterdrückung der Präp. de: ses deu licencia 19; la fis Mallio Torquator 40; lo senz Teiric 58; e cui marce 76.

2) Der *Gen. objectivus:* d'onor terrestri... cobeetat 230; del fiel deu... amic 45; ohne Präp.: a obs los Grex 66.

3) Der *Gen. partitivus:* meler de tota la onor 36; de tot l'emperil... senor 37; miga del so 238; tant en retenc 31; tant en retegues 95; ebenso nach dem neutralen Adv. plus: plus de mil 188.

4) Der *Gen. explicativus:* de sapiencia... doctor 39; de Boeci... lo nom 53; de tota Roma l'emperi 84.

5) Der *Gen. qualitatis:* om de so saber 33; donzella de son evaiment 244; liuras d'argent 193.

B. Der Genitiv abhängig vom Adjektiv.

Den Gen. regieren folgende Adjektiva: **nuallos**: de sapiencia no fo trop nuallos 30; **blos**: no'n fo blos 31; **mespres**: no'n fo mespres 94.

C. Der Gen. abhängig vom Verbum.

1) Der Gen. steht nach den Verbis: esser, faire und bastir, um den Stoff zu bezeichnen: miga no fo de bo 58; molt perforen de bon et de sobtil 187; d'aur no sun ges 210; sun d'altra color 214; de que sun li degra 116; de caritat e de fe sun bastit 200; fait sun d'almosna e fe e caritat 217; de gran bontat 218; de feeltat 219; de largetat 220; d'alegretat 221; de veritat 222; de castitat 223;

---

¹) Vgl. p. 160, Anm. 2.

d'umilitat 224. Ebenso folgt nach esser der Gen. zur Bezeichnung des Alters in V. 176: es de longs dis; vgl. p. 142.

2) Den Gen. regieren die Verba **se repentir**: s'en repent 11, 249. **comtar**: comtava del temporal cum es 97; **reptar** und **adonar** haben neben dem acc. personæ den gen. rei nach sich: lo reis lo pres de felni' a reptar 64; los savis omes en soli' adornar De la justicia 85. Die gleiche Konstruktion hat **salvar**: cuidet s'en salvar 68.

Anm. 1: Der lat. Abl. wird ebenfalls umschrieben durch den cas. obl. in Verbindung mit Präpositionen, und zwar:
    a) Der *abl. instrumenti* durch ab (vgl. p. 172, 2d), de (vgl. p. 172, 5f) und per (vgl. p. 175, 9c).
    b) Der *abl. modi* durch de (vgl. p. 172, 5d) und per (vgl. p. 175, 9e).
    c) Der *abl. causæ* durch de (vgl. p. 172, 5e).
    d) der *abl. temporis* durch a (vgl. p. 171, II.) und en (vgl. p. 174, II.)

Anm. 2: Wenn im Vorhergehenden von den lat. Ausdrücken Dat. und Gen. Gebrauch gemacht ist, so geschah das nur aus praktischen Gründen; übrigens sind diese Termini beim Pron. Pers. ja auch noch berechtigt.

II. Das Verbum.

§ 7. Das Genus verbi.

I. Das Aktiv.

1) Das Aktiv wird umschrieben durch folgende Verba, zu denen sich das Gerundium bzw. Part. Præs. des umschriebenen Verbums gesellt:

    a) **esser** und das Part. Præs: toz aquel libres era de fog ardenz (was burning) 247; la domna es sedenz 243. esser hat die «Bedeutung des beharrlichen Seins, das Part. die der beharrlichen Thätigkeit»; vgl. Diez, R. Gr. III, 199.

    b) **estar** und d. Gerund.: e granz k(a)denas qui l'estan apesant; estar drückt einen vorübergehenden Zustand aus (cfr. Diez, l. l. 200).

c) **annar** u. d. Gerund.: trastota dia vai la mort reclaman 118; lo corps li vai franen 104; vai s'onors descaptan 114; qui vai chaden 147; eul vai l'arma dozen 115; me van aissent 197; me van deperden 198; anava eu ditan 78; anavan dicent 145; annar ist der Ausdruck der „fortgesetzten Thätigkeit" vgl. Diez l. c. 201.

d) **venir** u. d. Gerund.: ven acorren 240.

2) Die Impersonalia haben die Person im Dativ; vgl. p. 158. avia = es gab, regiert den Acc.: anz avia plus de mil 188. Impersonale Ausdrücke werden gebildet durch es mit dem Substantiv: drez es e bes 120; non es bes 121; no es obs 164.

II. Das Medium.

Die reflexiven Verba lassen sich nach Diez (R. Gr. III, p. 191) in folgende Klassen einteilen:

a) Eigentliche Reflexiva sind solche Verba, die das Reflexivpronomen im Acc. bei sich haben. Im Boeth. kommen folgende zu dieser Klasse gehörende Verba vor: **se celar**: nos pot celar nulz om 171. **se rascundre**: nos pot rascundre nulz om 177. **se tener**: qui a frebla scalas te 146; vgl. 149, 156. **se penar**: molt s'en penet 26. **se salvar**: cuidet s'en salvar 68. **se guardar, se reguardar**: quan menz s'en guarda 132; quan se reguarda 115, 137, 225. **s'esperar**: e deu s'esper 120. **s'auçar**: cum ella s'auça 167. **se dreçar**: quant be se dreça 168. Hierher gehören auch: **se fiar** und **se repentir**, von denen das reflexive Pronomen nie getrennt werden kann: ques fi 121; nos fia 136; se fia 175; se fien 229; e tem fiav' eu 75; e tem soli' eu fiar 82; s'en repent 11, 249. Dagegen findet sich tornar als Reflexiv mit und ohne Refl.-

Pronomen: s'en tornen 212, aber qui de la schala tornen 232.

b) **Uneigentliche Reflexiva**, d. h. solche Verba, die die Sache im Acc., das Pron. im Dat. bei sich haben: quascus bos om si fai lo so degra 225; sis fai fals sacrament 10; ella se fez (sc. los draps) 188; s'en a lo corps aucis 181: plan se sos dolz 159; los pren 132; s'en pren so vengament 252.

c) Bei einigen (intransitiven) Verbis steht das Pron. pleonastisch im Dat. (mit der Bedeutung des Dativus commodi), vgl. Diez, R. Gr. III, 192; z. B. sis foren soi parent 245, sis trada son parent 8; se sun d'altra color 214; no s'es acsi 145; qual oras vol 165; quoras ques vol 181, 185, 251.

III. Das Passiv.

1) Das Passiv wird umschrieben durch esser mit dem Part. Præt.

2) Oft hat der Inf. Akt. bei transitiven Verbis **passiven** Sinn, so nach **faire**: fai l'acupar 241; lo fez gitar 71; fez sos mes segre silz fez metre e preso 59; fez u breu faire 52; escriure fez lo nom 53. **veder**: a l'altre ve tener 124. **cuidar**: cuidet s'en salvar. **voler**: Roma volia tradar 45; no lam volguist laisar 87. Ebenso der präpositionelle Infin., entsprechend dem lat. Part. Fut.: morz no l'es a doptar 175; emperi aig a mandar 84; justicia que grant aig a mandar 86; vgl. Diez, R. Gr. III, 206 ff.

§ 8. Modi.

1) Der Indikativ wird verwandt zum Ausdrucke der Wirklichkeit.

2) Der Conjunkt. zum Ausdrucke der Möglichkeit; er findet sich jedoch im Boeth. nur im Nebensatze (s. den 2. Abschnitt) und wird im einfachen Satze ersetzt durch den Con-

dicionalis, der V. 193 dubitativ (no comprari om), V. 117 optativ ist: morir volria.

3) Der Imperativ ist nicht vertreten.

§ 9. Verbalnomina.

I. Der Infinitivus.

1) Der Infinitiv kann die Funktion eines Subst. haben, kann also wie dieses flektiert werden und Attribute zu sich nehmen. Unser Denkmal bietet folgende Beispiele: avers cobre lo cor al christia 134; non a aver 129; que ella no vea lor pessar 174; om de so saber 33.

2) Der Inf. (in seiner verbalen Natur) steht bei folgenden Verbis:

a) der präpositionslose Inf. folgt nach

poder: no posg re donar 89; qui sapiencia compenre pogues 92; nulz om no pot veder 122; veder ent pot l'om 165; nulz om no pot celar 171; no potden ... cobeetar 173; nos pot rascundre nulz om 177; nulz om no pot desfar 191; qui poden montar 213.

voler: volg metre quastiazo 22; nol volg aver 45; volg tener 48; volia tradar 66; volg far 51; volguist laisar 87; moria volria 117.

soler: tu quim sols goernar 81; e tem solia fiar 82; soli adornar 85; soli ajudar 71; solien jutjar 61.

faire: fez u breu faire 52; escriure fez lo nom 53; fez segre, fez metre 59; fez gitar 71; no faz que mal pensar 90. fai l'acupar 241; fai l'aparer 252; tum fezist ... star 83; fas ... star 88.

laisar: l'om nol laiset a salvament annar 69.

veder: a l'altre ve tener 123.

cuidar: cuidet s'en salvar 68; cuida montar 237.

esperar: per cui viuri esperam 3; ist dagegen das Subjekt des von esperar abhängigen Verbums ein anderes, so folgt que: que zo esperen que faza a lor talen 196 (vgl. p. 179).

venir: lai veng lo reis sa felnia menar 62.

 b) Der präpositionelle Infinitiv. — Es findet sich nur der Inf. mit a nach folgenden Verbis:

aver, esser (zum Ausdrucke der Notwendigkeit): l'emperi aig a mandar 84; justicia que aig a mandar 86; morz no l'es a doptar 175.

repairar, penre (zum Ausdrucke des Zweckes): tuit a plorar repairen mei talent 80, 91; lo reis lo pres de felni' a reptar 64.

II. Participium und Gerundium.

A. Abhängiges Participium und Gerundium.

1) Das Part. Präs. hat meist die Funktion eines Adjektivs übernommen: aquel libres era de fog ardenz 247; la domna es sedenz 243; l'om ve u ome dolent 126; lo kap te tremblant 116.

2) Ein substantiv. Part. ist semblant: ne no l'en fai semblant 119.

3) Das Gerundium wird verwandt zur Umschreibung des Aktivs (vgl. p. 160 f.). Ausserdem findet es sich noch zweimal nach trobar (nos o trobam legen 99) und nach salir (sal el en estant 68), im ersteren Falle, um das Mittel, im letzteren, um den Zweck zu bezeichnen (vgl. Diez, R. Gr. III, 259).

4) Wie das letzte Beispiel zeigt, ist die Hinzufügung der Präp. en beim Gerundium zulässig.

5) Das Part. Präterit. ist gebraucht als Subst.: mes 59, afix 142, drez 120, pesat 67; als Adjekt.: ardida 245, onraz 140, mespres 94, repres 204. quandi? 199 (vgl. Glossar), forfaiz 15.

B. Absolutes Participium und Gerundium.

Das Part. steht absolut V. 23: auvent la gent (vergl. Diez, R. Gr. III, 267), ebenso das Part. zur Vertretung eines Nebensatzes in V. 56: que passen mar, guarnit de contenço.

§ 10. Das Tempus.

1) Das **Präsens**. Das Präs. histor. ist nicht gerade selten: chastia 49; col 50; tramet 54; sal 68; estan 73; reclama 74; desment 144; jaz 158; plan 159.

2) Das **Imperfektum** bezeichnet

a) die Dauer in der Vergangenheit: el eral meler 36; era sos afix 141; era de fog ardenz 249; jazia pres 96; avial cor dolent 101; tenien per senor 37; u nom avia genzor 38; lainz comtava del temporal 97.

b) die Wiederholung einer Handlung, das »Pflegen« in der Vergangenheit: apellaven doctor 99; e tem fiav eu tant 75; soli' adornar 85; molt lo laudaven e amic e parent 142; de sapiencia anava eu ditan 78.

c) eine momentane Handlung in der Vergangenheit: Boecis blasmava sos amigs 138; facia en so sermo 23; anz avia 187.

3) Das **Perfectum**:

a) Das Perf. hist. berichtet ohne Rücksicht auf die Dauer Handlungen und Begebenheiten, die in der Gegenwart (des Dichters) vollendet sind: mal omne foren 21; om foren fello 20; volg i Boecis metre quastiazo 22, vgl. 45, 47, 48; lai fo Boecis 63; donz fo Boecis 28; coms fo de Roma 34; vgl. 30, 31, 43, 58, 92, 94, 160; lai foren soi par 63; vgl. 187, 245; lai venc lo reis 41; vgl. 67, 40, 62; tum fezist... star 83; qui nos redems 153; qui sostenc passio 24; l'emperi aig a mandar 84; vgl. 86; corps ag bo e pro 28; lo mesdren e preso 27; pres 64; mes 26; dis 100; fez 52, 53, 59, 71, 188; no credet deu 46; amet 29; cuidet 68; laiset 69; faliren 70; s'en penet 26; parlet 194.

b) Das Perf. logicum bezeichnet das Ergebnis einer vollendeten Handlung: anc no vist 95: Du hast nie gesehen, d. h. du kennst nicht; vestit 199: sie hat angezogen, d. h. sie trägt die Kleider; ebenso: teiset 190.

Im Sinne des Perf. log. wird allerdings meist

4) das **periphrastische Perf.** gebraucht; z. B. qui an redems lor peccaz 228: die ihre Sünden gesühnt haben, also jetzt (zur Zeit des Dichters) davon frei sind; so auch deus a e lui mes so chastiament 111, d. h. Gott züchtigt ihn; nos o avem veut 106: wir haben es gesehen, wir wissen es (aus Erfahrung); sun bastit 200; sun fait 217 etc. sie sind gebaut, gemacht, d. h. sie bestehen aus; an perdut lor cant 77: sie schweigen; il l'a presa 14; sun montat 226, sie sind gestiegen, d. h. sie stehen oben auf der Leiter (in der Stickerei); depent sun 209: sind gemalt, als Zustand; ebenso: en l'or qui es repres 204; om per veltat non a lo pel chanut: o es eferms o afan agut 108; er hat früher Kummer gehabt, daher ist sein Haar grau. Auffallend ist der Gebrauch des periphrastischen Perfekts (für das Präsens) an folgenden Stellen: quoras ques vol s'en a lo corps aucis 181; quant be se dreça, lo cel a pertusat 167; cum ella s'auça, cel a del cap polsat 168. Wahrscheinlich hat der Dichter dieses Tempus benutzt, um die rasche Aufeinanderfolge der einzelnen Handlungen auszudrücken: »sobald sie sich erhebt, hat sie den Himmel (im Nu) durchstossen.«

5) Das **Plusquamperfektum** bezeichnet die Vollendung der Handlung in der Sphäre der Vergangenheit: desoz avia escript 205, 207.

6) Das **Futurum** verlegt das Eintreten einer Handlung

in die Sphäre der Zukunft: cel no'n quaira 157; al no fara ja 135; ses deu licencia ja no faran torment 19: letzterer Form liegt der Begriff des »Dürfens« zu Grunde.

7) Der **Infinitiv** kommt nur als Inf. Präs. vor; bei dieser Gelegenheit sei noch bemerkt, dass esperar auch den Inf. im Präs. nach sich hat: viuri esperam 3.

§ 11. Über den Gebrauch der Hilfsverba.

1) Mit aver werden konstruiert die Transitiva, z. B. nos o avem veut 99 etc., sowie das Verb. aver selbst: a afan agut 108.

2) Mit esser das Intransitiv montar: qui sun montat 226, und amosir?: uel sien amosit 203.

§ 12. Das Participium.

1) Das von aver begleitete Part. der Intransitiva flektiert, sowohl wenn das Objekt demselben folgt: qui an redems lor peccaz 228, als auch, wenn dasselbe vorausgeht: dis que l'a presa 14. Bei den übrigen Partic. lässt es sich nicht erkennen, ob sie flektiert oder nicht flektiert sind, z. B. a afan agut 108; deus a mes e lui so chastiament 111; s'en a lo corps aucis 181; qui ant perdut lor cant 77. Es wäre nicht ungerechtfertigt, auch in diesen Beispielen Flektion der Part. anzunehmen, da letztere dieselben Formen haben, die sie haben müssten, wenn sie wirklich flektiert wären.

2) Die von esser begleiteten Participia sind flektiert: lainz fo visitaz 160; fox issia alumnaz 162 etc.

§ 13.
Kongruenz des Verbums mit dem Subjekte.

Dem Singular des Subj. folgt das Verb. im Sing., dem Plural des Subjekts folgt das Verb. im Plural. Gegen diese Regel findet sich nirgendwo ein Verstoss; denn die Formen creessen 24 und aurien 25 gehen auf das Kollektiv gent zurück, das, wenn auch formell im Sing. stehend, doch dem Sinne nach ein Plur. ist (Constructio κατὰ σύνεσιν). Ebenso liegt der Form passen 56 ein aus Grecia zu supplierendes Grex zu Grunde. Man merke noch: zwei durch die distributive Partikel ni-ni verbundene Subjekte haben das Prädikat im Singular nach sich: sos corps ni s'anma miga per ren guaris 180. — In der Verbindung des Pron. Demonstr. mit esser richtet sich ausserdem das Verbum nach dem logischen Subjekte: zo sun tuit omne 233, bon omne 228. In Vers 120 ist die Copula es nur auf eines der Subjekte bezogen, wie die Wortstellung schon andeutet: drez es e bes, auch ist zu beachten, dass drez und bez eine begriffliche Einheit bilden.

§ 14. Das Pronomen beim Verbum.

1) Wie es scheint, kann das Personal-Pron. beim Verbum ganz willkürlich gesetzt oder weggelassen werden, vgl. § 4, p. 142 ff. Nur an einer Stelle scheint der Nachdruck das Pronomen zu verlangen: tu quim sols goernar, tum fezist e gran riqueza star (vgl. p. 148).

2) Bei der 3. Sing. findet sich oft das unbestimmte Pron., das mit oder ohne Artikel stehen kann (vgl. p. 152). Dies Pron. «om» wird mitunter auch durch andere Personen ausgedrückt, so durch die 2. Sing.: anc no vist u 95; anc no vist omne 178; no vist donzella 244; oder durch die 3. Plur.: lai o solien las altras leis jutjar 61; de sapiencia l'apellaven doctor 39; tenien per senor 37; lo mesdren e preso 27.

>   Anm.: Nach Chabaneau (Gram. Limousine, p. 186, Note 3) lässt sich us V. 8 durch ou übersetzen.

3) Ein von einem absoluten Pron. abhängiger Relativsatz verlangt dieselbe Person, wie das den Relativsatz bedingende Pron.: tu quim sols goernar 82.

III. Die Partikeln.

§ 15. Die Adverbia.

1) Einige Adverbia sind zu Subst. geworden, nämlich **be**: molt val lo bes 102, per be qu'a fait 105, drez es e bes 120, non es bes 121. — **ma**: al ma 123, lo be ma 133; **en** mit de und ma: lendema 60.

2) Das Adv. dunt wird verwandt als Gen. des Pron. Relat.: dunt eu dig 43.

3) Das Adv. steht, wo wir das Adj. erwarten würden: estai bonament 110, estai fermament 148 (cfr. Diez, R. Gr. III, 315).

4) Die steigernden Adv. dienen zur näheren Bestimmung des Subst., des Adj., des Adv. und Verbs.

   a) beim Subst. stehen folgende Adverbia: **be**: lo be ma 133. — **gaigre**: pro non es gaigre 14. — **tot**: col tot e mal 50.

   b) beim Adj. folgende: **asaz**: petitas fai asaz 166. — **molt**: onor molt grant 112, coms molt onraz 140, molt gran amor 215. — **ta**: ta gran valor 34, ta granz dolors 41, ta grant vertut 122, ta mala fe 122, ta bella 162, ta grant onor 178, ta bel, ta blanc e ta quandi 201. — **tan, tant**: tan bo essemple 32, tan bo talent 152, tan no son vel 189, tant preclar 170. — **trop**: trop nuallos 3. — **de tot**: de tot mespres 94.

   c) das Adv. wird verstärkt durch: **molt**: molt fort blasmava Boccis sos amigs 138. — **per**: molt per foren de bon 187. — **ta**: eu lo chastia ta be 49, ta dolzament 129, 194, ta ben an lor degras 227, ta mal van deperden 198.

Anm.: In dem Satze: menam ta mal jovent 7 kann mal sowohl Adv. als auch Adj. sein. Ebensowenig ist es ersichtlich, ob mal V. 90: no faz que mal pensar Subst. oder Adv. ist.

d) Mit dem Verbum werden verbunden: **be (ben)**: eu lo chastia ta be 49, not servii be 87, cellui vai be 109, be se dreça 168, be la ama 254, ben an lor degras 227. — **fort**: molt fort blasmava 138. — **mal**: ta mal van deperden 198. — **molt**: molt s'en penet 102, molt lo laudaven 142, molt es de longs dias 176, molt per foren 187. — **tan (tant)**: tan amet 29, forfez tant 179, tan se fien 229, e tem fiav' eu tant 75; vgl. V. 83, 135; tant a B. lo vis esvanuit 202; **tot**: tot a in jutjamen 17, qu'ella de tot no vea lor pessar 174, de tot nol troba bo 242.

Anm.: Hierhin gehören auch die Adv. auf men (ment); s. die Wortbildung p. 116 § 5, 5.

5) Statt der einfachen Adv. werden nicht selten Umschreibungen angewandt (Präp. und Subst.): per bontat la te 254 (vgl. bonament 110), de gran follia 2 (cfr. Diez, Altr. Sprachd., p. 46), per evea 27, per grant eveja 51, per gran decepcio 52, per traazo 57. — Das komparative Adv. cum wird ersetzt durch **a guisa de**: a guisa de lairo 241, **faire cosdumna**: plor tota dia, faz cosdumna d'efant «ich weine wie ein Kind», sempre, tota ora durch **soler** und **Inf.**: e tem soli eu fiar 82; solien jutjar 61, soli' ajudar 70.

6) Über die Adv. der Verneinung vgl. p. 176.

7) Über die pronominalen Adv. en und i vgl. p. 147.

§ 16. Die Präpositionen.

A. Die Rektion der Präp.

Die Präp. werden sämtlich mit dem einfachen cas. obl. verbunden; die zusammengesetzten de part, a obs stehen ebenfalls mit dem einfachen cas. obl.; doch ist hier wohl Ausfall der Präp. de anzunehmen.

B. Die Bedeutung der Präpositionen.

1. Die Präposition a.

I. Räumlich:
   a) Zur Bezeichnung der Richtung in der Bewegung: l'om nol laiset a salvament annar 69; repairen a plorar 80, 91; Bocci venc granz dolors al cor 41; a me quar no ves? 130; qui poden montar al θ alçor 213; qui sun al tei montat 226.
   b) Zur Bezeichnung der Richtung in der Ruhe:
      α) zum Ausdrucke der Nähe: deus assa part lo te 105; que a frebla scalas te 146, vgl. 149, 156; a l'altre ve tener 124; gens a lui non atend 131.
      β) zum Ausdrucke des Zweckes: morz no l'es a doptar 175; a obs los Grex Roma volia tradar 66; emperi aig a mandar 84; lo reis lo pres de felni' a reptar 64.
      γ) zum Ausdrucke des Verhältnisses: B. nol volg a senor 75.
      δ) zur Bezeichnung der Richtschnur: esperen que faza a lor talent 196; fai l'acupar a guisa de lairo 241.
II. Zeitlich, d. h. zur Bezeichnung der Zeit, in deren Verlauf etwas geschieht: a ora 21; a toz dias 82; a l'ora 104; al dia clar 60; al ma, al ser 123 (vergl. p. 158, I, 5).

2. Die Präposition ab

wird nur bei räumlichen Verhältnissen angewandt und bezeichnet
   a) die Richtung: ab Bocci parlet 193.
   b) die Nähe: ab damrideu se tenia forment 143; qui amor ab lei pren 253.

c) das Verhältnis zu Jmd.: ab la donzella an molt gran amor 215 (ab = adversus, cfr. Diez, R. Gr. III, 174).

d) das Mittel: ab aquel fog 251, 252; eu lo chastia ab so sermo 49; l'una fremna no comprari' om ab mil liuras d'argent 193.

3. Die Präposition aprob

bezeichnet die Nähe: Boecis ac gran valor aprob Mallio 35.

4. Die Präposition contra

weist auf den feindlichen Gegensatz hin: contra felnia 218; vgl. 219—224.

5. Die Präposition de.

I. Räumlich:
- a) zur Bezeichnung der Bewegung, zunächst in der Richtung von oben nach unten: qui de la schala tornen aval 232, dann in jeder beliebigen Richtung: de part Boeci lor manda tal razo 55; ni gens de lui no volg tener s'onor 48.
- b) zur Bezeichnung der Ruhe: nos de molz omnes o avem veut 106.
- c) zur Bezeichnung der Hinsicht: de sapiencia anava eu ditan 78; lainz comtava del temporal 97, de sol 98.

  Hierhin gehört auch der adverbiale Ausdruck: de tot 92, 174, 242.
- d) zur Bezeichnung der Art und Weise: de gran follia parllam 2.
- e) zur Bezeichnung der Ursache: que no murem de fam 5; lo reis lo pres de felni' a reptar 64; libres era de fog ardenz 247; d'una causa 38.
- f) zur Bezeichnung des Mittels: cel a del cap polsat 117; qui nos redems de so sang 153; guarnit de contenço 56; los savis omes en soli' adornar De la justicia 86.

g) zur Bezeichnung des Stoffes, aus dem etwas gemacht ist, bei esser, bastir, faire z. B. de caritat e de fe sun bastit 200; d'aur no sun ges 210; fait sun d'almosna 217 etc.

h) zur Bezeichnung des Überganges einer Person aus einem Zustande in einen anderen: de lui volg far fello 51.

II. Zeitlich, d. h. zur Bezeichnung eines Zeitraumes von einem bestimmten Zeitpunkte aus: de joven 195; de jovent 233.

Anm.: Die Präp. de kann wiederholt werden; notwendig ist indessen die Wiederholung nicht; z. B. de caritat e de fe 200; de bon e de fobtil; dagegen d'almosna e fe e caritat 217; de fol e luna, cel e terra, mar 98 (vgl. über de p. 158, II, B.).

6. Die Präpositionen denant, davant

dienen zur Bezeichnung des Verhältnisses eines Gegenstandes zum andern im Raume: nos pot rascundre nulz hom denant so vis 177; davant so vis nulz om nos pot celar 171.

7. Die Präposition e (en).

I. Räumlich:

a) Zur Bezeichnung der Bewegung zu einem bestimmten Ziele hin (lat.: in cum acc.): ecvos Boeci cadegut en afant 82; e granz k(a)denas 71; e pois met l'arma en effern el somsis 182; silz fez metre e preso 27; vgl. 59; sil tramet e Grecia 54; Boeci no venc e pesat 67; lo fez e sa charcer gitar 71; deus a mes e lui so chastiament 111; qui e bos omes desend 154. Mit der Präp. e werden ferner konstruiert die Verba **s'esperar**: e deu s'esper 120; **creire**: qui cre en Jhesu 152 (cfr. p. 157, B, 1); **se fiar**: ques fi e son aver 121; qui e leis se fia 175;

qui tan se fien e sancta trinitat 229; e tem soli eu fiar 82; e tem fiav' eu tant 75.

 b) zur Bezeichnung der Ruhe (lat.: in c. abl.): fazia en so sermo 23; en or avia u *ll* grezesc 205; la vita qui en terr'es 206; no cuid qu'e Roma om . . . fos 33; ecvos e Roma l'emperador Teiric 44; inz e las carcers 96; nos e molz libres o trobam legen 99; e la carcer avial cor dolent 101; deus e lui no ma 136; no potden e lor cors cobcetar 173; qui e la scala an lor degras 227; e sa ma dextra la domna u libre te 246. — Den Zustand bezeichnet ‚e' bei den Verbis **esser, estar, jazer**: li satan *son* en so mandament 18; e cui marce tuit peccador estant 76; tum fezist e gran riqueza star 83; e chaitiveza star 88; es e gran mesant 117; cum jaz e pena charceral 158.

 c) zum Ausdrucke des Zweckes: sal el en estant 68; Teirix col e mal sa razo 50.

II. Zeitlich, d. h. zur Bezeichnung des Zeitraumes, innerhalb dessen eine Handlung vor sich geht: en epsa l'ora 214; lo bes que l'om fai e jovent 102; qui tra mal e jovent 109.

8. Die Präposition entre, antre

bezeichnet einen Raum, der von einem anderen Raume eingeschlossen ist: Antr' ellas doas depent sun l'eschalo 209; tan bo essemple laiset entre nos 32.

9. Die Präposition per

steht wie «ab» nur in räumlicher Beziehung

 a) zur Bezeichnung der Bewegung nach einem Ziele hin bis zur Erreichung desselben: cuida montar per l'eschalo 237; per aqui monten cent miri auzello 211; tan quan per terra annam 4; veder ent pot l'om per quaranta ciptaz 165. An einer Stelle ist es identisch mit dem lat. in c. acc.: cel no'n quaira per negu torment 157.

b) zur Bezeichnung der Hinsicht (wie de): per folledat parllam 2.

c) zur Bezeichnung des Mittels: sos· corps ... miga per ren guaris 180.

d) zur Bezeichnung des Grundes, der Ursache: per cui salv esmes 6; per cui viuri esperam 3; per lui aurien trastut redemcio 65; om per veltat non a lo pel chanut 107; per be ... deus assa part lo te 105. Ebenso in den Partikeln per zo 47; per ço 243; pero 67, 94; per aizom 88.

e) zur Bezeichnung der Art und Weise: per eveja 27; per grant evea 51; per gran decepcio 52; per traazo 57; per bontat 254.

f) zur Bezeichnung des ergriffenen Teiles: sil pren per lo talo 240 (vgl. Diez, R. Gr. III, 176).

g) zur Bezeichnung der Gleichsetzung einer Person mit einer anderen: tenien per senor 37 (= habere pro).

10. Die Präposition ses

bezeichnet das Fehlen, einen Mangel: ses deu licencia 19.

11. Die Präposition sobre

deutet auf die Lage eines Gegenstandes oberhalb eines andern hin: sobre la schala escript avia u θ grezesc 207.

12. Die Präposition ultra

bezeichnet die Richtung oder Lage jenseits eines Ortes: qu'el trametia los breus ultra la mar 65; li omne qui sun ultra la mar 172.

13. Die Präposition vers

bedeutet das Hinneigen eines Gegenstandes zu einem andern: fremna qui vers la terra pent 192. Speziell dient sie zur Bezeichnung des Verhältnisses zu einer Person: e ni vers deu no'n fai emendament 12; vgl. hierzu ab, p. 172, 2 c.

Anm.: Die lat. Präp. pro ist umschrieben durch a obs: a obs los Grex 66; ante durch avia: anz avia plus de mil 188.

Anhang.

§ 17. Die Negationen.

Diez, R. Gr. III, 420 unterscheidet zwischen voller und halber Negation.

I. Volle Negation.

Sie gelangt im Boethius zum Ausdrucke durch die Partikeln no, non, nonqua. Über den Unterschied zwischen den beiden ersten Wörtern ist zu merken, dass no vor Konsonanten steht; ein Hiatus kommt unter ca. 55 Fällen bloss zweimal vor: ja no es obs 164 und noi ve miga del so 238. Sonst wird der Hiatus getilgt durch non; nur zweimal findet sich non vor folgendem Konsonanten: ja non faran torment 19. anc non vist u 95. An andern Stellen, in denen non vor Konsonanten steht, ist dasselbe aufzulösen durch no'n. — nonqua findet sich nur einmal: nonqua la te 14.

II. Die halbe Negation

wird gebildet durch die Partikeln ne, ni (vgl. hierüber p. 187, c), sowie durch die Pron. negus, nulz, neienz. In der lat. Muttersprache besassen diese Wörter, ebenso wie die oben Nr. I aufgezählten Partikeln verneinende Kraft. Diese scheinen sie indessen verloren zu haben; denn in negativen Sätzen kommen sie nie allein vor, sondern nur in Verbindung mit der Partikel no; z. B. negus om no pot desfar neienz 191; man beachte die dreifache Negation! ta mala fe nulz om no pot veder 122; nulz om nos pot celar 171; nos pot rascundre nulz om 177.

Anm.: 1. Halbe Negation kann auch durch Pron. und Adv., denen ein positiver Sinn zu Grunde liegt, erreicht werden (cfr. Diez, R. Gr. III, 423), nämlich durch us, om, res,[1]) ja, anc; z. B.: anc no[2]) vist u 95; que us non o preza 8. — hanc no fo om 92; hanc no vist omne 178. — res nol rema 137; ne no posg re donar 89. — ja non faran torment 19; al no fara ja 135; cel non quaira ja per negu torment 157; ja no es obs 164. — Boeci anc no vene e pesat 67.

Anm. 2. Die Verstärkung der Negation geschieht durch folgende Substantiva:

mija, miga:[3]) lo senz Teiric miga no fo de bo 58; mija no s'en repent 11; miga no l'a al ser 123; noi ve miga del so 238; mija nonqua la te 14.

gens, ges: ni gens de lui no volg tener s'onor 48; gens a lui non atend 131; d'aur no sun ges 210.

mot: no sap mot quan 132.

Zur Verstärkung wird auch das Adv. **gaigre** verwandt: pro non es gaigre 13 («non est valde utile», vgl. Diez, R. Gr. III, 424).

§ 18. Der einfache Satz.

1) Aussage-Sätze. Die einzelnen Bestandteile des Satzes sind im Vorhergehenden näher betrachtet worden. Es handelt sich hier nur noch um die Reihenfolge derselben:

---

[1]) Doch bleibt ohne volle Negation dem res positiver Sinn = aliquid: sos corps ni s'anma miga per ren guaris 181. Nach Diez (Altrom. Sprachdenkm., p. 64) fehlt in diesem Satze non; er übersetzt: «Sein Leib und seine Seele waren durchaus nicht zu retten»; doch scheint es nach der p. 31 vorgeschlagenen Übersetzung nicht nötig zu sein, non zu supplieren.

[2]) «anc no wird nur von der Vergangenheit gebraucht, im Gegensatz zu ja no, das sich auf die Zukunft beziehen muss, wie das aus Diez (II, 473) bekannte Beispiel: ja no er ni anc no fo veranschaulicht» Suchier, Z. f. R. P. III, 350, Note 1. Beispiele zu dieser Regel, die auch im „Boëthius' ihre Bestätigung findet, s. p. 194.

[3]) Alleinstehend (ohne volle Negation) entspricht miga dem positiven res: miga lor prez avil 189.

Die Grammatik verlangt, dass das Subjekt an die Spitze gestellt wird; diesem folgt das Prädikat, das nähere Objekt, das entferntere Objekt und die übrigen präpositionalen Satzteile. Unser Dichter jedoch macht von dieser Wortstellung den spärlichsten Gebrauch (nos jove omne menam ta mal jovent 7); in den meisten Fällen stellt er (sei es nun gezwungen: durch metrische Gründe, oder freiwillig: zur Hervorhebung eines Wortes oder zur Hervorbringung rhetorischer Effekte) dieses oder jenes Satzglied um. Doch hierüber vgl. die Wortstellung.

2) Frage-Sätze. Sie werden eingeleitet durch die fragenden Pron. cals, que; z. B. cals es la schala, de que sun li degra? 216; cal sun li auzil? 226; quals es l'om? 149; cal an li auzil significatio? 231. Einer Art rhetorischer Frage begegnen wir V. 130: morz, a me quar no ves? Vgl. die Wortstellung!

Zweiter Abschnitt.

Das Satzgefüge.

Vorbemerkung: Nach ihrer Einleitung können wir die Nebensätze im Boethius-Liede in zwei Hauptklassen einteilen: 1) in Conjunktionalsätze, 2) in Pronominalsätze. Die ersteren zerfallen wiederum in zwei Gruppen, je nachdem sie mit einer einfachen Conjunktion oder mit einer conjunktionalen Wendung eingeleitet werden; ebenso lassen sich bei den Pronominalsätzen unterscheiden: Relativsätze und Fragesätze.

I. Konjunktionalsätze.[1]

A. Sätze die eingeleitet sind durch einfache Konjunktionen.

§ 19. Subjektsätze.

Sie stehen nach impersonalen Ausdrücken; sind diese positiv, so folgt im Nebensatze der Indic., dagegen folgt der Subj., wenn sie negiert sind. Die einl. Conjunktion ist que: Drez es e bes que l'om e deu s'esper, mas non es bes ques fi e son aver 120; ja no es obs fox issia alumnaz 164. In letzterem Beispiele fehlt die Conjunktion que.

§ 20. Objektsätze.

1) **Aussagesätze** (nach den Verbis dicendi und sentiendi). Über den Modus ist folgendes zu merken:

a) que c. Subj. folgt: α) nach cuidar, wenn es verneint ist: no cuid qu'e Roma om de so saber fos 33; no cuid (que) aprob altre dols li demor 42. β) nach esperar: que zo esperen que faza a lor talen 195. γ) nach pensar: que el zo pensa (que) uel sien amosit 203. Vielleicht ist der Subj. aus dem in pensar liegenden Begriffe des „Fürchtens" zu erklären, dem der Subj. folgt (vgl. Diez, R, Gr. III, 334).

Anm.: Nach cuidar und esperar folgt der Infinitiv, wenn im Nebensatze das Subj. nicht wechselt: viuri esperam 3; cuidet s'en salvar 68.

b) In der oratio obl. steht que c. Ind., wenn das Verbum des Hauptsatzes nicht verneint ist: dis que l'a presa 14; lo reis lo pres de felni' a reptar qu'el trametia ... (qu'el) a obs los Grex Roma volia tradar 65, 66; (dis que) eu lor redra Roma 57. Liegt jedoch dem Verbum des Hauptsatzes der Begriff des Bittens,

---

[1]) Über das Tempus vgl. § 25.

Befehlens zu Grunde, so steht der Subj. im Nebensatze: (Ergänze aus fazia en so sermo: preguet) creessen deu 24; lor manda tal razo, que passen mar 56.

2) **Causalsätze.** Der Modus ist der Indik.: Molt lo laudaven e amic e parent c'ab damrideu se tenia 143.

3) **Finalsätze**: que c. Subj.: molt me derramen donzellet de jovent que zo esperen ... 196. In dem Satze: e qui nos pais que no murem de fam 5 erklärt Diez die Bevorzugung des Ind. vor dem Subj. aus euphonischen Gründen (vgl. Altr. Sprachd. 47).

4) **Consecutivsätze**: Ist der Hauptsatz positiv, so steht der Indikativ: qui tant i pessa que al no fara ja 135; tant a B. lo vis esvanuit que el zo pensa 203; nos jove omne menam ta mal jovent que us non o preza 8; tant en retenc que de tot no'n so blos 31; ella's ta bella (que) reluz ent lo palaz 162; tan bon essemple en laiset entre nos (que) no cuid 33; donc venc B. ta granz dolors al cor (que) no cuid 42. Nach negiertem Hauptsatze steht der Subj.: no potden tant e lor cors cobeetar qu'ella de tot no vea ... 174; tan no son vel (que) miga lor prez avil 189.

5) **Temporalsätze**: Die einleitenden Conjunktionen sind:

a) **que c. Ind.**: euz dias antix qu'el era coms e molt onraz e rix 140; quan ve a l'ora quel corps li vai franen 104 (vgl. § 23, Anm. 2).

b) **quant, quan c. Ind.**: quan veng la fis Mallio Torquator 40; quant e la carcer avial cor dolent 101; quan ve a l'ora 104; quant se reguarda 137, vgl. 257; quant be se dreça 168; quant es joves et a onor molt grant et evers deu no torna so talant 112, 113.

c) **com, cum c. Ind.**: com el es velz 103; cum es velz 110, vgl. 114; cum l'us lo pert 124; cum ella s'auça 167; cum sun vell 235; cum cuida montar 237; cum jaz Boecis, plan se sos dolz ... 158.

6) **Conditionalsätze.**

a) Wenn das bedingende Glied eine Thatsache aussagt, so steht sowohl im Haupt-, als auch im Nebensatze der Ind.: us non o preza sis trada son parent 8; sill mena malament 9; pro non es gaigre si penedenzan pren 13. Auch wenn das Verbum des übergeordneten Satzes im Subj. steht, braucht der Dichter im Nebensatze den Ind.: hanc no vist omne ... sil forfez tan ... sos corps ... miga garis 179.

b) Der Subj. steht im Nebensatze, wenn dieser eine blosse Möglichkeit, Voraussetzung enthält. Ein Beispiel findet sich nur in Verbindung mit dem unter Nr. 1 angeführten Falle: si l'om forfai e pois no s'en repen et evers deu non faz' amendament 249 (cfr. Diez, Altr. Sprachdenkm. p. 70).

Anm. 1. Wie obige Beispiele zeigen, ist die Konjunktion que mitunter nicht gesetzt in den Aussage-, Temporal- und Konsekutivsätzen. Auch in dem Satze V. 106: nos o avem veut, om per veltat non a lo pel chanut liesse sich vor om ein que ergänzen.

Anm. 2. Die Wiederholung der Konjunktionen quan, com und si ist nicht notwendig; vgl. die Beispiele.

7) **Concessivsätze**; sie werden eingeleitet durch:

a) **ta c. Subj.**; que fehlt überall: hanc no fo om ta grant vertut agues 92; hanc no vist omne, ta grant onor agues 178 (Diez, R, Gr. III, 381 hält diese Konstruktionen für Relativsätze mit fehlendem Relativpronomen).

b) **per pur tan que** mit folgendem **Ind.**: per pur tan quell clamam 6. Man würde den Subj. erwarten; vielleicht hat der Reim den Dichter bewogen, von der regelmässigen Konstruktion abzuweichen (Diez, Altr. Sprachdenkm. 47, R. Gr. III, 358).

Hierher kann man auch die bei den Temporalsätzen (s. § 21) angeführten Beispiele: quora ques vol 181, 185 rechnen; doch ist zu bemerken, dass vol im Indic. steht (cfr. Diez, R. Gr. III, 363).

B. Sätze, die eingeleitet sind durch konjunktionale Wendungen.

§ 21. Temporalsätze.

Sie werden eingeleitet durch:
1) **quandius que** c. Ind.: quandius que nos estam 1.
2) **qual oras** c. Ind.: qual oras vol 166.
3) **quoras que** c. Ind.: 181, 185, 251.

§ 22. Komparativsätze.

Die vergleichenden Partikeln sind acsi cum, si cum — si; auf sie folgt der Ind.: no s'es acsi cum anaven dicent 145; Si cum la nibles cobrel jorn lo be ma, si cobre avers lo cor al christia 133, 134.

II. Pronominalsätze.

§ 23. Relativsätze.

1) Die Relativsätze sind bedingt durch das Relativpronomen qui, dem als Antecedens ein Subst. oder Pron. vorausgeht. Doch kann das Antecedens auch fehlen (vgl. p. 155).

2) Was den Modus anbetrifft, so steht der Indikativ, wenn der regierende Satz positiv ist: z. B. cel bona i vai, qui amor ab lei pren 253; qui be la ama e per bontat la te 254, etc. etc. Nach verneintem Hauptsatze steht der Subj. im Nebensatze, wenn dieser eine Vorstellung, eine Annahme enthält; dagegen bleibt der Indicativ, wenn er eine Thatsache feststellt: anc non vist u qui tant en retegues 95; hanc no

fo om, ... qui sapiencia compenre pogues 93. Dagegen: cel non es bos que a frebla scalas te 146; bos christians qui a tal schalas te, cel non quaira 157; ne eps li omne qui sun ultra dumman no poden ... 172; pur l'una fremna qui vers la terra pent no comprari' om ... 192; aquel qui l'a non estai bonament 148; no nos membra per cui viuri esperam, qui nos soste tan quan per terra annam e qui nos pais ..., per cui salv esmes 3 ff.; qui e leis se fia, morz no l'es a doptar 175.

Der Subj. steht, wenn das Verbum des Relativsatzes zu gleicher Zeit den Zweck, die Absicht zum Ausdrucke bringt: tal li comanda qui tot dias la bris = „einen solchen empfiehlt sie ihr, damit er sie beständig quäle". Auffallend ist der Gebrauch des Subj. in dem Satze: dont ellas rangures 179, zumal der demselben vorausgehende Conditionalsatz (si'l forfez tant), von dem er abhängig ist, den Indic. zeigt. Fasst man den Relativsatz als Consekutivsatz auf, so würde man den Indikativ erwarten (vgl. § 20, 4); daher verbessere man rangures mit Bœhmer zu ranguris, der diese Form als Praes. Ind. von rangurezir auffasst. Vgl. die Metrik, § 8.

3) Attraktion des Adjektivs in den Nebensatz hat stattgefunden V. 86: de la justicia que grant aig a mandar.

4) Folgen verschiedene Relativsätze auf einander, so ist die Wiederholung des Relativpronomens nicht obligatorisch, mögen die Sätze durch e verbunden sein oder nicht: per cui viuri esperam, qui nos soste e qui nos pais 5; li auzil qui sun al tei montat, qui e la scala ta ben an lor degras 226; bon omne qui an redems lor peccaz, qui tan se fien e sancta trinitat, (qui) d'onor terrestri non an gran cobeetat 228; tuit omne qui de joven sun bo, de sapiencia qui commencen razo, e (qui), cum sun vell, esdevenen fello e (qui) fan perjuris e granz traïcios 239.

Anm. 1. Die relativen Adverbia dunt und o sind ebenfalls berechtigt, Relativsätze einzuleiten: Mallios Torquator dunt eu dig 44; dunt ellas rangures 179. — dunt fehlt V. 181: Hanc no vist omne... (dunt) lo corps ... guaris. dunt bezieht sich auf persönliche und sächliche Begriffe, o nur auf letztere: lo mas o intra inz 163; lai o solien las altras leis jutjar 61; inz e las carcers o el jazia prez 96.

Anm. 2. Ein verallgem. Rel.-Satz findet sich V. 155: que quel corps faça.

Anm. 3. Hierhin kann man auch die § 20, 5 bei den Temporalsätzen angeführten beiden Beispiele rechnen, falls man das que nicht als Konjunktion (quod), sondern als Relativ auffasst.

Anm. 4. Zu bemerken ist noch, dass der Dichter die Häufung der Relativsätze sehr liebt, wie obige Beispiele zeigen.

§ 24. Abhängige Fragesätze.

Im Boethius findet sich ein abhängiger Fragesatz nur an drei Stellen. Der Modus ist der Indikativ; wenn der Nebensatz aber zugleich einen Zweifel ausdrückt der Subj. (cfr. Diez, R. Gr. III, 325).

Sie sind eingeleitet durch das Interrogativpronomen que: non ai que prenga 89, oder durch cum: comtava del temporal cum es, de sol e luna, ... cum es 97, 98. In letzterem Beispiele hat Attraktion stattgefunden, indem die dem Verbum des Nebensatzes zukommenden Objekte temporal, sol, luna, cel, terra, mar in den Hauptsatz gezogen und dem regierenden Verbum untergeordnet worden sind.

§ 25. Consecutio temporum.

1) Auf das Praes. im Hauptsatze folgt im Nebensatze:
a) das Praes., wenn beide Handlungen in die Gegenwart fallen: quan ve a l'ora quel corps li vai franen, ... deus assa part lo te 104; quant es joves e a onor molt grant et evers deu no torna so talant... vai s'onors descaptan 112; e qui nos pais que no murem de fam 5; que quel corps faça eul vai l'arma dozen 155 etc.
b) das Praet., wenn die Handlung des Nebensatzes der des Hauptsatzes vorausgegangen ist: no cuid qu'e

Roma om de so saber fos 33; dis que l'a presa 14.

    c) das Fut., wenn die Handlung des Nebensatzes in die Zukunft fällt: qui tant i pessa que al no fara ja 135; (dis) eu lor redra Roma 57.

2) Auf das Praet. im Hauptsatze folgt im abhängigen Satze:

    a) das Praet., wenn beide Handlungen der Sphäre der Vergangenheit angehören: quan veng la fis Mallio Torquator, donc venc Boeci ta granz dolors al cor 40; dis o Boecis, quant e la carcer avial cor dolent 100; Hanc no fo om, ta grant vertut agues qui sapencia compenre pogues 92; molt lo laudaven e amic e parent c'ab damrideu se tenia forment 142; molt fort blasmava B. sos amigs qui lui laudaven, qu'el era coms... 138; fazia en so sermo creessen deu qui sostenc passio 24 etc. etc.;

    b) der Conditionalis mit dem Hinweise auf die Zukunft: fazia... per lui aurien trastut redemcio 25.

Anm. 1. Auf das Praet. im Hauptsatze kann im Nebensatze auch das Praes. hist. folgen: cum jaz Boecis e pena charceral, plan se sos dols e sos menuz pecas, d'una donsella fo lains visitaz 160.

Anm. 2. Auf das Perf. log. folgt im abhängigen Satze das Praes.: quoras ques vol s'en a lo corps aucis 184; cum ella s'auça, cel a del cap polsat, quant be se dreça, lo cel a pertusat 167, 168; vgl. p. 166, 4.

§ 26. Satzverbindungen.

Die zur Verbindung von Sätzen oder Satzteilen dienenden (beiordnenden) Conjunktionen sind folgende:

I. Conjunctiones copulativae: a) e, et. 1) In Bezug auf den Unterschied im Gebrauch dieser Partikeln sei bemerkt, dass e durchgehends (an ca. 38 Stellen) vor folgendem Konsonanten steht; an folgenden vier Stellen ist jedoch der Hiatus geblieben: coms fo de Roma e ac ta gran valor 34;

crida e ucha 130; molt lo laudaven e amic e parent 142;
morir volria e es en gran masant 117. *et* kommt nur zweimal vor und zwar vor folgendem Vokale: et evers deu 113,
141. Daher wurde & vor Vokalen zu et [mas quant es joves
& (= et) a onor 112, & (= et) en Jhesu 152, & (= et)
evers deu 250], vor Konsonanten zu e [kilz mor & (= e)
vius 17] aufgelöst.

    2) e verbindet:

    a) Einzelne Satzglieder: corps ag bo e pro 28; drez
es e bes 120; l'om ve u ome quaitiu e dolent 126;
crida e ucha 130; coms molt onraz e rix 140 etc.
etc. Häufig tritt e schon zum ersten der beiden
Satzglieder; es entsteht somit die Doppelverbindung
e-e: molt lo laudaven e amic e parent 142; il sun
ta blanc, e ta bel e ta quandi 201; fait sun d'almosna
e fe e caritat 217. Auffallend ist der Gebrauch des
e V. 98: de sol e luna, cel e terra, mar cum es.
Man würde hier entweder das Polysydeton oder das
Asyndeton oder die Anwendung der Conjunktion
höchstens vor dem letzten Gliede erwarten.

    β) Zwei oder mehrere Sätze: e qui nos pais 5; e ni vers
deu no'n fai emendament 12; coms fo de Roma e
ac ta gran valor 34; quant es joves et a onor molt
grant et evers deu no torna so talant 112; lai fo
Boecis e foren i soi par 63; si l'om forfai e pois
no s'en repen et evers deu no'n faz' amendament 249
etc. etc.

Anm. »e« wird von unserem Dichter auch an die Spitze eines Satzes gesetzt,
der einen neuen Gedanken enthält: e la morz a epsament mala fe 125
(vorher hat er von der Hinfälligkeit der irdischen Glücksgüter gesprochen,
jetzt spricht er von der »Treulosigkeit« des Todes). Ebenso steht e im
Anfange einer Frage, wodurch diese an Lebhaftigkeit gewinnt: e quals
es l'om...? 149.

    b) si dient zur Verbindung zweier Sätze, in denen dasselbe Subjekt bleibt: fez sos mes segre silz fez metre e preso 59; ven acorren sil, pren per lo talo 240.

c) **ni (ne)** verbindet:

α) Zwei Begriffe im Nebensatze: sis trada son parent, senor ni par 9; sos corps ni s'anma miga per ren guaris 181.

β) Zwei negative Sätze: e deu nos fia ni deus e lui no ma 136; B. nol volg a senor ni gens de lui no volg tener s'onor 48; non ai que prenga ne no posg re donar 89; not servii be ne no lam volguist laisar 87; ella nol pren ne nol en fai semblant 119; durch e noch verstärkt V. 12: miga no s'en repent e ni vers deu no'n fai emendament 12.

Anm. 1. In V. 10 verbindet ni einen negativen Nebensatz mit einem positiven: que us non o preza... ni (que) l'us vel l'aitre sis fai fals sacrament.

Anm. 2. ne verstärkt die Negation V. 172: ne eps li omne... no polden ... coheetar.

γ) Der positiven Doppelverbindung e-e steht gegenüber die negative ni-ni (ne-ne); doch muss beim Verbum noch die Negation no stehen: ni dia ni noit no faz que mal pensar 90; non a aver ni amic ni parent 128; no'n a ne tan ne quant 115.

d) **que**: cerca que cerqua 237.

e) **donc** verbindet den Nachsatz mit seinem temporalen Nebensatze: quan veng la fis Mallio Torquator, donc venc Boeci ta granz dolors al cor 41; cum el es velz, donc estai bonament 110. Meistens jedoch steht der Nachsatz eines Temporalsatzes ohne Verbindung: cum jaz Boecis e pena charceral, d'una donzella fo visitaz 160 etc. etc.

II. **Conjunctiones disjunctivæ**: o-o dient zur Verbindung von Sätzen: o es mal aptes o altre pres lo be 127; o es eferms o a afan agut 108.

III. **Conjunctiones adversativæ**: 1) **mas** (= lat. sed,

at; cfr. Diez, R, Gr. III, 44); mas d'una causa nom avia genzor 38; mas quant es joves 112; mas non es bes 121 etc. etc.

2) **pero** (= lat. verum; cfr. Diez, l. l. III, 44): pero Boeci anc no venc e pesat 67; pero Boecis no'n fo de tot mespres 94; pero Boecis trastuz los en desment 144.

3) **anz** (= lat. potius; cfr. Diez, l. l. III, 44): non i mes foiso, anz per eveja lo mesdren e preso 27. Es bezeichnet diese Conj. den schärferen Gegensatz.

IV. **Conjunctiones causales:** 1) **quar:** quar no nos membra 3; V. 26 wurde quar gestrichen und durch mas ersetzt.

2) **que:** que, epslor forfaiz, sempre fai epsament 15; que zo esperen que faça a lor talen 196.

V. **Conjunctiones conclusivæ:** 1) **pero, per zo, per ço:** per zo nol volg B. a senor 47; quan se reguarda, pero ns nol rema 137; bella's la domna e granz, per ço sedenz.

2) Stärker ist **per aizo:** per aizom fas e chaitiveza star 88.

Dritter Abschnitt.

Die Wortstellung.

§ 27. Die Stellung der einzelnen Satzteile.

1. Die Stellung des attributiven Substantivs.

Das attributive Substantiv folgt dem regierenden. (Beispiele siehe p. 159.) Doch finden sich viele Ausnahmen von dieser Regel: ses deu licencia 19; de cel la dreita lei 208; de sapiencia ... razo 238; de sapiencia ... doctor 39; d'onor terrestri ... cobeetat 230; del fiel deu ... amic 45; de tot l'emperil ... senor 37; de Boeci ... lo nom 53; de tota Roma l'emperi 84. Der possessive Dat. steht immer nach: filla's al rei 161. (Vgl. den Dat. p. 158, II, 4.)

Anm. Das Adjektivum nuallos folgt dem abhängigen Subst.: de sapiencia ... nuallos 30; Das Prpn. cui steht vor dem regierenden Subst. V. 76 e cui marce.

2. Stellung des attributiven Adjektivs.

a) Vor dem Subst. stehen folgende Adj.

granz: gran follia 2; lo grant omnipotent 16; ta gran valor 34; ta gran(z) dolors 41; grant evea 51; gran decepcio 52; granz k(a)denas 73; gran riqueza 83; molt gran amor 215; (aber: onor molt grant 112, die einzige Ausnahme) etc. etc. vgl. Anm. 2.

bo: tan bo essemple 32; bos christias 150; tan bo talant 152; bos omnes 154; bos cristians 156; quascus bos om 225; bona feeltat 219; bon omne 228; be bo merit 255.

mal: mal omne 20; ta mala fe 122; mala fe 125.

jove: nos jove omne 1, 7.

longs: longs dias 171.

savis: los savis omes 85. — Ausserdem merke man:

a) Vor steht das Adj., wenn es eine in dem Wesen des Substantivs schon liegende Eigenschaft ausdrückt: fiel deu 45; sant sperit 154; sancta trinitat 229; dreita lei 208.

b) Das längere Wort folgt dem kürzeren: fals sacrament 10.

β) Dem Substantiv folgen:

a) Die Adj. auf al: pena charceral 158; justicia corporal 256; sceptrum rejal 255.

b) Das Gentil-Adj. grezesc: *Il* grezesc 205; *θ* grezesc 207.

c) Die Komparativa: nom genzor 38; *θ* alçor 213.

d) Die Adj., auf denen ein Nachdruck liegt (vgl. Diez, R. Gr. III, 450): e sa ma dextra 246; el ma senestre 256. Aus diesem Grunde müsste man V. 146: frebla scala und V. 149: ferma scala eine Umstellung erwarten.

e) Nach der oben (b) ausgesprochenen Tendenz steht V. 230 onor terrestri, V. 151, 248: rei omnipotent.

f) Nach steht das Adj., das eigentlich Part. Praet. ist: coms molt onraz 140: vgl. dagegen: sos menuz pecaz 159.

Anm. 1. Dem Subst. folgen ferner: clar: al dia clar 60; antix: els dis antix 139.

Anm. 2. V. 86 steht grant nach in Folge der Attraction: de la justicia que grant aig a mandar. Vgl. auch V. 112.

Anm. 3. Werden zwei Adjektiva durch die Konj. »e» mit einem Subst. verbunden, so können die Adj. vor und nach stehen: coms molt onraz e rix 140; foren de bon e de sobtil (sc. fil) 187.

3. Stellung des attributiven Numerals.

Das Numeral steht vor dem Substantiv: quaranta ciptaz 165; mil liuras 193; cent miri auzello 211. Nur V. 188 steht es nach: anz plus de mil.

4. Stellung des attributiven Pronomens.

a) Die Pron. Poss. stehen vor dem Substantiv; ebenso das Demonstr. aquel; z. B. mias musas 77; sos dolz 159; lo nostre creator 46; aquel libres 247; aquel fog 251, 252. Das Interrog. cals ist von seinem Subst. getrennt: cal an li auzil significacio 231.

b) Die unbestimmten adjektivischen Pron. stehen ebenfalls vor dem Subst.:

eps (der Artikel steht zwischen eps und dem Subst.): en epsa l'ora 214; eps li omne 172; eps li satan 18.

altres: altre dols 42; d'altra color 214; las altras leis 61.

negus: negu torment 157; negus om 191.

nulz: nulz om 171, 177, 123.

molz: molz libres 99; molz omnes 106.

quascus: quascus bos om 225.

tal: tal razo 55; tal schala 156.

tuz: Tritt zu dem Subst. der Artikel oder ein anderes Pron., so steht tuz vor diesen (vgl. eps): de tota la onor 36;

de tot l'emperil 37; tuit peccador 76; tota dia 118; tot sos afix 141; tota ora 147; tota la majestat 169; tuit omne 233; toz aquel libres 247; tult mei talant 91; tuit ist von seinem Subst. getrennt V. 80: tuit a plorar repairen mei talant.

trastuz: trastota dia 118.

5. Stellung des Artikels.

Der Artikel steht vor dem Subst. bzw. vor dem dazu gehörigen Attribute; nur bei eps und tuz steht er zwischen diesem und dem Subst. (Vgl. oben.)

6. Stellung des Part. und Gerundiums in Bezug auf das Verbum finitum.

Das Verb. finit. geht dem Part. und Gerund. voraus. (Beispiele s. p. 161 und p. 164.) Diese Regel erleidet zwei Ausnahmen: fait sun 217; depent sun 209.

7. Stellung des Infinitivs in Bezug auf das Verb. finit.

Der Infinitiv folgt dem Verb. finit. (Beispiele s. p. 163). Ausnahmen sind: viuri esperam 3 (wohl des Reimes halber); escriure fez 53; compenre pogues 92; veder ent pot l'om 165; morir volria 117; a plorar repairen 80 (dagegen repairen a plorar 91).

8. Stellung des Adverbs.

a) In der Kombination Adv. + Subst. kann das Adv. dem Subst. folgen: pro non es gaigre 13, oder voranstehen: lo be ma 133.

b) In der Kombination Adv. + Adj. steht das Adv. voran. (Beispiele s. p. 169.) Ausgenommen ist: petitas fai asaz 166.

Anm. Vers 189 ist das Adv. von s. Adj. getrennt: tan no son vel.

c) In der Kombination Adv. + Adv. steht das verstärkende Adv. vor dem verstärkten. (Beispiele p. 169, 4 c.)

d) In der Kombination Adv. + Verb. folgt das Verb dem Adverb. (Beispiele p. 170, d.) Ausnahmen sind nicht selten: be: eu lo chastia ta be 49; not servii be 87; cellui vai be 109. (An ebensovielen Stellen steht be vor dem Verb.: 168, 227, 254.) — mal: menam ta mal jovent 7 (vgl. p. 169 Anm.); dagegen: ta mal van deperden 198. — tan: forfez tan 179; e tem fiav' eu tant 75, (aber oui tan amet 29). Oft wird das Adv. von seinem Verbum durch andere Satzteile getrennt: tant a Boecis lo vis esvanuit 202; tum fezist tant e riqueza star 83; diese Trennung findet auch statt, wenn eine Negation oder das Pron. Pers. zum Verb. tritt: de tot no vea 174; tant i pessa 135; molt lo laudaven 142; molt s'en penet 26; de tot nol troba bo 242 etc. Was speciell die Adverbia auf men (ment) betrifft, so ist ihre Stellung ohne Ausnahme die nach dem Verbum: estai bonament 110; apella la mort ta dolzament 129; qui nos redems de so sang dolzament 153; ella ab Boeci parlet ta dolzament 194; e la morz a epsament mala fe 125; sempre fai epsament 15; non estai fermament 148; se tenia forment 143; sill mena malament; ere perfeitament 150.

Anhang: Stellung der zur Negation dienenden Partikeln:

1) no (non) und nonqua sind immer innig mit dem Verbum verbunden; nur das Pers.-Pron. im cas. obl., sowie die Adverbia en und i trennen es von demselben: no vist omne 178; us non o preza 8; non i mes foiso 26; noi ve miga del so 238; res nol rema 137; de tot no'n fo blos 31; nonqua la te 14.

2) anc steht unmittelbar vor no: anc no venc 67; hanc no fo om 92; anc so vist u 95; anc no vist omne 178.

3) ja steht teils unmittelbar vor no, teils nach dem Verbum: ja non faran torment 19; ja no es obs 164; al no fara ja 135; cel no quaira ja per negu torment 157.

4) **miga, mija** ist ebenfalls mit der Negation innig verknüpft. (Beispiele s. p. 177.) Nur ein Fall bildet eine Ausnahme: noi ve miga del so 238. Hier ist die Stellung von miga berechtigt, weil dieses Objekt des Satzes ist.

5) **gens, ges** ist überall von der Negation no getrennt. (Beispiele s. p. 177.)

9. Die Stellung der Präposition.

Die Präp. gehen sämtlich dem von ihnen abhängigen Subst. vorauf. (Beispiele s. p. 171 ff.)

§ 28. Die Stellung der einzelnen Satzteile im Satze.

I. Die Stellung des Subjekts.

Das Subjekt steht vor dem Prädikate an ca. 40 Stellen, nach demselben an ca. ebensovielen Stellen. Letzteres ist der Fall z. B.:

1) In Relativsätzen: cui tan amet Torquator Mallios 29

2) In Temporalsätzen: quan veng la fis 40; cum jaz B. 158.

3) In Fragesätzen: quals es l'om? 149; de que sun li degra? 216; quals es la scala? 211; cal sun li auzil? 226; cal an li auzil significacio? 231.

4) In Zwischensätzen: dis o Boecis 100 (vgl. Diez, R. Gr. III, 463).

5) In Nachsätzen: vai s'onors descaptan 114; donc veng Boeci ta granz dolors al cor 41; si cobre avers 134.

6) Wenn das Prädikat hervorgehoben werden soll: donz fo Boecis 28; morz fo Mallios Torquator 43; reluz ent lo palaz 162; veder ent pot l'om 164; bella's la domna 170 (vgl. 176, 243); bel sun li drap 186 (vgl. 199); nos pot rascundre nulz om 177. Vgl. tuit a plorar repairen mei talant mit tuit mei talant repairen a plorar 91 etc.

7) Wenn an der Spitze des Satzes ein Adv. oder ein präpositionaler Satzteil steht: per zo nol volg B. a senor 47; lai veng lo reis 62; lai fo B. e foren i soi par 63; hanc no fo om 92; molt val lo bes 102; molt fort blasmava B. sos amigs 138; molt lo laudaven e amic e parent 142; molt me derramen donzellet 172; tant a B. lo vis esvanuit 202; antr' ellas doas depent sun l'eschalo 209; per aqui monten cent miri auzello 211; per lui aurien trastut redemcio 25 etc.

Anm. 1. Vers 114 steht das Subj. zwischen dem Verb. finit. und dem Gerund.: vai s'onors decaptan.

Anm. 2:

Die Stellung des Pers.-Pron. als Subjekt.

1) **eu** steht vor dem Verb 43: dunt eu dig, nach demselben (in dem oben I, 7 angegebenem Falle) Vers 75: e tem fiav' eu tant; 78: de sapiencia anava eu ditan; 82: e tem soli eu ... fiar.

2) **tu** steht an der einen Stelle, an der es vorkommt, vor dem Verbum: tum fezist ... star 83.

3) **el, eu** findet sich an zehn Stellen vor dem Verbum: eu lo chastia 49; vgl. 36, 57, 65, 96, 103, 114, 140, 155, 203. Nur einmal hat Inversion stattgefunden: sal el en estant 68.

4) **ella** steht ebenfalls dem Verbum voran; z. B. ella nol pren 119; ellas fen sorda 151; vgl. 184, 162, 167, 174, 188, 190, 194, 179, 245.

5) **nos** kommt nur vor dem Verb. vor: nos o avem veut 99; vgl. 106.

6) **il** steht an seiner einzigen Stelle vor dem Verbum: il sun ta blanc 201.

II. Die Stellung des Objekts.

Das Objekt steht nach dem Verbum an ca. 80 Stellen; Inversion findet statt an ca. 30 Stellen, und zwar z. B.:

1) In Relativsätzen: cui tan amet Torquator 29; kilz morz e vius a in jutjamen 17; qu'el soli(ent) ajudar 70; qui amor ab lei pren 253.

2) In Conditionalsätzen: si penedenzan pren 13.

3) Zur Hervorhebung: tal li comanda 184; petitas fai 166; anz avia 188; u libre te 246; be bo merit l'en rent 255; l'emperi aig a mandar 84; Boecis trastuz los en desment 144. Besonders gern wird das mit einem Adjektiv verbundene Objekt an die Spitze des Satzes gestellt, wenn ersteres durch das Adv. ta, tan verstärkt ist: tan bo essemple laiset 32; ta grant vertut agues 92; ta mala fe nulz om no pot veder 122; ta grant onor agues 179; tant en retenc 32.

4) Vor dem Verb steht das neutrale al: al no fara ja 135, sowie das neutrale zo: que el zo pensa 203; que zo esperen 196.

Anm. 1. Stellung des Objektes zwischen dem Verb. finit. und dem Part. bzw. Infin. findet sich: vai la mort reclaman 118; fez sos mes segre 59; o a afan agut 108; no posg re donar 89; veng sa felnia menar 62; a lo corps aucis 181.

Anm. 2:

Die Stellung des Pers.-Pron. als Objekt.

a) Beim verb. finit. stehen die Pers.-Pronomina unmittelbar vor demselben: not servii be 87; ellas fen sorda 131; quan se reguarda 137; molt lo laudaven amic 142; qui be la ama 254; l'a presa 14; etc. etc.

b) In der Kombination verb. fin. + verb. infin. steht:

α) me vor dem verb. fin., mag es nun zum verb. fin. oder zum verb. infin. gehören: tum fecist star 83; per aizom fas star 88; tu quim sols goernar 81; e tem soli' eu fiar 82; me van aissent 198.

β) lo, la, lz, o, wenn

1) das Pron. zum verb. fin. gehört, meist vor diesem: l'om nol laiset a salvament annar 69; no l'en fai semblant 119; morz no l'es a doptar 175; nos o trobam legen 99. Nach dem verb. fin. steht es bloss 242: fai l'aparer.

Anm. Treten zwei Pron. zum Verbum, so steht der Acc. vor dem Dat.: los prent 32; tal li commanda 183; dies gilt auch für den im Folgenden erwähnten Fall; z. B.: lam volguist laisar 87.

2) das Pron. zum verb. infin. gehört, vor dem verb. fin.: lo reis lo pres de felni'a reptar 64; silz fez metre e preso 59; qui l'estan apesant 73; lo corps li vai franen 104; cul vai l'arma dozen 155; nos o avem veut 106; pres lo te 127; o a fait 11; nach dem verb. fin.: fez lo lo reis e sa charcer gitar 71; fai l'acupar 241.

7) se vor dem Verb. fin.: nos pot celar 171; nos pot rascundre 177; s'en a lo corps aucis 181, vgl. en.

Anhang. Die Stellung der pronominalen Adv. en und i.

1) en steht immer unmittelbar vor dem verb. fin. (eine einzige Ausnahme s. unten), also nach dem Pron. Personale: bo merit l'en rent 255; trastuz los en desment 144; no s'en repen 249; no'n fai emendament 12 etc. Ausgenommen ist reluz ent lo palaz 162. — Dieselbe Stellung behält en, wenn vom verb. fin. noch ein Inf. oder Part. abhängt: s'en a lo corps aucis 181; no'n fo mespres 94 (no'n fo blos 31); en soli' adornar 85; veder ent pot l'om 165. Nur Vers 68 findet sich die Stellung nach dem verb. fin.: cuidet s'en salvar.

2) i steht ebenfalls vor dem verb. fin.: non i mes foiso 26; qui tant i pessa 135; cel bona i vai 253; noi ve miga 238. Ausnahme: foren i soi par 63. In der Verbindung des verb. fin. mit einem Infinitiv kommt es nur einmal vor und steht an dieser Stelle nach dem verb. fin.: volg i Boecis metre quastiazo 22. In der Verbindung verb. fin. + Partic. steht es vor jenem: fox issia alumnaz 164.

III. Die Stellung der präpositionalen und adverbialen Satzteile.

Die präpositionalen und adverbialen Satzteile stehen teils vor dem Verb., teils hinter demselben; die weit grössere Zahl derselben aber gibt Zeugnis für erstere Stellung. Bestimmte Regeln über die Fälle, in denen dieselben dem Verbum vorausgehen oder folgen, lassen sich nicht geben, da die Stellung derselben von dem individuellen Gefühle des Dichters abhängt, oder auch wohl durch das Metrum bedingt ist.

§ 29. **Stellung der Sätze im Satzgefüge.**

Vorbemerkung: Die den Nebensatz einleitenden Conjunktionen und relativen Pronomina stehen an der Spitze der betreffenden Sätze. Nur an einer Stelle ist das Relativ durch den Genitiv aus dieser Stelle verdrängt: de sapiencia qui commencen razo 234. Vers 93 wurde qui umgestellt: la sapiencia compenre qui pogues.

Nicht selten findet eine Einschaltung des untergeordneten Satzes in den übergeordneten statt:

1) Ein Temporalsatz ist eingeschoben: a) In den Hauptsatz: nos jove omne quandius que nos estam de gran follia ... parllam 1. b) In den übergeordneten Relativsatz: qui commenzen razo, e, cum sun vell, esdevenen fello 235.
2) Ein Relativsatz ist eingeschoben in den Hauptsatz: El capitoli ... lai o solien las altras lei jutjar, lai veng ... 61; las mias musas qui ant perdut lor cant 77; inz e las carcers o el jazia pres 96; per be qu'a fait, deus assa part lo te 105; aquel qui l'a non estai bonament 148; bos cristians qui a tal schalas te, cel non quaira ... 156; lo mas o intra inz es granz claritaz 163; ne eps li omne qui sun ultra la mar no potden ... 173; pur l'una fremna qui vers la terra pent no comprari' om ... 192; el vestiment, en l'or qui es repres, desoz avia escript ... 205; mas cil qui poden montar al θ alçor, en epsa l'ora se sun d'altra color 213.

Kapitel 7.

Metrik.

§ 1.

Silbengeltung der Vokalkombinationen im »Boethius«.

Im allgemeinen lassen sich folgende Regeln aufstellen:
1) Beruht die Vokalkombination auf lat. Doppelvokal, so ist sie zweisilbig.
2) Beruht die Vokalkombination auf zwei lat. Vokalen, die ursprünglich durch einen Konsonanten getrennt waren, in Folge des Ausfalles desselben aber zusammengestossen sind, so ist sie ebenfalls zweisilbig.
3) Beruht die Vokalkombination auf lat. einfachen Vokale, so ist sie einsilbig.
4) Beruht die Vokalkombination auf lat. einfachen Vokale + vokalisiertem Konsonanten, so ist sie einsilbig.

Im einzelnen vergleiche man folgende Übersicht.

Tabellarische Übersicht über die Silbengeltung der Vokalverbindungen im »Boethius«.

aa ist zweisilbig; diese Verbindung findet sich nur in traazo 57.
ai ist einsilbig z. B. pais 5; lai 61; laisan 16; laiset 32, 69;

laisar 87; fai 10; forfai 249; fait 11; faire 52; aizo 88; aitre 10; sai 166; vai 147; estai 110; repairen 91; chaitiveza 88; quaitiu 126; lairo 241; quaira 157; raizo 55; ai 89; aig 84; einsilbig auch in dem Worte gaigre (Adverb) = deutsch weiger.

Zweisilbig ist ai in: aïssent 197; traïcios 236; evaïment 244; laïnz 160.

Der Ton ruht auf a, wie der Accent beweist: áig, ái, forfái.

ao ist zweisilbig: aora 21.

au ist einsilbig: auvent 23; causa 37; s'auça 167; aucis 187; auzil 226; aur 210; auzello 211. Auch hier ist a betont: cláus 184.

ia ist zweisilbig: quastiazo 22; chastiament 111; dia 82, 90; totdias 183; mia 198; mias 77; fiar 82; chastia 49; cristians 156; diables 239; follia 2; felnia 61 (spr. follía, felnía, denn Neubildungen betonen ía; vgl. Diez, R. Gr.[4] II 302, 378). Ebenso nehme ich mit Bœhmer (R. St. III, 141) ia in den Vokalendungen des Impf. als zweisilbig an: avia 88; volia 66; trametia 65; fazia 23; tenia 143.

Einsilbig ist ia (vgl. Diez, Altrom. Sprachdenkm. p. 79; Bœhmer, R. St. III, 140) in Wörtern, die sich in der Cäsurstelle befinden; licencia 86; avaricia 220; tristicia 221; luxuria 223; superbia 224; justicia steht 257 und Grecia 54 nicht in Cäsurstelle, trotzdem ist ia auch hier einsilbig: spr. justitsa, Gretsa. Bœhmer, l. l. p. 140; encia in licencia, sapiencia lautete nach Bœhmer (ibid.) wie enza.

Anm. Tobler (Zeitschr. II, 504) und Bartsch (Jahrbuch 14, 111; ebenso Jahrbuch 7, 190; Sancta Agnes, Vorrede pag. XI) halten ia und iea im Impf. für einsilbig; letzterer jedoch gibt wenigstens an einer Stelle die Zweisilbigkeit von ia zu, wenn er sagt (Zeitschr. II, 130): »Sodann werden ia (und io) neben der alten zweisilbigen Aussprache auch einsilbig behandelt«.

ie ist zweisilbig: dies 20; aurien 25; tenien 37; fiel 37; solien 61; solient 70; sien = siant 203; fien 229.

io ist zweisilbig: passio 24; redemcio 25; decepcio 52; significacio 131; traicios 236; Mallios 29 (der Ton ruht auf o, wie die Assonanz beweist; vgl. Böhmer, R. St. III, 141); einsilbig dagegen in regio (lautete nach Böhmer, R. St. III, 140 wie redzó 54).

iu ist einsilbig: viuri 3; vius 17; escriure 53; quaitiu 126; lluras 192; quandius 1. Den Accent trägt i: vgl. Diez, Altrom. Sprachdenkmale, Anm. zu Vers 1.

ea ist zweisilbig: vea 174; creator 46.

ee ist zweisilbig: creessen 24; feeltat 219; einsilbig in dercer 139; cobeetat 230; cobeetar 173; denn das zweite „e" ist Surrogat für „d": Boehmer l. l. 137.

ei ist einsilbig: preiso 27; rei 35; reial 256; Teiric 44; teiset 190; neienz 191; leis (pron.) 175; lei (leges) 208; dreita 208; tei 207; pei 205; perfeitament 150. Auch in mei muss ei, obwohl auf lat. Doppelvokal beruhend, als einsilbig betrachtet werden. Zu betonen is' éi; denn léi 208 ist so accentuiert.

eu ist einsilbig: eu 43; breu 52; euz 139; ebenso deu 12. Den Ton trägt e. Vgl. z. B. Bartsch, Chr. prov.⁴ 8, 26 déus; ibid. 9, 5 éu. Zweisilbig ist: eu in veub 106 und arreusó 212. (Über die Etymologie vgl. Glossar.)

oa ist zweisilbig: doas 209.

oe ist zweisilbig: Boecis 22; Boeci 41; goernar 81; poestat 161.

oi ist einsilbig: foiso 26; noit 90; pois 103; poisas 237. — soi 64, 245 muss wie mei einsilbig gemessen werden. Die Handschrift betont ói in nóit 90.

ua ist zweisilbig: nuallor 210; nuallos 30; rua 116; einsilbig in Wörtern deutscher Herkunft: regoarda 115; guarda 132; guaris 180 (u wurde in diesen Wörtern gesprochen; vgl. Böhmer l. l. 138. Vgl. p. 112).

ue ist einsilbig: uél (das e trägt den Accent) 203; agues 92 pogues 93; reteguēs 95.

ui ist einsilbig in: cui 3; lui 25; cuid 33; cuidet 68; tuit 76; cellui 109. Der Kopist betont úi: lúi 111, 136, túit 233; einsilbig ist ui auch in volguist 87, dagegen zweisilbig in esvanuit 202.

§ 2. Hiatus und Elision.

1) Hiatus findet statt an folgenden Stellen und zwischen folgenden auslautenden und anlautenden Vokalen:

a und a: lendema al di 60; la ama 254; a afan 108; l'a al ma, l'a al ser 123; a aver 128.

a und e: anava eu 78; a e lui 111; crida e ucha 130; vgl. 125.

a und i: a in jutjamen 17; la int 97.

a und o: a ora 21; a obs 66; a onor 112; tota ora 147; la onor 36.

ai und o: lai o solien 61.

ai und a: fai asaz 166.

ai und e: fai emendament 12; fai e jovent 103; fai epsamen 15.

e und a: e ac 34; ta be ab 49; ve a l'ora 104; me amen 107; que al 135; e amic 142; que ac 152.

e und e: e es 117; ne eps 172; que el 202; vielleicht auch zwischen e(t) evers 113, 141. Vgl. p. 12 Note 3, ferner p. 186.

e und o: jove omne 1.

e und u: ve u omne 116; e ucha 130.

ei und a: tei alçor 213.

ei und e: rei emperador 35.

ei und o: rei omnipotent 151, 248.

i und a: qui ant 77; qui a 161; mi amic 121; qui a tal 156; miri auzello 202, 231; qui amor 253.

i und e: fi e son aver 121; qui es 204; qui e 228.

i und o: li omne 172.

iu und e: quaitin e.

o und a: o (aut) a 108; o (hoc) a 11; o avem 106;˙ o altre 127.
o und i: o intra 163.
o und o: fo om 92.
o und e: bo e pro 28; o (aut) es 108, 127; o (ubi) el 96; no es 164; zo esperen 196.
u und o: u ome 126.
ui und au: lui aurien 25.

Anm. Unter diesen Beispielen sind die Fälle nicht aufgezeichnet, die den Hiatus aufweisen zwischen den Wörtern vor und nach der Cäsur; in dieser Stellung findet sich der Hiatus:
 32: essemple || en laiset; 33: Roma || om; 67: Boeci || anc; 78: sapiencia || anava: 82: soli eu || a toz; 116: rua || hec; 117: volria || e es 141: deu || era; 155: faça || eu; 163: intra || inz; 182: arma || en effern; 205: avia || escript; 207: schapla || avia; d'almosna || e fe; 243: domna || e granz; 248: justicia || al rei; 249: forfai || e; 254: ama || e. Natürlich darf auch zwischen Vers-Ende und Vers-Anfang Hiatus stattfinden:
 foiso: anz 27-28; quastiazo: auvent 22-23.

2) Elision erscheint an folgenden Stellen, und zwar werden elidiert folgende auslautende Vokale vor folgenden anlautenden, nämlich:

a vor a: felni' a reptar 64; soli' adornar 85; contr' avaricia 220; mi' amor 198; faz' amendament 250.
a vor e: fiav' eu 75; terr' es 206; antr' ellas 209.
a vor o: comprari' om 193.
e vor a: qu' a fait 105; c'ab 143.
e vor e: qu' el 70, 140; qu' e Roma 23; qu' ella 174.

In diesen Beispielen hat der Kopist den zu elidierenden Vokal nicht geschrieben. Ausserdem verlangt das Metrum die Elision eines auslautenden Vokals noch an folgenden Stellen:

a vor a: terra annam 4; sia alumnaz 164; avia anz 188; faza a lor 196; ella ab Boeci 194; solia (geb. aus solient) ajudar 70.
a vor e: fazia en so sermo 23; terra e 98.

e vor a: cobre avers 134; que a 146.
e vor u: que us 8.
e vor e: que epslor 15; metre e 59.
a vor u: avia u 207; domna u 246.
i vor a: qui a 149; qui an 229.
i vor e: qui e 175, 154; qui en 206; viuri esperam 3.

Anhang: Die Elisionsfähigkeit einiger Wörtchen.

de verliert vor folgendem Vokal stets seinen Vokal, z. B. d'una causa 38; d'aur 210; d'una donzella 160; d'alegrat etc.

Über die Possessiv-Pronomina sa, mia, sowie die Personal-Pronomina, Artikel vgl. die Syntax pag. 142 ff.

si (= sic und si) findet sich nur vor folgendem Konsonanten.
ni steht im Hiatus: ni amic 128; ebenso
ne: ne eps 172.

Die Konjunktion que kann ihr e behalten oder abwerfen: que al 135; que el 203. — c'ab 143; qu'el 65, 140; qu'ella 174. Dasselbe gilt vom Relativ que: que epslor 15; que ac 152; qu'a 146, 105; qu'el 70. qui steht im Hiatus; an vier Stellen jedoch muss i (s. unten) apokopiert werden.

In der Kopula es darf Aphäresis stattfinden: zo's 248; ella's 245; bella's 170, 176. Doch darf e auch bleiben, während der vorhergehende Vokal elidiert wird: en terr' es 206; s'es 145; l'es 175. Natürlich kommt auch der Hiatus vor: no es 164; qui es 204; o es 117. —
no behält seinen Vokal: no es 164.

Schlussbemerkung.

Aus vorstehender Untersuchung ergibt sich, dass der Hiatus nicht nur gestattet, sondern von unserm Dichter sogar mit Vorliebe angewandt ist; mitunter findet sich selbst Häufung desselben: ve u ome 126; crida e ucha 130; o a afan agut 108; der Hiatus kann stattfinden vor allen Vokalen und (stummem) h.

Von der Elision wird verhältnismässig nur in beschränktem Masse Gebrauch gemacht. Ihr können unterworfen werden die Vokale a und e, ebenso i an fünf Stellen: das i in viuri wird man ohne Bedenken elidieren, da dasselbe (wie in terrestri) nicht den reinen i-Laut, sondern wohl einen dunklern, zwischen dem i- und e-Laut gelegenen Laut repräsentiert. Vgl. sendra und fradra (neben fradre) in den Eiden. Was das Pron. qui anbetrifft, so elidiert Hofmann V. 154 qu'e (= qui e). Diez (R. Gr. III, 479) erwähnt allerdings nichts von der Möglichkeit, i in qui zu elidieren, sondern er führt nur ein Beispiel an, in dem Aphäresis des dem qui folgenden Vokals eingetreten: qui 's (= qui es). Dieser Vorgang kann aber an den p. 205 erwähnten Stellen nicht in Anwendung kommen, weil einerseits die ganze Konj. e und die Präp. a wegfallen, andrerseits die Präp. en bezw. das Präs. an und das Adv. 'n (= en) identisch sein würden. Es bleibt also nichts anderes übrig, als sich Hofmann anzuschliessen und i zu elidieren.

§ 3. Silbenzahl der Verse.

Der im Boethius gebrauchte Vers ist der Zehnsilbner. Doch gibt es unter den 257 Versen 30, die eine (bezw. zwei) Silben zu wenig oder zu viel haben; überall ist man berechtigt, ungenaue Überlieferung anzunehmen, da die Verse sich mit Leichtigkeit durch Korrekturen auf die regelmässige Gestaltung zurückführen lassen. »Was gegen die Regel des gewöhnlichen epischen Versbaues der Formel 4 + 6 verstösst, muss als ungenau überliefert betrachtet werden.« Böhmer, R. St. III, 140.

I. Verse mit fehlenden Silben.

Verse, denen eine Silbe fehlt, wurden berichtigt:

1) Durch Hinzufügung eines von der Grammatik verlangten Wortes;

V. 11: quant o (a) fait, mija no s'en repent.
V. 28: Donz fo Boecis, (lo) corps ag bo e pro.
      Vgl. Anm. zu V. 28.
V. 129: e dunc apella (la) mort ta dolzament.
    2) Durch Einsetzung einer längeren Wortform:
V. 99: Nos e molz libres (aiz)o trobam legen.
V. 103: com el es velz, qui pois(as) lo soste.
      Vgl. V. 237.
V. 147: qui tota ora (de)sempre vai chaden.
V. 231: Cal an li auzil signif(ic)acio.
    3) Durch Hinzufügung der Konjunktion e:
V. 16: (e) laisan deu lo grant omnipotent.
V. 126: l'om ve u ome (e) quaitiu e dolent.
V. 140: qu'el era coms (e) molt onraz e rix.
    4) Durch Umstellung:
V. 111: deus a e lui mes so chastiament.
    5) Durch Umstellung und Hinzufügung des Artikels:
V. 93: la sapiencia compenre qui pogues,
  statt: qui sapiencia compenre pogues.
      Vgl. V. 234.

      II. Verse mit überzähligen Silben.

a) Verse, die eine Silbe zu viel haben, wurden korrigiert:
  1) Durch Streichen:
V. 38: mas d'una causa (u) nom avia genzor.
V. 68: sal (el) en estant e cuidet s'en salvar.
V. 43: morz (fo) Mallios Torquator, dunt eu dig.
V. 136: e deu nos fia ni deus e lui (e) no ma.
V. 201: il sun ta bel (e) ta blanc e ta quandi.
V. 249: si l'om (o) forfai e pois no s'en repen.
    2) Durch Einführung einer kürzeren Wortform:
V. 96: (la) inz é las carcers, o el jazia pres.
V. 60: el capitoli, lendema al di(a) clar.
V. 155: que quel corps faça, eul(i) vai l'arma dozen.

V. 139: qui lui laudaven dereer euz di(a)s antix.
    Vgl. V. 176.
V. 156: bos christians, qui a tal (e)schalas te.
    Vgl. V. 146, 149, 227.
V. 176: bella 's la domna, mas molt es de longs di(a)s.
    Vgl. V. 139.
V. 35: (a) prob Mallio, lo rei emperador.
    3) Durch Einführung der richtigen Wortform:
V. 199: bel(la) sun li drap que la domna vestit.
V. 255: quan se reguarda, be bo merit(e) l'en rent.
    4) Durch Umstellung:
V. 66: Roma volia a obs los Grex tradar statt
    a obs los Grex Roma volia tradar.
V. 98: de sol e luna, cel, terr' e mar, cum es, statt
    de sol e luna, cel e terra mar cum es.

Anm. Nicht hierher gehört V. 184 (vgl. Anm. zu diesem Verse); ebensowenig V. 84, 226, 231, wo zu lesen ist: empéri aig; li auzil.

b) Verse, die zwei Silben zu viel haben, wurden korrigiert durch Streichen:

V. 207: Sobre la schala (escript) avia u tei θ grezesc.

Escript ist müssige Wiederholung aus V. 205 (vergl. Diez, Altrom. Sprachd., p. 68). Nach Diez (ibid., p. 129) ist um zwei Silben zu lang V. 154: e sanctum spiritum, qui bos omes desend. Das Ms. schreibt scm spm. Hier ist mit Hofmann aufzulösen: sant sperit (vgl. Böhmer, R. St. III, 141).

§ 4. Die Cäsur.

1) Die Hauptcäsur findet statt nach der vierten Silbe im ersten Hemistich; der vierten betonten Silbe darf noch eine unbetonte folgen.

a) Die männliche Cäsur kommt vor:

V. 4, 5, 9, 11, 12, 15, 16, 17, 18, 23, 24, 26, 29, 31, 35, 40, 42, 43, 45, 46, 47, 48, 50, 54, 56, 57, 58, 62, 64, 68, 69, 71, 74, 76, 80, 82, 83, 87, 88, 91, 92, 95, 102, 103, 105, 107, 108, 109, 110, 111, 113, 114, 119, 120, 121, 122, 123, 124, 125, 128, 134, 140, 141, 143, 145, 146, 148, 149, 150, 152, 153, 154, 156, 157, 159, 161, 164, 166, 169, 171, 173, 174, 179, 181, 185, 186, 188, 189, 191, 198, 199, 200, 201, 204, 210, 225, 226, 231, 235, 240, 241, 242, 249, 250, 251, 252, 253, im Ganzen 107 Mal.

b) Die weibliche Cäsur steht

a) **Nach auf Vokal auslautender Silbe:**

V. 1, 2, 3, 7, 8, 10, 13, 14, 19, 27, 30, 32, 33, 34, 36, 38, 39, 41, 44, 49, 51, 52, 53, 55, 59, 60, 65, 66 (geändert; ursprünglich männliche Cäsur), 67, 72, 78, 79, 84, 86, 89, 90, 93, 97, 98, 104, 115, 116, 117, 118, 126, 129, 130, 131, 132, 135, 136, 137, 138, 147, 151, 155, 160, 162, 163, 167, 168, 170, 172, 175, 176, 177, 178, 180, 182, 183, 184, 190, 192, 194, 203, 205, 206, 207, 208, 214, 215, 216, 217, 218, 219, 220, 221, 222, 223, 224, 227, 228, 230, 232, 233, 234, 237, 238, 243, 244, 245, 246, 248, 254, 255, 256, 257.

β) **Nach auf Konsonant auslautender Silbe:**

V. 6, 20, 21, 22, 25, 28, 37, 61, 63, 70, 73, 75, 77, 81, 85, 94, 96, 99, 100, 101, 106, 112, 127, 133, 139, 142, 144, 158, 165, 187, 193 (so Bœhmer; Diez, l. l. p. 80 liest comprari ōm), 195, 196, 197, 202, 209, 211, 212, 213, 229, 236, 239, 247, also 150 Verse mit weiblicher Cäsur.

2) Neben der Hauptcäsur lässt sich häufig eine kleine Sinnespause im zweiten Hemistich bemerken, nämlich:

V. 43: Morz Mallios ‖ Torquator | dunt eu dig (vgl. p. 112 Anm.).

V. 54: e sil tramet ‖ e Grecia | la regio.

V. 60: El capitoli ‖ lendema | al di clar.

V. 97: lainz comtava ‖ del temporal | cum es.
V. 98: de sol e luna ‖ cel terr'e mar | cum es.
V. 132: quan se reguarda ‖ no sap mot quan | los pren.
V. 182: e pois met l'arma ‖ en effern | el somsis.
V. 204: el vestiment ‖ en l'or | qui es repres.
V. 206: zo signifiga ‖ la vita | qu'en terr'es.
   3) Die Cäsur darf u. a. trennen:
      a) Das Verbum finitum vom abhängigen Verbum infinitum (Inf. und Part.)
V. 22: volg i Boecis ‖ metre quastiazo.
V. 61: lai o solien | las altras leis jutjar.
V. 62: lai veng lo reis ‖ sa felnia menar.
V. 64: lo reis lo pres ‖ de felni'a reptar.
V. 66: Roma volia ‖ a obs los Grex tradar (nach Umstellung!).
V. 69: l'om nol laiset ‖ a salvament annar.
V. 71: fez lo lo reis ‖ e sa charcer gitar.
V. 82: e tem soli eu ‖ a toz dias fiar.
V. 83: tum fezist tant ‖ e gran riqueza star.
V. 88: per aizom fas ‖ e chaitiveza star.
V. 213: mas cil qui poden ‖ montar al θ alçor.
V. 237: cum poisas cuida ‖ montar per l'eschalo.
V. 205: desoz avia ‖ escript u pei Π grezesc.
V. 111: deus a e lui ‖ mes so ohastiament (nach Umstellung!).
      b) Das abhängige Substantiv vom regierenden Substantiv, wenn ersteres mit seinen Attributen ein ganzes Hemistich ausfüllt:
V. 45: del fiel deu ‖ no volg aver amig.
V. 51: e de Boeci ‖ escriure fez lo nom.
V. 84: de tota Roma ‖ l'emperi aig a mandar.
V. 230: d'onor terrestri ‖ non an gran cobeetat.
V. 234: de sapiencia ‖ qui commencen razo.
V. 248: z'os la justicia ‖ al rei omnipotent.

c) Das Adv. vom Verb.:

V. 163: lo mas o intra ‖ inz, es granz claritaz.

V. 49: eu lo chastia ‖ ta be ab so sermo.

V. 157: cel non quaira ‖ ja per negu torment.

d) Zwei durch die Conj. e verbundene Begriffe, wenn der getrennte Begriff (mit seinen Attributen) ein ganzes Hemistich ausfüllt:

V. 159: plan se sos dolz ‖ e sos menuz pecaz.

V. 200: de caritat ‖ e de fe sun bastit.

V. 236: e san perjuris ‖ e granz traïcios.

Auch ohne obige Bedingung findet sich die Trennung V. 243: bella's la domna ‖ e granz per ço sedenz.

Anm. Auffallend ist das Loslösen des Personal-Pronomens von seinem Verb durch die Cäsur V. 37: de tot l'emperil ‖ tenien per senor. Noch ungehöriger ist es, wenn der Dichter V. 43 den Namen Mallios Torquator durch die Cäsur in zwei Teile trennt. Man möchte fast glauben, dass der Dichter mit der Handhabung der Cäsur hier eine Ausnahme gemacht habe und nach dem Schema 7 + 3 verfahren sei: morz Mallios Torquator ‖ dunt eu dig.

§ 5. Rhythmik der Verse.

Der Zehnsilbner hat zwei feste Accente, den einen auf der vierten Silbe vor der Cäsur, den andern auf der Reimsilbe. Ausser diesen festen Accenten lassen sich aber in beiden Hemistichen noch schwebende Accente annehmen. Genaue Regeln über die Stelle und die Zahl derselben lassen sich indessen nicht aufstellen. Doch kann man wohl mit Sicherheit annehmen, dass für das zweite Hemistich wenigstens ein zweiter Accent angenommen werden muss, während sich ein solcher für das erste Hemistich zuweilen nicht sicher nachweisen lässt.[1]

---

[1] Die Accente sind häufig vom Kopisten markiert. Der erste Kopist (bis V. 21) hat nur einmal accentuiert, der zweite beginnt mit V. 25. Im Gan-

1) Im ersten Hemistich finden sich Nebenaccente vom Kopisten markiert:

   a) Auf der ersten Silbe: V. 34: Cóms fo de Roma; 68: sál en estánt;[1]) 120: dréz es e bes; 130: crída e úcha; 160: d'úna donzélla; 169: é ve lainz; 186: Bél sún si dra; 189: tán no son vél; 199; bél sun li drap; 227: quí e la scála; 228: zó sun bon ómne; 239: vén lo diables; 246: é sa ma déxtra; 247: tóz aquel libres.

   b) Auf der zweiten Silbe: V. 37: de tót l'emperil; 58: lo sénz Teiric; 66: a óbs los Gréx; 89: non ái que prenga; 90: ni nóit ni día; 98: de sól e luna; 102: molt vál lo bés; 116: la pélz li rúa; 127: o és maláptes; 128: non á avér; 158: cum jáz Boecis; 172: ne éps li omne; 186: Bél sún si drap; 205: desóz avia; 230: d'onór terrestri.

   c) Auf der dritten Silbe: V. 44: No credét deu; 50: e Teirix col; 83: tum fezíst tánt; 88: per aizóm fás; 103: cum el és vélz; 111: deus a més e lúi (wurde umgestellt, ebenso 125: e la mórz á); 131: ellas fén sorda; 179: sil forféz tan; 184: ella smetéssma;[2]) 233: zo sun túit omne.

Anm. Zwei Nebenaccente im ersten Hemistich hat der Vers 186: bél sún li drap; vgl. 199: bél sun si drap und Note [1]).

---

zen finden sich 262 Accente. Diese dürfen nach P. Meyer (Rom. I, 229) nicht ausser Acht gelassen werden. Diez (Altrom. Sprachd., p. 36) legt keinen Wert auf sie; auch Bartsch scheint sie nicht zu berücksichtigen, da er sie nicht abdruckt, während das Johannes-Evangelium (Chr. prov. 8—16) überall Accente aufweist.

   [1]) Im urkundlichen Text heisst das Hemistich: sál él en estant.

   [2]) Das Wort smetessma hat zwei Accente: smetéssma; das Ms. schreibt getrennt: mét éss ma. Zwei Accente auf einem Worte finden sich auch im Johannes-Evangelium (Bartsch, Chr. prov.⁴ 15, 43 und 12, 23): cháschús (Ms. chás chús); sózministrará.

Ausser diesen vom Kopisten bezeichneten Nebentonstellen kann man deren noch annehmen:

a) Auf der ersten Silbe: 13: prú non es gaigre; 14: dís, que la presa; 18: éps li satan; 21: mál ome foren; 22: vólg i Boecis; 26: mólt s'en penet; 27: ánz per eveja; 28: Dónz fo Boecis; 31: tánt en retenc; 36: él eral meler; 43: mórt Mallios. Ebenso V. 46, 49, 57, 61, 63, 65, 69, 70, 71, 75, 79, 80, 81, 91, 92, 95, 100, 107, 111, 119, 126, 140, 142, 145, 146, 150, 151, 156, 157, 159, 161, 162, 170, 174, 176, 177, 178, 181, 183, 185, 188, 190, 194, 195, 197, 202, 206, 207, 208, 210, 216, 217, 226, 228, 231, 233, 235, 238, 240, 241, 242, 243, 245, 248, 251, 257.

b) Auf der zweiten Silbe: V. 1: Nos jóve omne; 2: de grán follia; 3: quar nó nos membra; 4: qui nós soste; 5: e quí nos pais; ebenso Vers: 7, 8, 9, 10, 11, 15, 16, 17, 19, 20, 23, 24, 25, 29, 32, 33, 38, 40, 41, 42, 44, 47, 48, 51, 54, 55, 56, 62, 64, 67, 72, 73, 74, 76, 77, 79, 82, 84, 85, 94. 97, 104, 105, 109, 110, 112, 114, 117, 118, 121, 122, 123, 124, 126, 129, 132, 134, 135, 136, 138, 139, 147, 148, 149, 154, 158, 164, 166, 167, 168, 171, 173, 175, 180, 182, 187, 192, 196, 198, 201, 209, 212, 213, 214, 225, 229, 230, 236, 237, 244, 249, 253, 254, 256.

c) Auf der dritten Silbe: V. 6: per cui sálv esmes; 45: del fiél deu; 52: fez u bréu faire; 59: fez sos més segre; 87: not servíi be; 99: nos e mólz libres; 105: nos de mólz omnes; 155: que quel córps faça; 191: que negús om; 203: que el zó pensa; 211: per aquí monten; 252: ab aquél fog.

Keinen Nebenton scheinen folgende Hemistiche zu haben: V. 30: de sapiencia; id. 39, 78, 234; V. 86: de la justicia; 35: prob Mallio; 12: e ni vers deu; 141: et evers

deu; id. 113, 250; V. 53: e de Boeci; 60: el capitoli; 92:
qui sapiencia; 108: o es eferms; 101: quant e la carcer; 115:
quant se reguarda; id. 137, 255. V. 133: si cum la nibles;
143: c'ab damrideu; 152: et en Jhesu; 153: chi nos redems;
193: no comprari' om; 200; de caritat; 204: el vestiment;
215: ab la donzella; 218: contra felnia; id. 219—24. V. 232:
qui de la schala. Oder soll man auch hier auf an und für
sich unbetonte Wörter einen Accent legen, wie dies aller-
dings auch der Kopist thut? vgl. é ve lainz 219; é sa ma
dextra 246; quí e la schala 227; tan ben án lor degras 227;
bel sún si drap 186 etc.

Anm. Eine vom Latein. abweichende Betonung haben die Wörter: fignifIgs;
Jhesú; sperft. Diese Betonung ist sichergestellt durch die Accente in
Joh. Evang.: Bartsch, Chr. pr. 17, 1; 16, 8: clarifIge, sanctiffje 16, 44.
Jesús ibid. 9, 19; esperft ibid. 10, 9.

2) Im zweiten Hemistich stehen Accente, die vom Ko-
pisten herrühren:

a) Auf der fünften Silbe: 116: héc lo kap te trem-
blant; 141: éra tot sos afix; 203: uél sien amosít.

b) Auf der sechsten Silbe: V. 25: auríen trastut re-
demcio; ebenso V. 49, 52, 74, 82, 90, 94, 107,
108, 117, 121, 132, 134, 135, 137, 139, 158, 170,
181, 186, 187, 188 (nach Umstellung), 191, 193,
194, 201, 208, 217, 225, 238, 242, 248, 252.

c) Auf der siebenten Silbe: 31: que de tót no'n fo
blos; ebenso V. 86, 89, 118, 128, 130, 133, 142,
152, 162, 182, 195, 205, 207, 227, 230, 246.

d) Auf der achten Silbe: 11: mija no s'én repent;
V. 122: nulz om no pót veder; ebenso V. 136, 138, 180.

e) Auf der neunten Silbe: 83: e gran riquezá stár
(vielleicht Schreibfehler für riquéza).

f) Auf der fünften und sechsten Silbe: V. 115: nón
á ne tan ne quant; 188: té cláus de paradis; 256:
tén ú sceptrum rejal.

g) Auf der fünften und achten Silbe: V. 98: cél, terr'e már cum es.
h) Auf der sechsten und siebenten Silbe: V. 185 laínz cól sos amigs.
i) Auf der sechsten und achten Silbe: V. 96: o él jazía pres; 104: quel córps li vái franen; 112: et á onór molt grant; 124: a l'áltre vé tener; 127: o áltre prés lo te.
j) Auf der fünften, siebenten und achten Silbe: V. 189: míga lór préz avil.

Ausser diesen Accenten des Kopisten lassen sich in allen Versen ein oder zwei schwebende Accente für das zweite Hemistich nachweisen, z. B. 35: aprob Mallio, lo réi emperador; 44: no credet deu, lo nóstre creator; 57: e sil tramet, e Grécia la regio; 1: Nos jove omne menám ta mál jovent; 60: el capitoli, lendema al dí clar; 61: lai o solien las áltras léis jutjar; etc.

Wie schon oben bemerkt, lässt es sich nicht genau bestimmen, auf welchen Silben die Nebenaccente ihre Stelle haben, da sie bald an geraden, bald an ungeraden Stellen vorkommen. Sehr häufig allerdings folgt ganz regelmässig Hebung auf Senkung, sodass man das Metrum tonjambisch nennen kann, z. B.:[1])

1: Nôs jóvê ômne ‖ quândíus quê nós êstám.
124: Cùm l'ús lô pért ‖ â l'áltrê vé tênér.
127: ô és mâláptes ‖ ô áltrê prés lô té.
135: quî tánt î péssa ‖ quê ál nô fára já.
136: ê déu nôs fía ‖ ni déus ê luí nô má.
144: pêró Bôécis ‖ trâstúz lôs en dêsmént. etc.

Mitunter folgt im zweiten Hemistich auf zwei Senkunkungen eine Hebung (also ton-anapästisches Hebungsprinzip):

3: quâr nó nôs mémbra ‖ pêr cuî víur' êspêrám.

---

[1]) Der Akut bezeichnet Hebung, der Cirkumflex Senkung.

128: nôn á ávér ‖ ni ámíc ni párént.
133: Si cúm lá níbles ‖ côbrél jórn lô bé má.
148: àquél qui l'á ‖ nôn èstaî férmámént.
160: d'úná dônzélla ‖ fô laínz visitáz.
165: vêdér ènt pót l'om ‖ pèr quárántá ciptáz.
195: mólt mé dèrrámen ‖ dônzéllét dê jóvént.
200: bél sûn li dráp ‖ quê lá dómná vèstít.
201: dè cáritát ‖ è dè fé sún bástít; etc.

§ 6. Enjambement.

Vom Enjambement macht der Dichter nur an folgenden vier Stellen Gebrauch:

V. 34-35: Coms fo de Roma e ac ta gran valor
prop Mallio lo rei emperador.
72-73: Ecvos Boeci cadegut en afan
e granz kadenas, ...
85-86: los savis omes en soli' adornar
de la justicia, ...
150-151: bos christias qui cre perfeitament
deu la paterna, ...

Vielleicht ist auch bei Vers 257-258 Enjambement anzunehmen: zo signifiga justicia corporal
de pec...

§ 7. Bindung der Verse.

Bœhmer (R. St. III, 133 ff.) behauptet, unser Denkmal sei in Vollreimen abgefasst.[1]) Um dasselbe nach seiner Hypothese zu rekonstruieren, wendet er vier Mittel an:
1) Bildung neuer Tiraden.
2) Umstellung.

---

[1]) Ihm stimmt Meyer (Rom. Heft 29, p. 471) bei: »J'accepte pleinement son point de départ l'admission des quatre tirades, ainsi que la conséquence qui en découle naturellement, que le poème est en rimes«.

3) Korrekturen in Bezug auf die auslautenden Vokale bzw. Konsonanten der letzten Silben.

4) Annahme der gleichen Aussprache bei verschiedenartiger Schreibung.

ad 1. Bœhmer beginnt mit den Versen 49, 167, 213 neue Tiraden. Dies könnte allerdings insofern als berechtigt erscheinen, als auch an andern Stellen, wo notwendigerweise neue Tiraden beginnen müssen, der Kopist den Anfang derselben äusserlich (durch die Majuskel) nicht bezeichnet, nämlich V. 43, 109, 112, 125, 142, 209.[1]) Doch ist es nicht absolut notwendig, mit Bœhmer an den drei von ihm bezeichneten Stellen neue Tiraden anzunehmen und dem Kopisten Schreibfehler zuzumuten. Vielmehr scheint der Sinn die Zusammengehörigkeit der von Bœhmer durch die neue Tiradenbildung losgelösten Verse mit den vorhergehenden zu verlangen. Ich schliesse mich der Ansicht Toblers an, wenn er sagt (Zeitschrift II, 504): „Mit Z. 167 und 213 neue Tiraden beginnen zu lassen, wird keiner Veranlassung finden, der nicht von vorherein mit Bœhmer der Überzeugung ist, es sei überall reiner Reim gewollt und erreicht."

ad 2. Umstellungen sind erfolgt V. 21 und 125; letztere Umstellung hat ihre Berechtigung, erstere ist aber unnötig.

ad 3. Von den von Bœhmer angewandten Korrekturen sind nur einige notwendig, die meisten überflüssig, einige sogar unwahrscheinlich. Bœhmer korrigiert:

V. 161: gran poestat zu granz poestaz. Doch scheint der Ausdruck aver poestat, auf Gott angewandt, berechtigter zu sein als aver poestaz.

228: peccaz zu peccat (also das umgekehrte Verfahren); auch hier ist der Plur. sinngemässer.

---

[1]) Umgekehrt finden sich an drei Stellen (innerhalb der Tirade) Majuskeln, nämlich V. 219, 222, 224, vgl. p. 24.

216: }
225: } degra zu degrad.
158: charceral zu charceraz, und doch giebt pena charceral ganz guten Sinn.
67: pesat zu pesar.
227: degras zu degrad. Es ist doch nicht leicht anzunehmen, dass die 100000 Vögel auf einer Stufe (in der Stickerei) sich befunden.
201: quandi zu candit.
V. 14, 105, 127, 146, 149, 156, 246, 254 te zu ten (das innerhalb des Verses zweimal vorkommt).
103: soste zu sosten.
130: ves zu ven.
191: neienz zu neient.
247: ardenz zu ardent. (Vgl. p. 26, Anm. zu V. 247.)
243: sedenz zu sedent.
236: granz traïcios zu grant traïcio. (Vgl. die umgekehrte Korrektur zu V. 161: grant poestat zu granz poestaz! und zu V. 208: la dreita lei zu las dreitas leis!) Der Plur. traïcios entspricht mehr der vorhergehenden Plur.-Form perjuris.
21: sunt zu so (nebst Umstellung: aora sunt pejor zu pejor aora so).
53: nom (nomen) ist nach Bœhmer der Schreibung non der Deutlichkeit halber vorgezogen (um einer Verwechselung mit dem adv. non vorzubeugen? Diese Annahme wäre überflüssig, da der vorstehende Artikel die Wortklasse zur Genüge bezeichnet).
210: sun zu so; son wäre dem ms. getreuer.
28: pro zu pros. Bartsch hält pros statt pro für eine „sprachlich unstatthafte Form". Vgl. Jahrbuch 14, 111.
208: la dreita lei zu las dreitas leis. Der Sing. scheint natürlicher zu sein. Ein Ding (θ) kann doch nicht gut als Symbol für mehrere aufgefasst werden. Vgl. Anm. zu V. 208.

207: terr'es zu terreis, was von Tobler angezweifelt wird (Zeitschr. II, 505); vgl. p. 22, Note 1.

178: agues zu aguis } diese Korrekturen verlangt
179: rangures zu rangures } der Reim.

Mitunter bedarf es allerdings einer einzigen kleinen Änderung, um mit Bœhmer den Vollreim in einigen Tiraden nachzuweisen. Aber warum diese Änderung vornehmen, warum dem Kopisten einen Schreibfehler vorwerfen, wenn Grammatik, Metrik und Sinn die Formen desselben zulassen? Man könnte mit gleichem Rechte z. B. in dem bei Bartsch (Chr. de l'anc. franc.⁴ p. 67) abgedruckten Bruchstück aus 'Amis und Amiles' p. 71 V. 35 de mes dous fiuls que je ai decolez ändern zu de mes dous fiuls que je fiz decoler, und dieser Vers würde mit den übrigen fünfzehn derselben Tirade reimen.

Angenommen Boehmer hätte mit seiner Reimtheorie Recht, so wäre es doch auffallend, dass der Kopist gerade in den Versausgängen sich so viele Schreibfehler habe zu Schulden kommen lassen (nach Bœhmer ca. 30). Wir müssten dann erwarten, dass das Vers-Innere denselben Prozentsatz von Fehlern aufwiese; aber diese Erwartung trifft nicht ein: die meisten Korrekturen, die im Innern vorgenommen wurden, beziehen sich auf das Metrum (die Herstellung der Formel 4 + 6) und zwar sind deren 30, also ungefähr gerade so viel, als Boehmer in den Versausgängen konstatieren will. Sonstige Änderungen sind seltener, und ein Verstoss gegen die Flexion kommt im ganzen Denkmal bloss einmal vor, nämlich V. 41 gran st. granz (vgl. Diez, Altrom. Sprachdenkmale p. 36).

Sämtliche, von Bœhmer angegriffene Formen lassen sich (mit Ausnahme von dreien 210, 178, 179) grammatisch, logisch und metrisch verteidigen.

Zu diesem Punkte bemerkt auch Tobler (Zeitschr. II, 504): „Und doch zwingt diese Annahme (dass das Denkmal aus vollreimenden Tiraden bestehe) zu zahlreichen Änderungen, die sonst vorzunehmen kein Grund vorliegt."

ad 4. Bezüglich der Aussprache muss man Bœhmer beipflichten, wenn er behauptet, das auslautende t in den at, ut, it = Tiraden sei wohl nur noch sanft, in den ant und ent Tiraden gar nicht mehr gesprochen worden. Ebenso scheint Bœhmer Recht zu haben, für die Reimwörter der Tirade VII: dig, Teiric, amig und der Tirade XX: amigs, antix, rix, afix, die gemeinsame Aussprache ic bezw. iys anzunehmen. Nur ist es nicht recht erklärlich, warum das auslautende c in grezesc (R. St. III, 136) nicht ausgesprochen worden sein sollte.

Indem ich nun einige Konjekturen Bœhmers acceptiere, andere als nicht überzeugend ausser Acht lasse, behaupte ich, dass das Boethiuslied bestehe aus 32 vollständigen und einer unvollständigen Tirade, von denen einige Vokal-, andere Vollreime aufweisen. Das nähere s. folg. §.

§ 8. Reimklänge.

Tirade 1: Vollreim, der Reim ist am; die Reimwörter sind: estam, parllam, esperam, annam, fam, clamam.

Tirade 2: Vokalreim, der Reimvokal ist ẹ; Reimwörter: jovent, parent, malament, sacrament, repent, emendament, pren, te, epsamen, omnipotent, jutjamen, mandamen, torment.

Tirade 3: Vokalreim, Reimvokal ọ; Reimwörter: fello, pejor, quastiazo, sermo, passio, redemcio, foiso, preiso.

Tirade 4: Vokalreim, Reimvokal ọ; Reimwörter: pro, Mallios, nuallos, blos, nos, fos.

Tirade 5: Vollreim, Reim ọr; Reimwörter: valor, emperador, onor, senor, genzor, doctor.

Tirade 6: Vollreim, Reim ọr; Reimwörter: Torquator, cor, demor.

Tirade 7: Vollreim, Reim ic;[1]) Reimwörter: dig, Teiric, amic.

Tirade 8: Vokalreim, Reimvokal o; Reimwörter: creator, senor, onor, sermo, razo, fello, decepcio, nom, regio, raizo, contenço, traazo, bo, preso.

Tirade 9: Vokalreim, Reimvokal a; Reimwörter: clar, jutjar, menar, par, reptar, mar, tradar, pesat, salvar, annar, ajudar, gitar.

Tirade 10: Vollreim, Reim an; Reimwörter: afan, apesant, grant, tant, estant, cant, ditan, efant, talant (vgl. S. 218, ad 4).

Tirade 11: Vollreim, Reim ar; Reimwörter: goernar, fiar, star, mandar, adornar, mandar, laisar, star, donar, pensar, plorar.

Tirade 12: Vollreim, Reim es (vgl. Bœhmer, St. III, 136); Reimwörter: agues, pogues, mespres, retegues, pres, es, es.

Tirade 13: Vokalreim, Reimvokal e; Reimwörter: legen, marriment, dolent, jovent, soste, franen, te.

Tirade 14: Vollreim, Reim ut; Reimwörter: veut, chanut, agut.

Tirade 15: Vollreim, Reim en; Reimwörter: jovent, bonament, chastiament.

Tirade 16: Vollreim, Reim an; Reimwörter: grant, talant, descaptan, quant, tremblant, masant, reclaman, semblant.

Tirade 17: Vollreim, Reim er; Reimwörter: esper, aver, veder, ser, tener.

Tirade 18: Vokalreim, Reimvokal e; Reimwörter: epsament[2]), dolent, te, parent dolzament, ves, atend, prent.

Tirade 19: Vollreim, Reim a; Reimwörter: ma, christia, ja, ma, rema.

Tirade 20: Vollreim, Reim iys; Reimwörter: amigs, antix, rix, afix, (spr. amiys, antiys, riys. afiys, Böhmer, l. l. 137).

---

[1]) »Lat. ic hat als provenz. Wortende in Pause den k-Laut«, vgl. Bœhmer, l. l. 139.

[2]) Im Ms. findet sich fẹ im Reim.

Tirade 21: Vokalreim, Reimvokal ę; Reimwörter: parent, forment, desment, dicent, te, chaden, fermament, te, perfeitament, omnipotent, talent, dolzament, desend, dozen, te, torment.

Tirade 22: Vokalreim, Reimvokal a; Reimwörter: charceral, pecaz, visitaz, poestat, palaz, claritaz, alumnaz, ciptaz asaz, polsat, pertusat, majestat.

Tirade 23: Vollreim, Reim ar; Reimwörter: preclar, celar, mar, cobeetar, pessar, doptar.

Tirade 24: Vollreim, Reim is; Reimwörter: dis (Ms. dias), vis, aguis (st. agues), ranguris (statt rangures), guaris, aucis, somsis, bris, paradis, amigs (»g ist stumm« Bœhmer, l. c. 138).

Tirade 25: Vollreim, Reim il; Reimwörter: fil, sobtil, mil, avil.

Tirade 26: Vokalreim, Reimvokal ę; Reimwörter: vestiment, neienz, pent, argent, dolzament, jovent, talen, aissent, deperden.

Tirade 27: Vollreim, Reim it; Reimwörter: vestit, bastit, quandi, esvanuit, amosit.

Tirade 28: Vokalreim, Reimvokal ęi (Bœhmer, l. l. 136): Reimwörter: repres, grezesc, es, grezesc, lei.

Tirade 29: Vokalreim, Reimvokal ǫ; Reimwörter: eschalo, son (st. sun), auzello, arreuso, alçor, color, amor.

Tirade 30: Vokalreim, Reimvokal a; Reimwörter: degra, caritat, bontat, feeltat, largetat, alegretat, veritat, castitat, umilitat, degra, montat, degras, peccaz, trinitat, cobeetat.

Tirade 31: Vokalreim, Reimvokal ǫ; Reimwörter: signif(ic) acio, arreuso, bo, razo, fello, traïcios, eschalo, so, baratro, talo, lairo, bo.

Tirade 32: Vokalreim, Reimvokal ę: Reimwörter: sedenz, evaïment, parent, te, ardenz, omnipotent, repen, amendament, encent, vengament, pren, te, rent.

Tirade 33: Vollreim, Reim al; Reimwörter: rejal, corporal.

Wir haben also im Ganzen 18 Tiraden (die letzte unvollständige mitinbegriffen) mit Vollreim:

Tirade 1, 5, 6, 7, 10, 11, 12, 14, 15, 16, 17, 19, 20, 23, 24, 25, 27, 33

und 15 Tiraden mit Vokalreim:

2, 3, 4, 8, 9, 13, 18, 21, 22, 26, 28, 29, 30, 31, 32.
Die Reime sind sämtlich männlich.

Die vollreimenden Tiraden haben folgende Reimklänge:

a Tir. 19; al Tir. 33; an Tir. 10, 16; ar Tir. 11, 23.
ǫr Tir. 5.
ǫr Tir. 6.
ut Tir. 14.
ęr Tir. 17.
ęs Tir. 12; ęn Tir. 15.
ic Tir. 7; iys Tir. 20; il Tir. 25; is Tir. 24.

Die assonierenden Tiraden verteilen sich bezüglich des Reimes auf die einzelnen Vokale, wie folgt:

a Tir. 9, 22, 30.
ǫ Tir. 3, 4, 8, 29, 31.
ęi Tir. 28.
ę Tir. 2, 13, 18, 21, 26, 32.

Anm.: Binnenreim (Übereinstimmung der Cäsursilbe mit der Endsilbe des Verses) kommt nicht vor. Dagegen reimen an zwei Stellen zwei aufeinanderfolgende Hemistiche:

117-118: morir volria . . .
trastota dia . . .
220-221: contr' avaricia . . .
contra tristicia . . .

§ 9. Alliteration und Onomatopöie.

Unser Denkmal weist an verschiedenen Stellen Alliteration bezw. Aufeinanderfolge von gleichklingenden Silben auf. Es lässt sich nicht entscheiden, ob diese Erscheinungen dem Zufalle oder der Absicht des Dichters zu verdanken sind.

Doch scheint es fast, als ob letztere zuweilen mit im Spiele gewesen sei (bes. V. 73, 108, 117).

Folgende Verse fallen auf:
V. 2: de gran *fol*lia per *fol*ledat parllam.
V. 7: nos jove omne *me*nam ta *mal* jovent.
V. 9: senor ni par, sill *mena malam*ent.
V. 10: ni l'us vell'aitre, sis *fai fal*s sacrament.
V. 13: pro non es gaigre, si *p*enedenza'n *p*ren.
V. 20: enanz en dies *f*oren ome *f*ello.
V. 51: per grant evea de lui volg *f*ar *f*ello.
V. 52: *f*ez u breu *f*aire.
V. 68: *s*al en estant e cuidet *s*'en *s*alvar.
V. 73: e gra*n*z kadenas qui l'esta*n* apesa*n*t.
V. 108: o es m*a*laptes o *a afa*n *a*gut.
V. 113: et evers deu no *t*orna so *t*alant.
V. 116: la pelz li rua hec lo kap *t*e *t*remblant.
V. 117: morir volria e es e gra*n* masa*n*t.
V. 133: si *c*obr' avers lo *c*or al *c*hristia.
V. 172: no potden tant e lor *c*ors *c*obeetar.
V. 195: *m*olt *m*e *d*erramen *d*onzellet *d*e jovent.
V. 212: *a*lquant s'en tornen *a*val *a*rreuso.
V. 218: contra *f*elnia sunt *f*ait de gran bontat.
V. 238: cer*c*a *q*ue cer*c*a.
V. 252: ab aquel fog s'*en* pr*en* so v*en*gam*en*t.

INHALT.

	Seite
Vorbemerkung	V
Verzeichnis der gebrauchten Abkürzungen	VII
Capitel I. Kritischer Text mit Apparat, Anmerkungen und Übersetzung	1
„ II. Glossar.	33
„ III. Lautlehre	75
„ IV. Wortbildungslehre	113
„ V. Flexionslehre	118
„ VI. Syntax	141
„ VII. Metrik	198

Berichtigungen und Zusätze.

S. 3, Z. 14 v. o. l. *mandamen* statt *mandemen*.
S. 4, Z. 17 v. o. l. *fazia* st. *fazio*.
S. 7, Z. 16 v. o. l. *sen* st. *s'en*.
S. 10, Z. 8 v. o. ist der Punkt hinter *adornar* zu tilgen.
S. 15, Z. 15 v. u. l. *no s'es* st. *nos es*.
S. 16, Z. 14 v. o. l. *qu'e* st. *que*.
S. 28, Z. 1 v. o. l. *Übersetzung* st. *Übersetzung*.
S. 29, Z. 15 v. o. l. *werde* st. *wird*.
S. 35, Z. 3 v. o. l. quelques-uns: 212.
S. 39, Z. 14 v. u. l. 218, 254.
S. 41, Z. 1 v. u. l. *coutume* st. *coûtume*.
S. 44 zu drap: Baist [Z. f. R. P., VI, 117], dem die Etym. ‚trappen' zweifelhaft erscheint, erinnert an das frz. tref: »trap und tref bezeichnen das Zelt und das Tuch im Gegensatz zu lotja, loge, dem Zelt als Laubwerk.«
S. 49, Z. 1 v. u. l. *fol* st. *folle*.
S. 50, Z. 7 v. o. l. ayant péché.
S. 52, Z. 12 v. o. l. *jovent* st. *jove*.
S. 58, Z. 10 v. o. l. *nebulam* für *nebulonem*.
S. 58, Z. 18 v. o. l. *illum* st. *eum*.
S. 60, Z. 7 v. o. l. *n* st. *m*.
S. 60, Z. 8 v. o. l. 145; m. acc. sg.: 11, 26, 68, 120, 132 etc.
S. 76, Z. 18 v. o. l. *Torquator* st. *Torquutor*.
S. 83, Z. 3 v. o. l. *m* st. *n*.
S. 86, Z. 12 v. u. l. *prosthetischem* st. *prothetischem*.
S. 88, Z. 15 v. u. l. tenien *etc*.
S. 89, Z. 12 v. o. l. *pres* st. *pres*.
S. 98 gehört die Note zum Worte mot, S. 97 sub A, 3 b, und lautet: »Dem prov. *mot* giebt das Reimwörterbuch geschlossenen Vokal, und entfernt sich damit *nicht* von dem, was die Troubadours in ihren Reimen zeigten.« Tobler, Z. f. R. P., VI, 166.
S. 107, Z. 2 v. o. l. flexiv *s* st. flexiv. *s*.
S. 107, Z. 1 v. u. tilge gitar und füge S. 108 nach Z. 8 hinzu: 7) lat. j: gitar.
S. 108, Z. 21 v. o. füge hinzu: unetym. ist h in hec (neben ecvos).
S. 109, Z. 11 v. o. füge hinzu: s. auch Groeber, Z. f. R. P., VI, 147, Note.
S. 120, Z. 15 v. o. ist jovent unter 1 a zu setzen.
S. 141, Z. 8 v. u. l. *las* st. *lar*.
S. 160, Z. 5 v. o. l. *adornar* st. *adonar*.

www.ingramcontent.com/pod-product-compliance
Lightning Source LLC
Chambersburg PA
CBHW021822230426
43669CB00008B/843